응답하라 우리 술

응답하라 우리 술
– 전통과 애환이 빚은 한국술 이야기

초판 1쇄 인쇄 2022년 10월 25일
초판 1쇄 발행 2022년 11월 1일

지은이 김승호
펴낸이 박현숙
책임편집 맹한승
본문디자인 이은주

펴낸곳 도서출판 깊은샘
등록 1980년 2월 6일(제2-69)
주소 서울특별시 용산구 원효로80길 5-15 2층
전화 02-764-3018~9 **Fax.** 02-764-3011
이메일 kpsm80@hanmail.net

ISBN 979-89-7416-263-4 03380
값 20,000원
파본이나 잘못된 책은 구입하신 곳에서 바꿔드립니다.

응답하라

우리 술

김승호 지음

우리 술 막걸리와 소주의 새로운 전통을 만들기 위하여

순간이었다. 회심의 순간은 정해놓고 다가오는 것이 아니라 갑작스럽게 다가온다. 무화과나무 주위를 걷다가 "들고 읽어라"라는 소리를 듣고 달려가 성경책을 읽은 아우구스티누스가 그랬고 목마름을 달래기 위해 동굴을 뒤지다 무언가에 고여 있는 물을 달콤하게 마시고 아침에 깨어난 뒤 해골에 든 물임을 알고 중국 유학을 포기한 원효도 그랬다. 이렇게 말하니 대단한 회심의 순간을 이야기하는 것처럼 보이는데, 그렇지는 않다. 우리 술이 필자에게 다가온 순간이 그랬기에 이를 강조하기 위해서 회심의 이야기를 빌려왔을 뿐이다.

사실 필자는 전통주라 불리는 우리 술을 즐겨 마시지 않았다. 흔히 찾았던 술은 대중적으로 마시는 소주와 맥주였다. 보통의 사람들처럼 술을 문화의 대상이 아니라 마시면 취하는 알코올음료로 생각했었다. 게다가 좋은 술에 대한 기준은 가격이었다. 비싼 양주와 와인 그리고 중국의 백주를 마실 때면 코와 혀는 그 맛과 향에 민감하게 반응했다. 그러니 자연스럽게 좋은 술은 비싼 술이라는 인식을 갖게 되었다. 게다가 대도시 막걸리를 빼면 우리 술 이름 하나 변변하게 알고 있는 것이 없었던 시절, 주변에서 쉽게 찾아 마실 수도 없었던 우리 술은 다가가기 어려운 존재였다. 솔직하게 말하면 맛조차 알지 못하는 '무지'의 영역이었다.

2000년대 후반 들어 일본의 한류 붐을 타고 막걸리가 많이 수출된다는 기사를 접했을 때도 굳이 막걸리를 찾아 마셔야겠다고 생각하지 않았다. 80년대 초 대학에 들어가 맛을 본 막걸리에 대한 인상이 너무도 강하게 남아 있었기 때문이다. 어디 막걸리만 그랬을까. 학사주점이라는 이름의 주점에서 마신 '동동주'는 또 어떠했는가. 알코올 도수 8도(1982년 당시 막걸리는 8도였다)의 막걸리는 발효가 완전히 끝나지 않아 트림이 끊이지 않았고, 막걸리에 커피 등의 다양한 부재료, 심지어 소주까지 넣어 만든 학사주점의 동동주는 다음 날까지 머리가 깨질 듯한 통증과 숙취를 맛보게 했다. 기억에 각인된 맛은 쉽게 잊히지 않는다. 그런 까닭에 막걸리에 대한 추억은 술자리 뒷담화로 안주가 될 경우는 있었어도 술자리의 주인공이 된 적은 없었다.

그랬던 필자에게 우리 술을 마시게 된 '순간'이 다가왔다. 몸에 맞지 않는 옷을 입고 있듯 불편하기만 했던 정치권 생활을 정리한 뒤였다. 세월호 사건이 있었던 그해 필자는 십수 년 동안 일해 왔던 정치권을 나와 자유인의 길을 선택했다. 국정감사와 정기국회, 임시국회 등 쉬지 않고 몰아치던 일들, 여기에 선거까지 겹치면 바쁘다고 말하는 것조차 사치인 순간들의 연속이었다. 이런 상황에서 벗어난 뒤 즐기게 된 '낙향한 선비'를 자처하는 삶은 스트레스를 확실히 줄여주었다. 마음이 편해지자 마시는 술에도 변화가 생겼다. 소주와 맥주를 찾던 손이 막걸리를 찾기 시작했다. 일상에서의 여유가 부른 변화였다. 그리고 아스파탐이 들어 있지 않은 '송명섭막걸리'를 마시면서, '무미'의 맛을 알아가기 시작했다. 여기에서 무미는 '맛이 없음'이 아니다. 대도시 막걸리가 지닌 맛을 갖지 않았다는 것이 더 정확한 표현일 것 같다. 필자에게 다가온 회심의 순간은 이처럼 감미료의 단맛이 없는 막걸리의 맛을 느낀 그 순간이었다.

막걸리를 찾아 마시자, 또 다른 변화가 뒤를 이었다. 술을 공부의 대상으로 삼은 것이다. 마시는 행위에 만족하지 못했기 때문이다. 올해로 7년이 되었다. 처음에는 우리 술 '막걸리'에 대한 단순한 호기심에서 시작된 공부였는데, 이내 '수제맥주'로 이어졌고, '증류식 소주'까지 찾아나서게 되었다. 발효주든 증류주든 가리지 않고, 비싼 술이면 다 좋은 술이라고 생각했던 무개념 술꾼이 우리 술 막걸리를 만난 뒤 하나씩 개념을 갖춰가며 반란 같은 술문화를 즐기게 되었다.

'막걸리학교'와 '수수보리아카데미'를 등록하고 심지어 돌아가신 김택상 명인의 '삼해소주아카데미'까지 찾는 모습을 보면서 주변에선 양조장이라도 차릴 기세라는 말을 눈빛에 담아 비아냥거렸다. 어디 그뿐이랴. 말로는 차마 꺼내지 않아도 표정에는 이미 "참 별난 놈이야"라고 말하는 사람들이 늘기 시작했다. 물론 그들을 비난할 생각은 전혀 없다. 자초한 일이기 때문이다. 술을 배웠으면 배웠지, 마치 골프 좀 치는 사람이 이야기 때마다 골프 이야기를 하고, 와인에 빠진 사람이 줄곧 와인을 이야기하는 것처럼 술자리에서 우리 술에 관한 이야기를 펼쳐 놓는 모습을 누가 좋아했겠는가. 막걸리와 증류소주, 그리고 수제맥주가 내게는 특별하게 다가왔지만, '마시는 술'을 '설명하는 술'로 대하는 태도를 누가 좋아했겠는가 말이다. 그들에게 내 말은 그저 'TMI'일 뿐이었으리라.

하지만 막걸리와 수제맥주, 그리고 증류소주 등을 배우면서 알게 된 우리 술의 다양한 모습을 혼자만 알고 싶지는 않았다. 좋은 술을 만들고 있는 양조장과 양조인들, 그리고 무형문화재로 등록된 명주와 식품명인들의 술을 알려야겠다는 생각이 들었다. 잘 보이지 않아 몰랐던 시절을 떠올렸던 것이다. 그래서 시작한 것이 양조장을 찾아 나서는 일이었다. 매주 전국에 있는 양조장을 찾아 나선 이야기를 금융신문에 연재하였다. 술에 대해 새롭게 알게 된 내용과 양조장과 명인들의 이야기를 풀어놓기 시작했다. 그러면서 우리 술이 지닌 다채로운 모습을 보게 되었다. '봉제사 접빈객' 즉 제사를 지내고 손님을 맞는 유교 질서 속에서의 술은 조선이라는 시스템을 유지하는 중심축이었었고, 20세기 초중반 겪어야 했던 슬픈 역사는 우리 술의 왜곡이 어떻게 이뤄졌는지를 알게 했다. 영광스러운 장면보다는 명예롭지 못한 모습이 더 많았던 지난 세기의 우리 술을 알게 되면서 우리 술은 점점 연민의 대상이 되어 내 앞에 다가왔다.

그래서 우리 술의 지난 역사를 살펴 정리하기로 했다. 잘 몰라서 대접하지 못했던 술을 제대로 대우하고 싶었다. 좋은 술을 만들고자 양조에 나선 사람들의 이야기도 그냥 보고만 있을 수는 없었다. 그래서 어떻게 우리 술이 만들어졌고, 영욕의 순간들에 어떤 변화가 있었는지, 게다가 국가는 그 순간에 무엇을 하였는지를 정리하고자 했다. 그 결과가 이 책이다.

글은 크게 세 부분으로 나뉜다. 서론에 해당하는 글은 인류가 술을 어떻게 구했고, 만들게 되었는지에 관한 내용이다. 역사시대는 물론 신화시대부터 술은 인류의 동반자였다. 인류의 발이 닿는 곳에는 항시 술이 있었고, 사회적 관계든 정치적 관계든 술은 빠지지 않고 개입하는 매개체가 되어주었다. 그런데 발효라는 개념을 몰랐던 당시의 인류가 어떻게 술을 손에 넣었는지, 그리고 어떻게 양조의 비밀까지 풀어낼 수 있었는지 궁금했다. 이것이 필자가 술에 천착한 또 하나의 이유다.

술을 즐겼던 것은 동서고금을 가리지 않았다. 우리의 상고사가 기록된《삼국지》〈위서 동이전〉을 살펴보자. 부여의 '영고'를 설명하면서 '음식가무(飲食歌舞)'를 즐겼다는 표현이 나온다. 먹는 행위보다 마시는 행위가 먼저 나온다. 그리고 노래하고 춤을 춘다. 이렇게 우리는 술을 중시했다. 또 다른 사례를 살펴보자. 인류 최초의 서사시라고 일컬어지는《길가메시》서사시에는 야만인 엔키두를 문명의 세계로 유도하기 위해 맥주를 마시게 하고 음식을 먹게 하는 장면이 등장한다. 신들은 길가메시를 벌주려 했으나 문명을 경험한 엔키두는 길가메시의 절친이 되고 만다. 여기서도 술을 마시고 식사하면서 야만의 세계에서 문명의 세계로 이행하는 한 남자를 만나게 된다. 술은 이처럼 문명의 세계에서만 즐길 수 있는 향정신성물질이었다. 글의 서두는 인류가 어떻게 문명을 일

구며 향정신성물질인 술을 경계 안에 포함시켰는지를 살펴보는 작업이
었다.

글의 두 번째는 우리 술 막걸리에 관한 이야기다. 주식으로 먹는 곡물
을 술로 만드는 경우는 흔하지 않다. 유럽도 포도나 사과 등의 과일로
발효주를 만든다. 포도 농사가 힘든 곳에선 보리로 술을 빚고는 있다.
하지만 주식으로 이용하는 밀은 되도록 피하려고 했다. 그러나 우리나
라(일본도 마찬가지다)는 쌀을 대체할 술의 재료가 없었다. 충분한 알코
올 도수를 낼 수 있는 당도 높은 과일이 없었기 때문이다. 그래서 이 땅
에서 만든 술들은 당시 주식으로 이용하던 곡물로 빚었다. 누룩과 물과
곡물이 만나 수천 년을 이어와 오늘에 이른 것이다

그런데 이 술이 오늘에 이르는 과정은 순탄하지 않았다. 조선시대까
지는 손님을 맞고 제사를 지내기 위해 꼭 필요했던 술이어서 집안마다
소중하게 관리해왔던 존재였지만, 20세기 들어 우리 술은 타자의 적극
적인 개입으로 정체성을 잃게 된다. 심지어 식민지가 되어서 통치자금
의 수익원이 되기까지 한다. 이 과정에서 우리는 집집이 담아 먹었던 김
치와 장류의 숫자만큼 많았던 술을 잃게 된다. 특히 해방 이후 주식으로
서의 쌀 부족을 해결하기 위해 권위주의 정부가 선택한 양곡 정책으로
문화로서의 우리 술은 더 많은 생채기를 입게 된다. 이렇게 제 모습을
잃었던 우리 술이 지난 세기말부터 활기를 띠고 있다. 가양주를 인정해
주고 누룩도 디딜 수 있도록 법의 제한을 풀어준 것이다. 이렇게 복원되
고 재현된 우리 술 '막걸리'를 추적하는 과정이 15편의 글에 실려 있다.

세 번째 주제는 소주다. 소주는 발효주를 증류해서 만드는 술이다. 엑

기스를 모으듯 술의 정수를 모은다는 측면에서 소주는 우리 술의 꽃에 해당한다. 이 술이 우리 땅에서 어떻게 시작됐는지, 그리고 주로 빚었던 소주는 어떤 모습인지 살펴보았다. 일제강점기를 거치면서 막걸리처럼 곤경에 처하기도 했던 우리 증류소주의 역사를 백석과 이상화의 시와 연결시켜 살피기도 했고, 영화 '말모이'와도 연결시켜 우리 술을 추적하기도 했다. 정체성을 잃지 않으려고 노력했던 우리 소주, 그리고 자본과의 경쟁에서 살아남으려고 선택했던 새로운 증류법은 신식소주라는 이름으로 등장한 희석식 소주에게 어떻게 무너졌는지도 담고자 했다. 또한 희석식 소주가 대세를 이루는 과정과 소주 재료의 변화, 추락하듯 떨어지는 소주의 알코올 도수도 살펴보았다.

막걸리처럼 소주도 새로운 술들이 연일 발표되고 있다. 증류기를 이용한 증류소주를 생산하는 작은 양조장도 제법 늘었다. 미국만큼 활발하게 크래프트 증류소가 만들어지고 있는 것은 아니지만, 추세는 유사하다고 말할 수 있다. 손으로 만드는 크래프트 양조문화는 어쩌면 전 세계적인 현상인지도 모른다. 이러한 움직임 속에서 우리 술은 새로운 전통을 만들어낼 것이다.

이 책을 쓰면서 많은 분의 도움을 받았다. 필자의 부족한 지식을 채우기 위함이었다. 전남대학교 생물학과의 김진만 교수님, 국세청 주류면허지원센터의 조호철 과장님과 장영진 팀장님, 그리고 경기도 농업개발원의 이대형 박사님 등은 귀한 시간을 내서 원고의 부족함을 메워 주었다. 이 밖에도 이름을 다 거론할 수 없는 여러분이 원고의 교정은 물론 아이디어를 내주었다. 그럼에도 이 책에는 많은 오류가 있을 것이다. 이는 순전히 저자의 몫이다. 이 책이 출간되기까지 많이 노력해주신 깊은 샘 출판사의 여러분께도 감사의 인사를 전한다.

2022년 10월 4일
김승호

제1편 술이란 무엇인가?

술은 인류 공동체의 결집과 무사안녕을 기원하는 제례음료이자 자연발효주였다.
신을 만나고 타자와 정신적 교감을 원했던 인류는 자연에서 얻은 환각물질로서,
자연에서 발효할 수 있는 벌꿀술, 포도주, 마유주, 풀케 등으로 처음 술을 접했다.
인류는 발효음료를 얻기 위해 보리, 쌀, 옥수수를 거쳐 마침내 누룩으로
병행복발효 형식의 술 빚는 방법을 터득할 수 있었다.

01

술이 만들어지기까지

술은 시간과 정성이 빚어내는 예술품이다. 정성의 크기와 깊이만큼, 그리고 발효와 숙성에 들어간 시간만큼 술은 각기 다른 모습으로 자신을 표현해낸다. 정성과 시간이 씨줄과 날줄이 되어 마술처럼 만들어낸 이 예술품은 인류에게 집단을 형성할 수 있는 계기를 만들어주어 포식자를 이기는 방법을 배우게 했고, 사냥에 나가 자신들이 경험한 무용담을 이야기로 만들어 집단이 공유하는 하나의 생각을 세워 주었다. 또한 신석기혁명을 거치면서 정착을 선택한 인류에게는 고된 노동의 피로를 풀어주는 청량음료가 되었으며, 사냥이나 전쟁터에 나가는 젊은 용사들에게 용기를 끌어내는 강심제가 되어주었다.

인류 공동체의 결집과 무사 안녕의 재료가 된 술

이처럼 공동체를 형성하고, 공동체가 공유할 이야기를 만들어내는 한편, 노동의 피로를 덜어주고 게다가 용기를 끌어내 집단을 보호하면서 문명을 일굴 수 있는 발판이 되어준 술은 인류가 처음 발명하거나 고안해낸 것은 아니다. 빅토르 위고는 "신은 단지 물을 만들었을 뿐인데 우리 인간은 술을 만들어 마셨다"고 말하지만, 술의 시작은 인간의 발명이 아니라 자연에 있는 것을 우연히 발견한 데서 비

트루아 프레르 동굴의 주술사 벽화 자연에서 얻은 알코올 음료는 인류에게 다양한 경험을 맛보게 해주었다. 제사장의 춤사위도 술의 도움을 받았을 것이다. 사진은 프랑스 트루아 프레르 동굴의 주술사 벽화. 앙리 브뢰유 신부의 스케치다. ⓒ위키미디어

롯된다. 발효가 무엇인지도 모르던 수만 년 전 혹은 그보다 훨씬 이전의 일이었을 것이다. 자연이 스스로 빚어낸 알코올 — 포도 등의 과일, 그리고 꿀 등에 공기 중의 효모가 들어가 만들어낸 술 — 에 취해 비틀거리는 원숭이를 보면서 신석기시대의 인류는 술의 존재를 알게 되었다. 그리고 술에 취해 춤을 추는 동물들의 모습에서 알코올의 쓰임새를 알아차린 인류도 자연에서 알코올을 찾아 나선다.

인류는 야생에서 획득한 발효주를 마시고 즐거워하는 영장류 동물들의 모습을 따라 하면서 술이 지닌 신묘한 능력을 확인하고 계속해서 알코올음료를 탐하게 된다. 자연이 만들어낸 신비한 액체가 극한의 공포를 잠시나마 잊게 해주고 없던 용기는 물론 힘까지 북돋아주는 것을 경험한 인류는 이 마법 같은 액체에서 삶의 경이로움까지 맛보게 된다. 경이로운 세상을 느끼게 해준 알코올음료는 인류가 '공감 능력'을 갖게 되면서 확실한 쓰임새를 찾아낸다. 아직 '개체'라는 개념이 없었던 고대인들은 사냥을 통해 죽어간 동물들이 어떤 식으로든 해코지를 할 것이라고 믿었다. 그런데 그 대상이 개체로서의 자신이 아니라 자기가 속한 집단이라고 생각하게 된다. 따라서 당시 인류는 마음의 빚을 갚기 위해 각종 의식에서 동물의 가죽이나 뿔, 깃털 등을 뒤집어쓰고 춤을 추거나 동물의 흉내를 냈다. 그리고 더욱 진지하게 의식을 치르기 위해 술이나 환각제 등을 먹고 공감 능력을 끌어올린다. 죽은 동물에 대한 추념은 결국 자기가 속한 집단의 안녕을 기원하게 되었고 공동체 구성원의 죽음을 같이 슬퍼하게 해주었다. 모든 종교적 행위는 술을 매개체 삼아 '공감'

과 연결되었다. 이런 흔적은 9,000년 전의 신석기 유적에서도 발견된다. 중국 지아후 유적지의 한 무덤에서 술이 담겼던 항아리와 두루미 다리뼈로 만든 피리가 함께 발견된 것이다.[1] 술과 음악이 공감의 대표적인 상징이었다는 것을 역사 속에서도 확인할 수 있는 대목이다.

지아후 유적지에서 발굴된 피리 중국 허난성 황하 유역에 있는 신석기시대의 유적인 지아후 유적지의 무덤에서 새의 뼈로 만든 피리가 발굴되었다. ⓒ위키미디어

술과 음악은 이렇게 오랜 역사를 거치면서 공동체 구성원의 내부 결속 혹은 우호적인 타자와의 관계 유지에 필수적인 매개체가 되어주었다. 특히 알코올음료는 이러한 관계 유지를 위한 구체적인 쓰임새까지 가지고 있었다. 공동체 구성원의 죽음을 추모하기 위해 술을 나누었고, 이웃 부족에 화친의 상징으로 보내는 선물이 되어주기도 했으며, 자신들이 믿는 신 앞에 바치는 제물의 신성성을 극대화해주는 장치가 되어주었다. 결국 공동체의 정신을 고양하는 핵심 음료가 된 알코올음료는 없어서는 안 되는 필수품으로 자리하게 된다. 하지만 술은 구하고 싶다고 해서 그때마다 구할 수 있는 것은 아니었다. 운이 좋아야 손에 넣을 수 있는 귀한 음식이었다. 그래서 초기 인류는 알코올보다 쉽게 자연에서 구할 수 있는 광대버섯과 양귀비, 그리고 대마 등의 향정신성물질에 관심을 가졌다. 구하기 쉬웠을 뿐 아니라 효과도 알코올음료보다 강력했다. 물론 환각 성분 때문에 오남용에 따른 부작용도 컸다. 하지만 신

과 만나고 싶었고, 타자와 정서적 교감을 원했던 인류는 발효 혹은 양조의 비밀을 알아내기 전까지 어쩔 수 없이 이 물질에 의존해야 했다.

환각물질

현대인은 마약에 대해 부정적이지만, 고대인은 향정신성물질에 유독 집착했다. 동굴벽화와 암각화, 그리고 구전으로 내려온 서사 문학과 종교의 경전에 이르기까지 인류가 향정신성물질에 도취한 사례는 차고도 넘친다. 프랑스 트루아 프레르 동굴의 벽화에는 수사슴의 뿔과 올빼미의 눈, 그리고 사자의 몸을 하는 형상이 하나 그려져 있다. 주술사로 해석되는 형상이다. 이 그림에는 사후세계에 대한 당시 인류의 의식이 투영되어 있다. 주술사의 코에서 콧물이 흐른다. 그것도 지나칠 정도로 말이다. 그림은 말하고자 하는 결정적 순간을 담고자 한다. 트루아의 주술사는 당시 중요한 행위를 하고 있었을 것이다. 아마도 하늘 혹은 자신들이 믿는 신과의 접속을 위한 소통을 하고 있었을지도 모른다. 심취해서 코에서 콧물이 나오는 것도 모르고 퍼포먼스는 계속된다. 학자들은 콧물의 원인을 환각물질에서 찾고 있다. 인도 경전 중 하나인《리그베다》에는 아리아인들이 '소

트루아 프레르 동굴의 또다른 주술사 벽화 트루아 프레르 동굴에는 또 하나의 주술사 벽화가 있는데, 들소의 가면을 쓰고 춤추는 형상을 하고 있다. 주술사로 보이는 형상의 코에선 콧물이 지나치게 흐르고 있다. 이 스케치를 그린 앙리 브뢰유 신부는 악궁을 연주하는 것으로 해석했다. ⓒ위키미디어

마 soma'라는 '신성한 음료'를 마시고 불사신이 되었다고 기록[2]하고 있으며, 이집트 왕조에서는 오시리스 숭배 의식에서 수련을 사용했고, 헤로도토스는 스키타이인들이 대마초를 흡입했다는 제사 의식을 기록하고 있다.[3]

이뿐만이 아니다. 그리스 신화에도 등장하는 환각제 '양귀비'는 실제 신석기시대와 청동기시대에 유럽에서 거래된 흔적이 있다.[4] 양귀비와 대마 등의 환각물질은 종교적인 목적으로 사용되기도 하였고, 희석하여 진통제로도 사용했다. 하지만 환각물질은 부정적인 측면도 많았다. 공감 능력 증대에서 얻는 효과보다 치명적인 부작용이 향정신성물질의 입지를 크게 줄였다. 과다 흡입한 제사장의 사망은 물론 환각 상태에서 벌어지는 치명적인 사건들은 공동체의 질서를 무너뜨리기 일쑤였다. 그 때문에 제의 활동에 국한해서 이 물질들은 사용되다 결국 알코올음료에게 그 역할을 넘기고 만다. 알코올음료를 손쉽게 구할 수는 없었지만, 오랜 시간 수많은 실수와 실패를 거듭하며 알코올의 비밀을 찾아낸 인류는 결국 정착을 선택하게 된다. 그리고 술은 모든 제의 활동의 중심에 서게 된다.

리그베다-19세기 필사본
힌두교의 초기 경전인 《리그베다》에는 아리아인들이 '소마'라는 신성한 음료를 마시고 불사신이 되었다는 기록이 있다. 사진은 《리그베다》의 19세기 필사본
출처 : 위키미디어

벌꿀술

인류가 그토록 바랐던 알코올음료는 자연을 모방하면서 일어난 수많은 실수를 통해서 얻게 된다. 물론 술을 만드는 과정까지는 꽤 긴 시간이 필요했다. 그나마 술이 만들어지는 환경을 알아내면서 모방에 속도가 붙었을 듯싶다. 그리고 벌꿀과 포도, 마유 같은 당원이 많은 물질들이 모방하기 좋은 재료임도 알아채게 된다. 그중에서도 벌꿀을 특히 좋아했을 것이다. 접근하기는 힘들어도 주변에서 쉽게 찾을 수 있었고 벌집에 빗물이 스며들면 쉽게 발효된다는 것도 경험적으로 알았을 것이다. 그래서 인류가 최초로 만든 술은 꿀을 발효시킨 벌꿀술(mead)일 가능성이 크다. 원한다고 매번 구해서 만들 수는 없었지만 말이다. 하지만 여러 민족의 신화와 경전, 그리고 벽화에 벌꿀과 벌꿀술이 등장하는 것을 보면 매우 오래전부터 사랑받았던 술임에는 분명하다. 야생 벌꿀을 채취하는 벽화는 빙하기 시절, 얼음이 덮이지 않은 유럽 지역과 아프리카 등에서 주로 발견되었다. 스페인 알라냐 동굴, 바랑폰드 지역, 짐바브웨 마토포힐 암벽화, 남아프리카공화국 이랜드 동굴벽화 등이 그것이

목청 나무의 빈 공간에 꿀벌이 집을 짓게 되면 빗물이 젖지 않는 공간에 꿀이 모아진다. 이 공간으로 일정비율의 물이 들어가면 꿀은 자연스럽게 발효가 시작된다. 사진은 전북 부안과 전남 담양에서 찍은 벌집과 그 속에 채워진 꿀이다.

다. 이들 벽화는 모두 석기시대의 것으로, 초기 인류와 벌꿀의 긴밀한 관계를 알려주는 고고학 자료이기도 하다. 벽화에만 벌꿀의 흔적이 있는 것은 아니다. 경전에도 벌꿀술 이야기는 등장한다. 술을

찬양하는 노래가 114곡이나 들어있는 《리그베다》에는 '벌꿀술(마두 마디야)'이라는 이름이 뚜렷하게 쓰여 있고, 북유럽 신화에선 신의 침으로 꿀이 발효되는 내용도 담겨 있다.[5]

신화와 전설에 등장하는 꿀벌은 불사의 생물로서 천상계와 연결되는 신성한 존재이다. 또한 영혼의 세계에선 소식을 전하는 날개 달린 사자로도 생각했다.[6] 그래서 그들의 생산물인 벌꿀은 지고의 신에게 바치는 헌상품이기도 했다. 이런 의미를 지닌 탓에 고대의 샤먼은 벌꿀술을 마시고 이 세상과 다른 세상을 연결하며 황홀한 경험을 공동체와 공유했다.[7] 벌꿀술을 인류가 처음 만든 알코올음료라고 말한 인류학자 클로드 레비-스트로스는 벌꿀술 제조 과정을 문명과 비문명을 가르는 기준점으로 생각했다. 사람의 손으로 유사한 환경을 만들어 직접 발효에 개입하는 순간, 문명이 시작되었다고 레비-스트로스는 말하고 있다.

포도주

포도는 온대 지역에서 나오는 과일 중 당도가 제일 높은 과일이다. 자연에서 발견할 수 있는 포도주는 우연히 공기를 피할 수 있는 폐쇄적인 공간에 포도송이가 떨어져 공기 중의 효모가 마술을 부리듯 발효를 일으켜 만들어 놓은 술이다. 이를 침팬지 등의 영장류가 발견하고 멋진 파티를 열었으며, 이를 지켜본 인류는 포도주가 만들어질 만한 환경을 찾아내려고 제법 발품을 팔았을 것이다. 그런데 앞서 설명한 벌꿀술도 쉽게 구할 수 없었지만, 포도주도 접근이 제한적이었다. 포도가 익어야 포도주도 만들어지기 때문이다. 하지만 야생포도의 자생 지역이 넓어서 여러 지역에서 포도주를 경험했을 것이다. 특히 발효의 신비를 몰랐을 때 얻은 야생의 포도주는 신의 선물처럼 다가와 신성성까지 보태어졌을 테니 신화나 전설에 포도주 이야기가 많은 것은 너무도 당연한 일이다. 먼저 전설 속의 페르시아 왕 잠시드의 이야기를 살펴보자. 잠시드는 신선한 포도를 좋아했고, 갓 수확한 포도를 여러 항아리에 가득 담아놓았다. 그런데 하루는 후궁 '그루나르라'가 편두통을 호소하며 한 항아리에 든 포도를 먹고 잠에 빠져든다. 어떤 이야기에서는 죽기 위해 마셨다고 나온다. 어찌 되었든 그녀는 그것을 마신 덕분에 두통을 깔끔하게 떨치고 일어났다. 발효된 포도주를 마시고 깊은 잠에 빠져들어 두통이 사라졌던 것이다. 이 이야기를 정리해보면 잠시드 왕 시절에는 아직 포도주 제조법을 몰랐다고 볼 수 있다. 오히려 하렘의 여자를 통해 항아리에서 발효된 포도주를 알게 된 것이다.[8] 《구약성경》에도 많은 사람이 알고 있는 유명한 이야기 하나가 실려 있다. 대홍수를 이겨낸 노아의 이야기다. 노아는 대홍수가 끝난 뒤 아라라트 산에 도착했을 때 처음 한 일이 포도주를 담기 위해 포도나무를 심은 것이다. 이 일을 두고 "대홍수 이후의 새 시대는 수렵채집으로 먹고살던 선사시대 유목 생활의 종식을 상징한다"라고 말하는 학자도 있다. 즉 포도 농사가 정착되었음을 의미하고 이것이 문명의 시작이라는 것이다.[9]

포도주는 고대 그리스·로마 문명과도 떼려야 뗄 수 없는 관계를 맺고 있다. 당시 포도주는 문명을 유지하는 경제적 기반이었고 핵심적인 소통 도구였다. 특히 그리스에서 포도주는 화폐였으며, 축제나 제의처럼 특별한 날에나 마실 수 있는 귀한 음료였다. 그래서 그냥은 마시기가 아까워서 물을 타서 마시는 문화가 일반화되었다.[10] 기독교 문명에서도 포도주는 핵심적인 상징물로 떠받들어졌다. 종교적 배경이 있어서인지 포도는 불사의 상징물이자 풍요와 지혜를 상징한다. 게다가 발효 과정을 거친 빵과 포도주가 함께 있으면 포도주는 성스러운 황홀을 의미하고 빵은 죽음에서 소생한 영혼으로 해석되었다.[11] 이처럼 정신문화에 강력한 영향을 미친 포도주는 고고학 유적으로도 그 실체를 확인할 수 있다. 포도주를 빚은 최초의 증거는 이란 북부에 있는 자그로스 산맥에서 발견된다. 7,000년 전에 포도와 나뭇진 등을 넣고 술을 빚어 9리터 들이 항아리 6개에 담은 흔적이 발견되었다. 이것이 지금까지 발견된 포도주 양조 유적 중 가장 오래된 것이다. 이와 함께 이 유적에서 북쪽으로 1,000킬로미터 떨어진 아르메니아 아레니 마을의 동굴에서는 6,000년 전에 포도 압착에 사용한 발판이 발견되기도 했다.[12]

마유주

과일이나 벌꿀에 쉽게 다가갈 수 없었던 아시아의 건조한 초원 지역에 살았던 사람들도 자연에서 우연히 발견한 술을 맛볼 수 있었다. 말의 젖(마유)를 발효시킨 마유주가 그것이다. 말의 젖은 야생의 말을 사육해야만 얻을 수 있다. 그동안 고고학계에서는 중앙아시아 지역에

대영박물관에 전시된 각종 암포라 영국 런던의 대영박물관에 전시된 다양한 형태의 암포라들. 포도주를 포함한 액체류와 곡물 등을 저장하고 운송하는 수단으로 사용되었다.

서 기원전 4,000~3,500년경 말의 가축화가 이뤄졌다고 보고 있었는데, 2010년 사우디아라비아에서 새로운 유적을 발견하면서 말의 사육 연대가 1만 년 전으로 앞당겨졌다.[13] 즉 말의 사육이 1만 년 전에 이뤄졌다면 말젖을 발효시킨 마유주도 포도주나 벌꿀술 만큼 일찍 등장했을 가능성이 열리게 된다. 그렇다면 말보다 더 일찍 가축의 길에 접어들었던 동물이 있었다면 마유주에 앞선 술이 있지 않았을까. 기록에 따르면 인류가 가장 먼저 가축화한 동물은 늑대였다. 그리고 소의 가축화도 이르게 진행되었다. 그런데도 마유가 술의 재료로 사용된 것은 우유 등 다른 동물의 젖보다 당분 함량이 2배 이상 많기 때문이다. 가죽 부대에 말젖을 넣고 계속 흔들어주면 비교적 쉽게 술이 된다고 한다.[14] 따라서 음료수처럼 마실 목적으로 가죽부대에 담아두었던 말젖은 장거리 이동을 하면서 자연스럽게 흔들려 유청과 응유 부분이 분리되고, 유청에 젖산균이 개입하면서 술과 요구르트의 중간 정도의 맛을 내는 음료가 만들어졌을 것이다. 이렇게 우연히 만들어진 마유주가 중국의 사서에서 유목민들이 자주 마시는 술로 소개된다. 사마천은 《사기》〈흉노열전〉에서 서북쪽 변방의 흉노족들이 "적을 공격할 때 목을 베거나 포로를 잡은 자에게는 술을 한 잔씩 하사했다"고 기록했다.[15] 북방의 민족들도 일상 속의 의례를 위해 나름의 술을 준비하고 있었던 것이다.

풀케

자연에서 얻은 발효주가 구대륙에만 있었던 것은 아니다. 기원전 1만 5,000년 전 베링 해를 건너 신대륙으로 들어간 인류도 자연에서 얻은 당원이 저절로 술로 변하는 사례를 자주 접하게 된다. 그리고 그 술은 신대륙을 접수한 인류에게도 새로운 세상을 열어주었을 것이다. 술이 지닌 보편적인 특징은 시대와 지역과 인종을 구분하지 않는다는 점이다. 따라서 신대륙의 인류가 발견한 술도 자연스럽게 그들이 일군 문화와 종교의 핵심 동인으로 자리 잡았을 것이다. 새로운 세상을 만나게 해 준 대표적인 식물은 용설란(아가베)이다. 고고학 기록을 살펴보면 용설란은 대략 8,000년 전부터 신세계에 살던 사람들이 재배해 구워 먹었다고 한다. 또한 멕시코 출룰라의 피라미드에 있는 서기 200년경의 벽화에는 용설란의 수액을 발효시킨 풀케를 마시는 사람들이 등장한다.[16] 즉 신대륙의 인류들도 오래전부터 당분이 많은 식물인 용설란의 수액을 발효시켜 마셔왔다는 것을 알 수 있다.

용설란은 꽃대를 잘라 버리면 줄기 아래 수액 주머니가 만들어지고, 당분이 많은 수액은 저절로 발효되어 알코올과 이산화탄소를 만든다. 이는 곤충을 유인하는 식물의 자연스러운 행동이다.[17] 자연에서 용설란의 수액이 발효되는 것을 발견한 신대륙의 인류는 용설란의 수액으로 풀케라는 술을 빚어 마셨다. 한참의 시간이 흐른 뒤 구대륙 사람들의 침략 과정에서 전달된 증류 기술을 이용하여 이들도 테킬라라는 증류주를 만들어 마셨다.

제주도 여미지식물원의 용설란과 꽃대(퀴오테) 자연에서 알코올음료를 얻은 것은 신대륙에 살던 인류도 마찬가지다. 주변에서 쉽게 구할 수 있는 용설란의 수액이 발효되면 풀케라는 술이 된다. 사진은 제주도 여미지식물원의 용설란과 용설란의 꽃대인 퀴오테. 퀴오테가 올라온 용설란만이 풀케를 만들 수 있다. ⓒ조호철

이처럼 구대륙과 신대륙의 구분 없이 자연에서 구할 수 있는 당원은 훌륭한 알코올음료가 되어주었다. 우연히 발견했든, 먼저 즐기던 동물을 따라 모방하면서 술의 효과를 알게 되었든 술은 단순히 마시고 취하기 위한 음료로 사용되지는 않았다. 인류는 술에서 다양한 가능성을 확인하고 공동체의 결집과 무사 안녕을 위한 재료로 사용하였다. 그런데 자연을 흉내내서 만드는 술은 여전히 공급이 달렸을 것이다. 폭증하는 수요에 턱없이 부족할 정도로 말이다. 하지만 술의 대체재인 환각물질은 여전히 사회적 갈등과 부작용을 만들었다. 이 순간 인류에게 던져진 질문은 이 술을 어떻게 하면 안정적으로 필요한 만큼 만들어낼 수 있느냐 였다. 그동안 자연을 모방하면서 약간의 술을 마실 수 있었지만, 필요한 만큼의 술을 만드는 것은 모방만으로 해결할 수 있는 문제는 아니었다. 이때부터 인류는 다양한 실수를 하면서 탄수화물이 주성분인 곡물 발효주에 관심을 두게 된다.

곡물 발효주가
만들어지기까지

쌀과 보리, 밀 등 곡물의 주요 성분은 탄수화물이다. 탄수화물은 당이 여러 개 결합한 다당류의 복합물이다. 포도당, 과당, 갈락토스 등의 단당이나 설탕, 맥아당, 젖당 등의 이당은 공기 중에 있는 효모의 힘으로 충분히 알코올 발효가 이뤄진다. 하지만 올리고당과 덱스트린 그리고 이런 종류의 다당류가 수천 개쯤 연결된 곡물의 전분은 구조가 복잡해 효모만으로 발효가 이뤄지지 않는다. 대부분의 효모는 단당과 이당, 즉 단순한 당만 소화할 수 있기 때문이다. 만약 당을 지구에서 쉽게 구할 수 없었다면, 효모들은 진화하는 동안 직접 다당류를 소화할 수 있도록 자신을 자연에 맞추었을 것이다. 다행히도 지구의 거의 모든 생명체가 당을 기본 에너지원으로 삼고 있어서 지구는 온통 당의 천국이다. 즉 효모가 살기에 최적의 환경이 지구에 펼쳐져 있는 것이다. 하지만 전분으로 구성된 곡물은 효모가 접근하기에는 가까이 하기엔 너무 먼 당신이었다. 그래서 효모가 탄수화물을 먹기 위해서는 다른 연합군의 도움이 절실히 필요했다.

효소

효소는 미생물이 아니다. 심지어 살아 있지도 않다. 세포 내에서 유기물질의 화학적 변형을 촉진하는 단백질 형태의 생물학적 촉매일 뿐이다. 여기서 말하는 화학적 변형이란 구조를 자르거나 분해하는 것을 말한다. 또한 하나의 효소는 하나의 특정한 기능만을 하도록 설계되어 있다.[18] 이 단백질은 쉬지 않고 움직이며, 자신이 맡은 물질을 분해한다. 그래서 효소를 생명현상을 유지하는 세포내 일꾼이라고 말한다. 세포

막이나 근육과 같이 생명체의 구조에 관여하는 구성단백질인 효소는 수백수천의 아미노산의 중합체이나 세포내 특정 유기 물질과 결합하여 새로운 물질로의 변환을 유도하는 기능성단백질이기도 하다.[19] 대표적인 효소는 우리 몸속에서 각종 소화 활동을 돕는 효소들이다. 녹말을 분해하는 소화효소는 아밀레이스(amylase)이며, 단백질은 프로테이스(protease), 지방은 라이페이스(lipase)가 각각 담당한다. 그리고 이런 효소는 약 2,500종에 이른다고 한다.

그런데 효모도 알지 못했고, 효소도 알 수 없었던 석기시대의 인류는 어떻게 곡물을 발효할 생각을 했을까? 이것은 자연에서 천연당을 우연히 발견한 것처럼 해결할 수 있는 문제는 아니었다. 아마도 야생의 곡물을 식량으로 삼으면서 일어난 우연한 실수와 실패 속에서 인류는 또 하나의 영감을 얻었을 것이다. 빙하기가 끝난 1만 년 전, 서남아시아 지역에서 수렵채집을 해온 인류는 야생의 곡물로 빚은 술이나 빵의 맛을 잘 알고 있었고, 이를 얻기 위해 정착과 농경을 심각하게 고민했을 것이다. 그래야만 보다 많은 발효음료와 음식을 구할 수 있었기 때문이다. 이런 관점에서 농경문화의 꽃을 피우게 한 것은 발효식품 덕분이라는 말까지 나온다.

보리

정착해서 농경 생활을 했든 수렵채집 생활 중에 틈을 내 농사를 지었던 곡물을 식량자원으로 갖게 된 인류는 새로운 요리법을 만들어낸다.

두줄보리 보리의 종류는 이삭의 줄 수로 나누는데, 두줄과 여섯줄로 나뉜다. 주로 맥주양조에 사용하는 보리는 두줄보리다. 사진은 수확한 두줄보리의 이삭이다.

처음에는 불에 그을려 겉껍질을 벗겨내고 먹었겠지만, 나중에는 넓은 돌판(갈판)에 알곡을 올려놓고 갈돌로 껍질을 으깨듯 벗겨내고 가루를 내어 죽을 만들어 먹었을 것이다. 남은 곡물은 씨앗과 식량으로 별도의 공간에 보관했다. 곡물 발효의 마술은 여기서 시작된다. 수확한 보리나 밀 등을 쥐와 같은 설치류 동물에게 약탈당하지 않기 위해 창고에 보관하였지만, 빗물을 막을 수 있는 건축술은 아직 없었다. 따라서 우기에 제대로 대처하지 못하면 곡물은 물에 젖을 수밖에 없었다. 보리 단이나 보리 알곡이 채워진 토기에 빗물이 스며든 상황을 생각해보자. 씨앗은 물에 젖으면 발아하기 시작한다. 곡물의 씨앗은 물을 성장 활동의 신호로 받아들이기 때문이다. 따라서 서늘한 물에 젖은 보리는 하루 이틀 뒤면 싹을 틔우기 시작한다. 이와 함께 보리를 분해하는 효소와 전분과 단백질 등 배아 젖에 들어있는 영양분을 분해하는 효소가 나타나 보리의 싹에 에너지를 공급할 준비를 하게 된다.[20] 그런데 이 상태에서 물에 젖은 보리를 발견한 사람들은 아까워하며 햇볕에 내다 말렸을 것이다. 그렇게 되면 보리는 생장을 멈추고 당을 머금은 알곡이 된다. 맥주의 원료인 맥아(몰트)는 인위적으로 이 과정을 거쳐 만들어진다. 곡물 발효의 마법은 이처럼 실수로 만들어진 당화된 맥아를 인류가 발견하면서 시작된다. 특히 물에 젖은 알곡을 버리기 아까워 죽을 만들어 먹은 인류는 젖지 않은 보리로 만든 죽보다 더 달콤하다는 것을 알게 된 그 순간부터 말이다. 여기서 한 번의 실수가 더 벌어져야 발효의 단계로 넘어가게 된다. 만든 죽을 다 먹지 못하고 서늘한 곳에 보관해 두었다면, 그리고 이것을 며칠 잊고 있었다면, 공기 중의 또는 곡물에 부생하는 야생효모가 죽에 들어있는 당분을 먹으면서 발효에 들어갔을 것이다.[21]

쌀

모든 곡물은 예외 없이 물을 만나면 발아를 시작한다. 쌀도 마찬가지다. 앞서 보리처럼 젖은 벼도 찧어 죽을 만들어 먹었을 것이다. 이 과정에서 보리의 맥아처럼 쌀도 물에 젖으면 당화되기 쉬운 '곡아'가 된다는 것을 알게 되었을 것이다. 그리고 실수로 만들어진 곡아가 술이 된다는 것도 알게 된다. 이를 동아시아에서는 '곡아주'라고 부른다. 중국 진나라 때의 문인 강통(?~310)이 쓴 《주고(酒誥)》라는 책에 다음의 내용이 전해진다. "술이 유행하기는 상황(上皇)인 복희(伏羲) 때부터 시작되었다. 혹자는 의적 혹은 두강이라 한다. 그러나 먹다 남은 밥을 속이 빈 뽕나무 안에 버려두었더니, 바깥과 공기가 차단된 채 쌓여 냄새가 나고, 그대로 오래 두었더니 향기가 났다. 본래의 술은 이렇게 만들어진 것이지, 무슨 기이한 방법에 따라서 생긴 것이 아니다."[22] 강통의 이야기는 보리죽을 방치했다가 발효되어 맥주가 된 내용과 무척 비슷하다.

이와 함께 전 세계에서 발견되는 곡물 발효주가 하나 더 있다. 이수광의 《지봉유설》에 등장하는 '미인주' 계열의 술이다. 이수광은 이 책에서 "진랍의 미인주는 아름다운 여인이 입속에 넣고 만드는데, 하룻밤 동안에 만들어진다"고 적고 있다. 중국의 사서에도 사람의 타액으로 발효시킨 사례가 자주 등장한다. 특히 류큐(지금의 오키나와)의 사례인데, 이곳의 여인네들이 쌀을 씹어서 술을 만든다는 내용이다. 고구려의 북쪽에 있던 물길국에서도 같은 방식으로 술을 빚은 것으로 기록되어 있다. 이처럼 사람의 타액으로 술을 만든 사례는 아시아는 물론 남미대륙과 태평양 도서 지역 등에서 폭넓게 발견된다.

재미있는 점은 미인주를 즐긴 민족 중에 《위서》에 등장하는 물길족은 여타 민족과 달리 농경보다는 사냥과 유목 생활에 익숙한 민족이다. 즉 미인주 계열의 곡물주보다는 마유주와 같은 동물성 발효주에 더 쉽게 접근할 수 있는 민족이다. 그런데도 타액으로 발효시킨 미인주를 빚었다면 곡물 원료를 원활하게 공급받을 수 있었다는 이야기가 된다. 물길족이나 말갈족이 미인주 방식으로 빚은 곡물은 물론 쌀이 아니라 기장이다. 이들의 풍습을 이은 만주족의 술도 쌀이 아니라 기장으로 빚었다고 한다.

옥수수

그런데 이렇게 타액으로 발효시킨 곡물이 쌀과 기장에 그치지 않았다. 고대 남아메리카 지역에서 빚어 마신 '치차(chicha)'라는 술은 옥수수를 씹어서 타액으로 발효시킨 맥주다. 페루 잉카제국에서 치차는 정치적으로 그리고 종교적으로 무척 중요한 술이었다. 옥수수를 식량으로 사용하기 훨씬 이전부터 종교 행사에 사용하기 위해 대량으로 재배했고, 심지어 권력층은 옥수수 자원을 통제하기에 이른다. 인신 공양이라는 과격한 제의 활동에서도 치차는 그 중심에 있었는데 인신 공양의 당사자는 치차의 지게미를 온몸에 바르고 무덤에 산채로 묻혀 가느다란 대롱으로 며칠 동안 치차를 마시게 했다고 한다.[23]

옥수수 옥수수는 동서양을 막론하고 양조에 가장 많이 사용하는 곡물이다. 신대륙의 '치차'는 옥수수의 당분을 발효시킨 옥수수 맥주다. 사진은 정선의 여량양조장에서 옥수수막걸리를 빚기 위해 준비한 국내산 옥수수 알갱이 모습이다.

누룩

이처럼 곡아 발효와 타액 발효로 시작된 쌀 문화권의 술 빚기는 결국 누룩으로 연결되어 당화와 발효를 동시에 진행하는 병행복발효 형식으로 자리 잡게 되었을 것이다. 그렇다면 누룩에 대한 영감은 또 어디서 얻은 것일까. 누룩도 습기에 찬 곡물이 방치되어 생긴 곰팡이가 출발점이다. 물기를 머금은 보리나 밀 등에 공기 중의 누룩곰팡이가 앉아 덩어리진 것을 버리지 못하고 재활용하면서 사람들은 곰팡이가 슨 곡물이 특별한 능력을 발휘한다는 것을 경험적으로 알게 되었을 것이다. 물론 모든 곰팡이가 유익한 활동을 하지는 않는다. 하지만 진화론적으로 모든 생명체는 자기 종족이 오래 살아남는 방향으로 진화한다. 독을 가진 곰팡이가 우세를 보일 수도 있지만, 사람들의 선택을 받아야 하는 처지를 늘 고려한다면 유익한 곰팡이에게 더 많은 기회가 주어질 것이다. 결국 진화의 과정에서 우세를 점하는 곰팡이는 유익한 개체들이다. 이런 곰팡이를 이용해 술을 만들면서 점점 더 좋은 누룩이 만들어졌을 것이다.[24] 쌀밥에 곰팡이가 슬어 술이 된 곡아주나 타액이 개입하여 술이 된 미인주보다 보리나 밀에 곰팡이가 앉은 누룩을 사용해서 만든 술은 분명 더 복잡하다. 하지만 이 방법이 살아남았다는 것은 다른 방법보다 더 안정적으로 양조가 이뤄졌고, 술맛도 더 좋았다는 이야기가 된다.

누룩의 존재에 관한 가장 오래된 기록은 《서경》이다. 상나라의 왕 무정이 "단술(酒醴)을 만들려면 오직 국얼(麴糱)이라"고 말했다. 여기에서 국얼은 누룩을 말한다. 그리고 상나라는 지금으로부터 3,500여 년 전에 존재한 신정국가다. 즉 누룩으로 술을 빚는 시대가 제사를 중요시했던 상나라 때부터 시작되었다고 볼 수 있다.[25] 제사를 중요시한 상나라의 유적지 은허를 발굴하면 술병이 즐비했고 "술을 100잔이나 권했다"는 내용의 갑골문도 나왔다고 한다.[26]

제사는 술을 중심으로 이뤄진다. 제사의 수요가 많다는 것은 술의 수요가 많았다는 것을 의미한다. 따라서 미인주 정도의 제조법으로 수요를 충족시킬 수 없었을 것이다. 상나라 사람들은 더 많은 술을 안정적으로 빚기 위해, 실수의 과정에서 만들어진 누룩을 '국얼'이라는 이름으로 발전시켰을 것이다. 중국의 고대 기록을 보면 술을 만든 사람을 의적, 두강, 그리고 소강 등의 사람이라고 말하고 있다. 누가 먼저 만들었는지는 책에 따라 다르다. 하지만 소강이 중국 황주의 옛 이름인 출주를 만들었다는 데는 이견이 없는

누룩 곡물 발효주가 가능하기 위해선 누룩이 필요하다. 사진은 충남 서천의 한산소곡주 축제장에 전시된 소곡주 누룩이다.

듯하다. 그래서 중국의 음식 사학자들은 누룩으로 탄수화물을 분해해서 만든 밑술은 오래전부터 있었고, 그 밑술에 추가로 탄수화물로 만든 덧술을 넣는 기술이 춘추전국시대에 와서야 개발되었다고 말한다.[27] 그리고 이런 발효 기법은 한반도에도 유입되어 삼국시대부터 활용한 것으로 보인다. 서긍이 쓴 《고려도경》 등에 누룩으로 빚은 술에 대한 기록이 있는 것을 확인할 수 있다.

제2편 응답하라 우리술 막걸리

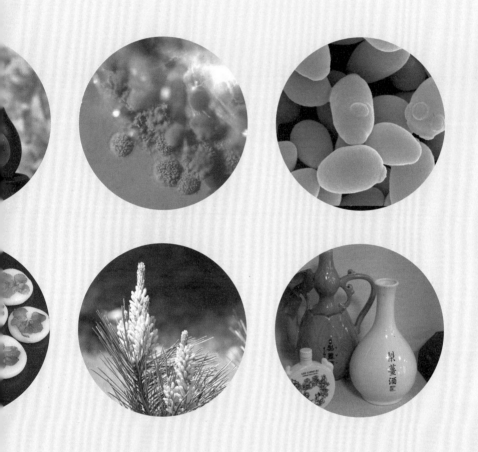

막걸리는 '막 걸러 마시는 술'이란 의미의 오랜 서민의 벗으로 다양한 이름으로 불렸다.
흰색을 띠어 백주(白酒), 지게미가 일어 재주(滓酒), 묽게 희석해 박주(薄酒),
농사일 하면서 마신다고 해 농주(農酒),
곡물로 빚어서 곡주(穀酒), 탁한 빛깔이라 탁주(濁酒) 등 다채롭기 그지없다.
삼국시대 이래 우리 술의 핵심발효제인 누룩으로 빚어 다양한 맛과 향을 낸 막걸리는
서울의 대표 술 '삼해주'와 진달래꽃으로 빚은 '면천두견주', 한국적인 운치를 지닌
'승순주'가 서민과 선비들로부터 오래도록 사랑을 받았다.

03

막걸리, 나는 누구인가?

내 이름을 '막걸리'라고 해두자. 몇 천 년 전부터 — 정확히 언제인지는 아무래도 좋다 — 이 땅에서 살아온 사람들은 나를 즐겨 마셔왔다. 만들 때의 재료는 다를 수 있지만 만드는 기본 방식은 같았던 1천 년 이상의 시간. 하지만 나를 부르는 이름은 너무도 많았고 낯설 만큼 서로 달랐다. 흰색을 띠고 있어 백주(白酒), 지게미가 있어 재주(滓酒), 묽게 희석되어 박주(薄酒), 농사일하면서 마신다고 하여 농주(農酒), 곡물로 빚었다 하여 곡주(穀酒). 탁한 빛깔이어서 탁주(濁酒) 등 바라보는 시선에 따라 다채롭기 그지없다. 그래서 오늘의 눈으로 불리는 것을 내 이름으로 해둘 뿐이다.

《매일신문》,《독립신문》에 소개된 막걸리 기사

그런데 이 이름이 내게 붙여져 언론에 소개된 것은 고작 120년 정도밖에 되지 않았다. 어느 드라마의 대사처럼 "어제는 멀고, 오늘은 낯설고, 내일은 두려운 격변의 시간"이었던 1898년과 1899년의 일이다. 첫 데뷔는 우리나라 최초의 일간지인 《매일신문》이었다. 관리까지 지낸 한 양반이 외상술로 '막걸리(원문에는 막걸니)' 몇 잔을 마셨다는 사회 고발성 기사라 좀 언짢았다.[28] 두 번째는 서재필 박사가 창간한 《독립신문》이었다. 부정적인 면

매일신문 민간인이 창간한 한국 최초의 신문 《매일신문》, 1898년 5월20일자에는 고양군의 한 양반이 무전취식으로 막걸리(본문에는 '막걸니')를 마셨다는 기사가 보도되었다.

독립신문 《독립신문》 1899년 6월21일 자에는 '위생론'에 관한 글에서 건강을 위해 술을 피해야 하지만 불가피하다면 '찹쌀막걸리'를 마셔야 한다고 적고 있다.

을 드러내는 기사이긴 했지만, 그래도 조금은 체면을 세워주는 기사였다. 내용은 술의 나쁜 면을 설명하면서 금주를 유도하려는 계몽적인 성격의 기사였다. 그래서 마시지 말 것을 권고하면서도 부득이하게 마셔야 한다면 식전, 식후의 반주로 마시되 절대 외국 술은 안 되고 국산 찹쌀로 빚은 막걸리(원문에는 ʃ걸니)나 잘 숙성된 약주를 마실 것을 권하고 있다.[29] 이것이 순 우리말로 지어진 내 이름 '막걸리'가 세상에 처음 등장한 모습이다.

물론 나를 막걸리라고 부르기 시작한 것은 이보다 한참 전의 일일 것이다. 그 처음이 언제인지 정확히 알 수는 없지만, 박주나 백주, 그리고 탁주 같은 한자어보다 훨씬 정감 있게 느껴졌기 때문에 더 자주 불렸을 것이다. 게다가 실생활에서 자주 사용하게 되니까 자연스럽게 언론사의 기자들도 익숙해져 나를 설명할 때 '막걸리'를 먼저 떠올리게 된 것 같다. 이런 식으로 신문에 내 이름 석 자가 알려지기 시작했지만, 여전히 한자를 좋아하는 사람들은 '탁주'라는 이름을 자주 썼다.

《광재물보》, 《청구영언》에 소개된 막걸리 관련 기록

언론 매체가 아닌 일반 책자에 '막걸리'라는 이름이 등장한 것은 19세기 초에 출간된 것으로 추정되는 《광재물보(廣才物譜)》가 처음인 듯하다.

이 책은 일종의 사전으로 각종 어휘의 해설서인데, 탁주를 설명하면서 '막걸리'라는 표현을 쓴 것이다.[30] 그런데 《광재물보》 이전에도 막걸리라는 이름의 흔적을 찾을 수 있는 문헌이 하나 더 있다. 김천택이 1728년경 시중에 전해지는 시조 등의 가사를 모아 펴낸 《청구영언》이라는 책이다. 이 책에 있는 무명씨의 시조 하나가 나를 연상시킨다.

"아해야 그믈내여 어강(漁舡)에 시러노코
덜 괸 술 막걸러 주준(酒樽)에 다마두고
어즈버 배 아직 노치마라 달 기다려 가리라"

정돈된 그물을 배에 실은 어부가 고기잡이에 앞서 덜 익은 술을 바로 걸러서 주전자에 담는다. 그리고 아이에게 당부하듯이 말한다. 뭍에 있는 배를 아직 강에 부리지 말라고 말이다. 뜨는 달 지켜보며 기다렸다가 운치 있을 때 고기잡이에 나서겠다는 내용이다. 《청구영언》 4권에 실린 이 시조의 내용 중 '덜 괸 술 막걸러'라는 대목에 주목해보자. 채 익지 않은 술을 '막걸러', 즉 바로 걸러서 마실 수 있게 한다는 것인데, 이 '막걸러'가 사람들의 입으로 전해지면서 '막걸리'로 바뀌지 않았을까 짐작해본다. 또 한 편의 시조에도 유사한 의미의 구절이 등장한다.

"띠(帶) 없는 손이 오거늘 관(冠) 없는 주인 나서서
나무 정자 아래 장기판 벌여놓고
아해야 덜 괸 술 막 거르고 외 따다 안주 놓아내어라"

띠와 관은 관직을 의미한다. 이것이 없다는 것은 관직에 있지 않다는 뜻이다. 그런 평범한 두 사람이 만나서 장기를 한판 두고 막 거른 술과 오이 안주로 술상을 본다는 내용이다. 마치 한석봉의 시조 중 "박주산채 일망정 없다 말고 내어라"라는 대목처럼 소박함이 물씬 묻어난다. 그런데 한석봉의 시조에서 내 이름은 '박주(薄酒)'다. 즉 물을 넣고 술을 걸러 묽어진 술로 나를 표현하고 있다. 이와 달리 인용한 무명씨의 시조에서는 '술을 거르는 형태'로 나를 묘사하고 있다. 인용한 두 시조의 공통점은 '다 익지 않은 술을 바로 거른다'라는 점이다. 술을 거르는 모습에서 나의 결정적 특징 하나를 잡아내 술 이름으로 만든 것은 아닐까 생각해 본다. 어찌 되었든 나만큼 개방적이며 유연한 술이 세상에 또 있을까 싶다. 다 익지 않아도 마실 수 있고, 숙성시키지 않고 바로 걸러서 마셔도 맛이 있고, 심지어 물을 타서도 마실 수 있는 술은 아마 지구상에 나 말고는 없을 듯하다.

그렇다면 조선시대 때 주로 사용한 내 이름은 무엇이었을까. 《조선왕조실록》에 등장하는 내 이름은 '탁주' 혹은 '탁료(濁醪)'였다. 그리고 지게미가 없도록 맑게 거른 '청주(淸酒)'와 약용성을 강조하기 위해 쓴 '약주(藥酒)'라는 명칭도 자주 등장한다. 실록에 이 단어들이 등장하는 횟수는 탁주와 탁료가 각각 16건과 8건, 그리고 청주와 약주는 108건, 152건이다. 아무래도 왕과 신하들의 공적인 이야기를 담고 있는 기록물이다 보니 그들이 더 자주 즐겼던 '청주'와 '약주'가 더 기록으로 남은 듯하다.

일제강점기,《조선무쌍신식요리제법》에 탁주로 소개된 막걸리

다시 내 이름 '막걸리'로 돌아가 보자. 구한말에서 일제강점기로 넘어간 그 시절에도 나는 여러 이름으로 불리고 있었다. 한글 이름 '막걸리'가 등장했지만, 지배층의 언어는 한자를 사용하는 일본인들이었기 때문에 공식적으로 나를 설명하는 단어들은 한자와 일본어였다. 순종의 이름으로 발표되었지만 1909년에 발효된 주세령은 일제가 기획한 것이다. 당연히 법률용어와 술 이름들은 한자였다. 그러니 내 이름 막걸리는 발을 들여놓을 틈도 없었다. 게다가 1910년까지 나를 소개하는 글들은 대부분 딱딱한 기사와 광고였다. 이름도 통일되지 않아 '막걸리'와 '막걸니' 등이 혼용되었다. 여기에 보태 '국자(麴子)' '탁주'라는 단어도 꾸준히 쓰이고 있었다. 이런 분위기는 해방 이후까지 계속된다. 조금씩 일상에서 더 친근하게 사용은 됐지만, 그리고 조리서에 단독의 표제어로도 이름을 올리기도 했지만, 여전히 공식적인 이름은 '탁주'라는 한자어가 앞서 있었다. 다만 들어간 재료나 만드는 방식에 따라 수백의 이름으로 불리던 나를, 비록 '탁주'라는 명칭이지만 독립된 표제어로 써 준 것이나, 신문 등에서 다반사로 '막걸리'라는 단어를 써준 것은 나를 위로하기에 충분했다. 나를 처음으로 독립 표제어로 실어준 책은 1924년에 발행된《조선무쌍신식요리제법》이다. 아쉬운 대로 내 이름 '막걸

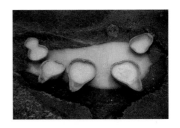

함양 농월정 앞 너럭바위와 막걸리 조선시대의 선비들은 너럭바위의 오목한 웅덩이에 막걸리를 채우고 시회를 열어 일순배를 하거나 야외수업을 하면서 스승의 질문에 답을 하며 막걸리를 마셨다고 한다. 사진은 경남 함양의 농월정 앞 너럭바위에서 연출한 사진이다.

조선무쌍신식요리제법 1924년 이용기에 의해 《조선무쌍신식요리제법》이라는 책이 쓰여진다. 제목은 조선에서 둘도 없는 뛰어난 요리책이라는 뜻이다. 사진은 1936년 증보하여 펴낸 이 책의 표지를 그대로 사용하여 지난 2019년에 나온 책의 표지이다.

리'는 '탁주'를 설명하면서 별칭으로 소개를 해주었다. 그리고 '혼돈주'와 '합주' 등의 술도 나란히 이름을 올렸다.

그런데 이처럼 탁주와 혼돈주, 합주 등의 이름이 독립된 항목으로 책에 소개된 것은 상업 양조로 술 생산 방식이 변화했기 때문이라는 지적도 있다. 그동안의 우리 술은 집에서 제사와 손님 접대를 위해 빚어왔고(봉제사 접빈객), 그래서 맑은 술을 중심으로 양조가 이뤄지다 보니 다양한 이름의 술이 전해져 내려왔다는 것이다. 전체를 아우를 이름도 청주와 약주, 그리고 탁주 정도면 충분했다. 이들은 보통명사처럼 우리 술을 대변하는 이름일 뿐이지, 실체를 가진 고유명사가 될 필요는 없었다. 그러나 주세법 이후의 세상은 달랐다. 술이 집을 떠나 상업의 영역으로 옮겨오면서 집에서 빚어오던 술(고유명사)들은 사라지고, 자본의 논리로 움직이는 양조장들의 술이 점차 주류 시장의 주인공이 되어 간다. 이에 따라 상업적인 술인 약주와 탁주(보통명사)가 실체를 가진 술처럼 모습을 갖추어가게 되었다. 그리고 양조장에서 빚은 술에 만족하지 못한 사람들을 위하여 조리서의 주방문에도 이름을 올리게 된 것이다.

"하등 멥쌀 1말을 절구에 찧어 굵은 체에 쳐 낸다. 쌀가루를 시루에 쪄 떡을 만든 다음, 차게 식기를 기다려 물 1~2말과 누룩 4장(여름은 4장 반)을 가루 내어 넣고, 고루 버무려 술밑을 빚는다. 술밑을 술독에 담아 안치고, 이불로 덮어 겨울 10일, 여름 7일간 발효시킨다."[31] 이것이 《조선무쌍신식요리제법》에 나오는 나의 제조 방법이다. 이처럼 나는 쌀과 누룩, 그리고 물만 있으면 빚을 수 있다. 간혹 쌀이 아닌 재료가 등장할 때도 있다. 제주도의 오메기(차좁쌀의 사투리)와 남도의 보리, 그리고 밀과 메밀, 감자 정도였다. 이렇게 곡물과 누룩, 그리고 물이 만난 뒤 1주일 또는 열흘이 지나면 내가 만들어진다. 나를 좀 더 고급스럽게 만들려면 덧술을 하면 된다. 한 번을 더하면 이양주, 두 번을 더하면 삼양주, 이런 식으로 술밥을 더 주는 식으로 고급주를 만든다. 덧술을 한 술은 단양주와 비교해 더 풍부한 맛을 가지고, 알코올 도수도 높다. 효모가 만들 수 있는 알코올 도수의 한계가 19도 정도라고 한다. 그래서 나도 이 도수까지 만들어진다. 그런데 요즘은 6도의 술로 나를 말하고 있다. 하지만 앞에서 소개한 시조에서 보았던 '덜 괸 술'을 바로 걸렀다면, 19도까지는 아니어도 12~13도 정도의 술이 나온다. 이 술을 부르던 이름이 예전에는 있었다. 《조선무쌍신식요리제법》에도 나왔던 '합주(合酒)'가 바로 그 이름이다. 청주를 따로 거르지 않고 술덧을 통째로 탁하게 거른 술, 그래서 알코올 도수도 높은 술이다. 이 술을 조선의 선비 정희량은 '혼돈주'라고 불렀다.[32] 맑고 흐린 부분을 모두 가지고 있고, 물을 타지 않아 다 익은 술의 알코올을 한 몸에 모두 가지고 있으니, 술 몇 잔에 취할 수 있는 술이다. 그래서 합주와 혼돈주 모두 정확한 호칭이라 할 수 있다. 그런데 이 이름은 더는 사용되지 않고 있다. 일제가 우리나라를 강제 병합하고 식민지 통치자금을 마련하기 위해 발령한 주세법과 주세령이 세상을 지배하던 시절, 내 출신인 가양주는 설움과 핍박의 대상이었다. 오직 공장에서 대량으로 생산되던 술만 합법적인 존재로 대우받으면서 합주는 사라졌고 오직 '맑고 탁한 것'이 나를 구분하는 유일한 기준이 되고 말았다. 그리고 한 몸에서 나온 청주라는 내 형제는 일본 술에 그 이름을 빼앗기고 약주로 불린 지 이미 한 세기가 훌쩍 넘었다.

더욱이 해방 이후 산업화 과정에서 나와 내 형제들은 존재의 의미를 서서히 상실하더니 어느 순간부터는 천덕꾸러기가 되고 말았다. 홍길동처럼 아버지를 아버지로 부르지 못하는 형제가 있는가 하면, 100년 전과 다른 제조법과 값싼 재료를 사용해도 같은 형제로 취급받는 세상이 된 것이다. 이런 시대를 살아가는 나는 과연 어떤 존재인가. 살아오면서 단 한 번도 국외자가 된 적이 없는 내가 오늘은 정체성의 혼란을 겪으면서 모든 것을 집어삼키는 리바이어던 같은 자본의 논리에 휘청거리고 있다. 산을 삼킬 만큼 거대한 스테인리스 구조물, 그리고 값싼 수입산 재료로 만들어 독점적 유통망을 통해 대량으로 시장에 뿌려지는 제품을 지켜보면서 말이다.

장인은 점점 사라지고 값싼 기술만 남은 시대, 자본의 큰 날갯짓은 정성으로 한 땀 한 땀 공들여 만든 형제들을 쇼윈도 케이스 같은 '전통'에 가두어 넣고 있다. 하늘과 땅의 결실로 만드는 이치는 수천 년이 한결같

지만 불과 100년 만에 자본이라는 이름의 거대한 수의는 우리를 덮고
말았다. 소설《모비딕》에서 이스마엘이라 불리던 사람은 마지막까지 살
아남았지만 대한민국에서 나는 과연 정체성을 잃지 않고 생존하고 있는
것일까. 과연 나는 누구인가.

04

전통주란 무엇인가?

우리의 전통주는 철저히 국가에 의해서 '만들어 진 전통'이다. '만들어진 전통(Invented tradition)'이 라는 말은 영국의 진보적인 역사학자 에릭 홉스봄 과 테렌스 레인저가 1983년 같은 제목의 책을 내면 서 유행한 용어다. 전통은 우리가 알고 있듯 유구한 역사를 갖고 진화 발전해온 개념이 아니라 19세기 '민족'이라는 개념을 내세우면서 국가가 강제적으 로 만들어낸 근대적 용어라는 것이 홉스봄의 주장 이다.[33] 유럽의 국가들은 자국의 산업혁명을 추진하면서 주변 경쟁국에 뒤처지지 않으려고 민족주의를 전면에 내세웠다. 국민에게 더 많은 충 성심을 끌어내는데 '전통'만큼 좋은 무기가 없었기 때문이다.

《만들어진 전통》 책표지

유럽의 국가들이 제국주의 경쟁을 벌이면서 '전통'을 강조하고 있던 19세기 말, 우리는 있는 전통도 자신의 힘으로 지켜내지 못하는 풍전등 화의 운명에 놓여 있었다. 민족 개념이 형성되지 않은 국가는 모두 위기 에 내몰리고 있던 시절이었다. 낡은 신분 질서에 갇혀 '나라(國)'보다 '가 문(家)'만을 중시하다가 위기를 키운 조선도 그중 하나였다. 결국 위기의 정점은 일제의 강제 병합으로 다가왔다. 36년의 식민 통치 그리고 분단 으로 이어지는 20세기 우리의 역사는 무척 고단했지만, 한편에선 성공 적인 민족국가의 길을 걸어왔다. 그러나 대한민국은 그 속에 담아낼 '전 통'을 제대로 챙기지 못하였다. 전통을 박물관의 전시실을 채우는 유형 적인 문화유산으로만 생각한 결과였다.

우리 전통주, 국가가 복원한 '만들어진 전통'

 그런 우리에게도 서구 국가들처럼 공동체를 강화하기 위해 '전통'이 강조되는 시절이 찾아온다. '86 아시안게임'과 '88 올림픽'이라는 국제 스포츠 대회를 앞두고서다. '성장하는 한국'의 이미지가 단기간에 급조된 것이 아니라 반만년의 역사 속에서 일궈졌다는 것을 알려야 하는 책무가 국가에게 주어졌다. 잠재력 있는 민족이었기에 경제성장을 이뤄냈고, 또 그에 걸맞은 유·무형의 전통도 갖고 있다는 것을 보여주고 싶었다. 다급해진 정부는 서둘러 잊고 있던 전통을 찾아 나선다. 가장 시급했던 것은 음식 중에서도 강제로 기억에서 지웠던 술이었다. 한국을 찾는 외국인들에게 민족을 대표하는 변변한 술 하나 보여줄 수 없다는 것은 반만년의 역사를 내세우기에 부끄러운 일이었다. 그 덕분에 쌀로 술을 빚지 못하게 강제했던 국가가 직접 전국을 수소문하면서 밀조주를

조옥화안동소주 현재 안동소주는 8개의 양조장에서 만들어지고 있다. 가장 먼저 만들어진 곳은 '조옥화 명인의 안동소주'와 '박재서 명인의 안동소주'다.

한산소곡주 충남 서천에는 현재 70개 이상 양조장에서 소곡주를 생산하고 있다. 사진은 충청남도 무형문화재 3호로 선정되어 있는 우희열 명인의 한산소곡주.

빚던 집안의 술을 찾아 나서게 된다. 그렇게 찾아 복원한 술들이 무형문화재로 지정되었고 '민속주' 혹은 '전통주'라는 이름으로 불리며 상업화되기 시작한다. 경주법주가 그랬고 안동소주와 한산소곡주가 그랬다. 그 결과, 남들 볼까 봐 마음 졸이며 밀주로 담았던 상당수의 가양주가 '합법'의 공간에서 양조장을 내게 되었고, 일부는 전국적인 명성을 얻기도 하였다. 이렇게 우리의 전통주는 철저히 국가에 의해 사라졌다가, 다시 국가가 나서서 재현한 '만들어진 전통'이었다.

무형문화재와 식품명인제도로 전통주의 가치와 생명력을 넓혀야

그렇다면 이렇게 만들어진 전통주는 법률적으로 어떤 신분에 있는 술들일까. 술을 다루는 주세법의 정의를 살펴보자. 주세법상 '전통주'는 '민속주'와 '지역특산주'로 구분된다. 민속주는 △국가 무형문화재 보유자 및 시도 지방무형문화재 보유자가 제조하는 주류와 △주류부문 식품명인이 제조하는 주류로 구성된다. 주류부문 국가 무형문화재는 3종이며, 지방자치제가 지정한 시도 지방무형문화재는 32종, 식품명인은 26명이다. 전통주의 또 다른 축인 지역특산주는 △농어업 경영체 및 생산자 단체가 직접 생산하거나 주류 제조장 인근에서 생산된 농산물을 주된 원료로 제조하는 주류 중 추천을 받은 주류를 말한다. 전통주 제조면허는 2021년 말 기준으로 1,401개이며 이중 민속주 면허가 52개, 지역특산주 면허가 1,349개다.

문배주 문배주는 평양에서 만들어지던 술로서 술에서 문배의 향이 난다고 해서 붙여진 이름이다. 현재는 김포에서 4대째인 이기춘 명인에 의해 생산되고 있다.

면천두견주 충남 면천에서 빚어지는 두견주는 진달래꽃을 넣어 만드는 술이다. 봄이면 지천으로 피는 부재료로 많이 사용하는데, 달큰한 충남술의 풍미를 지니고 있는 술이다.

최근 1~2년 사이에 젊은 MZ세대가 한국 술에 많은 관심을 나타내고 있다. 자신이 원하는 맛의 막걸리를 찾거나 증류소주를 찾아 직접 양조장이나 우리 술 전문 판매점을 찾는 사람도 부쩍 늘었다. 시장에서의 트렌드 변화를 읽어낸 다수의 양조장이 기존의 탁주 제조면허 대신 지역특산주 면허로 전환하고 있다. 지역특산주는 여타 주류 면허와 달리 인터넷 등의 통신판매가 가능해진다. 그만큼 소비자 접근성이 좋아지는 것이다. 이에 따라 신규 면허를 내는 양조장들도 지역특산주 면허를 선호하고 있다. 주류 면허 측면에서 우리 술 시장을 보면 가장 활발한 분야가 지역특산주 양조장들이다.

그런 점에서 안타까운 점은 민속주 부문이다. 어느 순간 법과 제도에 갇혀 상상력을 잃고 있기 때문이다. 1986년 11월 문배주와 면천두견주 그리고 경주교동법주 등 3종이 국가 지정 무형문화재로 지정된 이후 추가 지정된 문화재는 전혀 없다. 또한 1979년 한산소곡주를 지정하면서 시작된 지방무형문화재도 2013년 송화백일주를 마지막으로 32종이 지정된 이후 아무 움직임이 없는 상황이다. 다소 늦게 시작된 식품명인제도가 그나마 숫자를 늘려가고 있는데, 1994년 송화백일주(조영귀 명인)로 출발해서 2020년 신선주(박준미 명인)까지 주류 관련 명인은 총 26명이 지정된 상태다.

그런데 이런 전통주 시장에 금이 가기 시작했다. 대구의 무형문화재인 '하향주'가 최근 경영난을 이기지 못하고 제조장과 생산설비의 매각에 나섰다. 또한 무형문화재 기능보유자의 자격도 대구시에 반납하고 말았다.[34] 오랜 전통을 지닌 하향주가 한순간에 사라지고 만 것이다. 이와 함께 경상북도 무형문화재인 '김천 과하주'도 최근 문제가 있는지 양조장 문이 자주 닫혀 있다. 안타까운 일이지만, 이런 추세라면 대구 하향주의 전철을 피할 수 없을 것으로 보인다.

40여 년 전 국가가 복원하려 한 '전통'은 이처럼 눈에 보이는 약간의 성과를 달성한 이후 더 이상 확장하지 못하고 산업의 한계를 드러내고 말았다. 20세기의 시선으로 만든 제도가 21세기의 시장 흐름을 담지 못해 일어난 결과이다. 생산과 소비문화 자체가 빠르게 변하고 있고, 우리 술의 위상도 하루가 다르게 높아지고 있는데 '민속' 또는 '전통'이라는 이름으로 규정된 제도와 법은 이같은 문화적 흐름을 전혀 읽어내지 못하고 있다. 그런 점에서 2022년 시장을 뜨겁게 달구고 있는 '전통주 논쟁'[35]도 같은 맥락에서 일어난 일이라고 볼 수 있다. 이에 대한 근본적인 접근이 없다면 뫼비우스의 띠처럼 순환론에 빠질 논쟁일 뿐이다.

무형문화재와 식품명인제도는 국가가 술과 술 빚는 행위 등에 권위를 부여해서 그 술이 지닌 문화유산으로서의 가치를 널리 알리고 상업적으로도 생명력을 확장할 수 있도록 도와주기 위해 도입한 제도이다. 한 집안의 가양주에 머무르지 않고, 고조리서라는 문헌에서 벗어나 더 많은 사람이 소비할 수 있도록 술의 역사성을 공적으로 인증해준 것이다. 전통은 현재를 사는 사람들이 집단으로 공유한 과거다.[36] 하지만 우리의 전통주는 제도에 의해 오랜 기간 단절되어 있었기 때문에 그 존재를 아는 사람이 많지 않다. 그래서 동서양의 명주는 이름까지 꿰고 있는 애주가는 많지만, 정작 우리 술을 그렇게 알고 있는 사람은 드물다. 단절의 역사가 길었던 만큼 집단의 기억상실의 규모도 컸던 것이다. 물론 많지 않은 숫자이지만 문헌에 갇혀 있는 술들이 재현되면서 우리 전통에도 새살이 돋아 조금씩이나마 기억이 새롭게 생기고 있다. 하지만, 아직 갈 길은 멀고멀다. 그렇다고 전통을 강조하는 것이 과거만을 바라보자는 의미는 결코 아니다. 오히려 과거와 미래 양방향을 동시에 보고 과거의 유산 중에 좋은 부분을 골라내어 미래로 가져갈 수 있어야 한다.[37] 전통이 이렇게 기능하려면 제도가 기준과 가치관을 갖고 세상을 바라볼 수 있게 해주는 표지판이 되어 주어야 한다.[38] 표지판이 제대로 서 있어야 나중에 이 길을 걷는 사람들이 흔들림 없이 걸어갈 수 있기 때문이다. 그래야만 미식으로서 한식의 다양성도 가능해진다. 전통주는 우리 음식과의 페어링에서 좋은 본보기가 되는 음료이다. 지금은 그 어느 때보다도 미식의 다양성이라는 측면에서 전통주의 가치가 새롭게 조명되고 있는 시점이다. 그런 점에서 무형문화재와 식품명인제도에 대한 새로운 접근이 절실히 요구되는 시기이기도 하다. 확장 가능성을 열어놓고 문호의 개방은 물론 이 모든 것을 담아낼 수 있는 새로운 제도의 신설까지, 오늘의 시선에서 전통을 생각해 볼 때다.

　이렇게 전통주가 서서히 박제화의 길을 걷는 가운데 그나마 한국 술의 새로운 모색은 지역특산주 영역에서 적극적으로 이뤄지고 있어 다행이라고 생각한다. 지역특산주와 소규모 주류 제조 면허를 취득한 양조인들이 '전통'에 새로운 상상력을 보태면서 한국 술의 지평을 넓히고 있는 것이다. 아예 지역특산주의 장점마저도 포기하고 소규모 주류 제조 면허로 시장에 출사표를 던지는 젊은 양조인들도 늘고 있다. 이러한 움직임이 집단의 기억이 되어 새로운 우리의 전통이 되어갈 것이다. 더 좋은 기억들이 오늘을 사는 우리에게 깃들기를 기원한다.

05

우리 술의 출발점, 누룩

쌀로 빚는 우리 술은 당화 과정과 발효 과정을 구분하지 않고 당과 알코올 분해를 동시에 진행하는 병행복발효로 만들어진다. 즉 곡물의 주요 성분인 탄수화물을 당으로 분해하는 것과 당을 알코올로 분해하는 것을 동시에 한다는 이야기다. 그래서 우리 술의 출발점은 이 과정 전체를 현장에서 직접 지휘하는 '누룩'이라고 말할 수 있다. 맥주의 효모는 발효만 전담하지만, 우리 술의 중심인 누룩은 올라운드 플레이어여서 누룩 속에 있는 곰팡이가 당화 과정을, 그리고 효모가 발효를 책임진다.

누룩에 관한 문헌기록

누룩을 사용한 기록은 2장에서 밝혔듯이 "단술을 만들려면 오직 국얼(麴蘖)"이라고 적고 있는 《서경》이 처음이다. 이 글에 나오는 '국(麴)'이 누룩을 의미한다. 보리 맥(麥)과 움킬 국(匊)이 합쳐져 만들어진 한자다. 뜻을 그대로 풀면 '보리를 움켜쥐다'라는 의미이다. 보통의 누룩은 밀이나 보리 등의 잡곡을 거칠게 파쇄하여 대략 20퍼센트 정도의 수분을 넣고 강하게 움켜쥐거나 발로 밟아 만든다. 즉 누룩을 의미하는 한자 '국'은 누룩 성형 과정을 가장 정확하게 한자로 표현한 것이다. 누룩을 뜻하는 한자가 하나 더 있다. 누룩 곡(麴)이라는 한자다. 이 글자는 보리 맥(麥)과 굽을 곡(曲)이 합쳐져 만들어졌다. 누룩 곡은 누룩 국과 달리 형태가 변화하는 누룩의 본질에 초점이 맞추어져 있다. '변하다'라는 곡(曲)자의 의미를 보리 맥(麥)에 붙여 곡물의 탄수화물이 알코올로 변화하는

과정을 은유적으로 잘 표현해주고 있다.[39]

우리나라의 누룩 기록 중 가장 오래된 것은 중국 송나라의 사신으로 고려를 다녀간 서긍(1091~1153)이 고려에서 보고 들은 견문을 기록한 《고려도경》(1123)이다. 이 밖에도 김부식(1075~1151) 등이 편찬한 《삼국사기》(1145), 그리고 일연(1206~1289)의 《삼국유사》(1281~1283 연간) 등에서도 직접 누룩을 거론하거나 누룩을 추론할 수 있는 기사를 찾을 수 있다. 또한 조선 초의 기록물이지만, 고려의 역사를 정리한 《고려사》(1449~1451)에도 금주령과 관련하여 누룩을 다룬 기사가 나온다. 이와 함께 앞서 소개한 책보다 수백 년 전에 쓰인 일본의 역사서 《고서기》(712)에도 누룩에 관한 기사가 기록되어 있다. 일본에 양조법을 전달해준 백제인 수수보리(須須保利)에 관한 이야기가 바로 그것이다.

송나라의 서긍이 남긴 《고려도경》의 기사를 먼저 살펴보자. 서긍은 "고려에는 찹쌀이 없어서 멥쌀에 누룩을 섞어서 술을 만드는데, 빛깔이 짙고 맛이 진해 쉽게 취하고 빨리 깬다"[40]고 자신이 경험한 고려의 술을 기록하고 있다. 즉 찹쌀술이 아니라 멥쌀술이라는 것이다. 하지만 《삼국유사》의 기록을 살피면 찹쌀은 삼국시대에도 재배되고 있었다. 이 내용을 고려해서 서긍의 글을 해석하면 고려시대에는 찹쌀 양조보다 멥쌀양조를 선호한 것으로 이해할 수 있다. 또한 서긍은 "왕이 마시는 술은 양온(良醞)이라고 하는데 (…) 맑은 법주(清法酒)다"[41]라고 적고 있다. 즉 고려의 왕은 물론 궁궐에서의 주요 행사에서는 법주 스타일로 빚은 청주를 즐겨 마셨던 것으로 보인다. 서긍은 또 "서민의 집에서 마시는 것은 맛이 텁텁하고 빛깔이 진하다"고 부연하고 있다.

누룩, 삼국시대 이래 우리 술의 핵심발효제

시대를 좀 더 거슬러 올라가 삼국시대를 기록한 문헌을 살펴보자. 이 문헌에서 직접 누룩을 지칭하는 기사를 찾을 수는 없지만, 누룩을 사용해야 만들 수 있는 술들에 대한 설명이 나오는 것을 보면 누룩 사용을 추정할 수 있다. 우선 《삼국사기》를 살펴보자. 이 책의 '백제본기' 기록 중에 다안왕(多婁王) 11년에 추곡의 흉작으로 민가의 사양주(私釀酒)인 소곡주를 전면 금지했다는 내용이 나온다. 그런데 술의 이름이 '소곡'이다. 소곡이라는 단어에 누룩(麥曲)[42]이 들어가 있다. 이와 함께 《삼국유사》에는 '미온(美醞)', '지주(旨酒)', '요례(醪醴)' 등의 술 이름이 등장한다. 미온과 지주는 '맛있는 술' 또는 '맛 좋은 술'을 의미한다. 요례는 막걸리와 감주를 뜻한다. 즉 기록되어 있는 술 이름들이 모두 누룩을 넣어야 가능한 술인 것이다.

일본에 누룩과 누룩으로 술을 빚는 법을 알려준 사람은 앞서 말했듯 백제인 수수보리다. 일본의 《고서기》 '오진천황 조'에 다음의 이야기가 기록되어 있다. 술을 개선하는 데 도움을 준 사람들로 "하타노미야쓰코의 조상과 아야노아타이의 조상, 그리고 술 빚는 법을 아는 자(이름이 니호 혹은 스스코리라고 한다)"라고 적고 있다. 이때 헌상한 술을 대왕이 마시고 기분이 좋아져, "스스코리가 빚은 술로 내가 취하고, 액막이주 혹은 맛있는 술에 내가 취하고"라고 부언하고 있다.[43] 스스코리가 바로 백제인 수수보리다. 그리고 수수보리는 573년 사가 신사에서 일본 사케의 신으로 모셔졌다고 한다.[44]

누룩에 관한 사료가 문헌에 국한된 것은 아니다. 고려시대의 세곡선 중에 태안에서 침몰한 배들이 몇 척 있는데, 지난 2015년에 발견된 세곡선에서 고려청자를 포함한 다량의 유물이 발굴되었다. 이 유물 중에 누룩 국(麴)이 쓰여 있는 목간 두 점[45]도 포함되어 있었다. 목간은 수화물 전표와 같은 것이다. 이를 미루어 볼 때 고창현으로 가는 세곡선 화물 중에 누룩이 포함되어 있었다는 것을 알 수 있다.

이처럼 누룩은 삼국시대 이래 우리 술의 핵심 발효제였다. 고려시대

각종 누룩 우리는 각종 곡물을 이용해 다양한 누룩을 만들어왔다. 쌀을 사용한 '이화곡', 녹두를 넣은 '향온곡', 보리로 만든 '보리누룩', 거칠게 파쇄한 밀을 쓰는 '조곡' 등 다양하다. 고급스러운 술을 빚기 위해 녹두, 쌀가루, 밀가루 등을 이용해 '내부비전곡'이나 '설향곡' 등을 빚기도 했다. 사진은 막걸리축제장에 전시되었던 다양한 누룩들의 모습이다.

를 거치면서 누룩은 더욱 품질이 좋아졌을 것이고, 조선에 와서는 술의 종류만큼 다양한 누룩이 만들어졌다. 누룩 제조법이 따로 고조리서에 정리될 만큼 누룩을 중요시했다. 누룩은 누룩을 만드는 곡물에 따라 이름과 그 특징이 달라진다. 흔히 사용한 밀누룩(조곡)은 밀을 통째로 파쇄하여 만든다. 그리고 보다 좋은 주질의 술을 만들 때는 밀 껍질을 제거하고 가루로 만들어 빚은 백곡을 사용하거나 녹두가 들어간 누룩을 만들어 사용했다. 조선시대 누룩인 향온곡이나 내부비전곡, 백수환동곡 등은 모두 다른 곡물에 녹두를 추가로 넣어 만든 누룩들이다. 향온곡은 조곡처럼 원료를 파쇄해서 띄우고 내부비전곡과 백수환동곡 등은 가루를 내어 띄운다. 이 밖에도 쌀, 팥, 보리, 옥수수 등 다양한 곡물이 누룩을 띄우는 데 사용되었다. 특히 누룩에 다양한 미생물이 생기도록 쑥, 여뀌, 도꼬마리, 연잎 등을 넣기도 했다. 이런 누룩은 보통 7월 장마철에 많이 띄운다. 30℃를 오르내리는 기온에 습도까지 높아 유익한 곰팡이가 내려앉기에 최적의 조건이기 때문이다. 조선시대 가양주를 만들던 집에선 보통 이 시기에 대량으로 만들어 건조한 뒤 연중 사용하였다.

누룩에 내려앉은 곰팡이를 흔히 누룩곰팡이라고 하는데 분류학적으로는 아스퍼질러스 속의 곰팡이라고 말한다. 대표적인 것은 백국, 황국, 흑국, 홍국(모나스커스 속) 등이며, 이 곰팡이들이 알코올 발효의 원료인 당분을 만들어낸다. 고두밥에 누룩을 넣고 고루 섞어주면 누룩곰팡이들이 전분을 분해해서 당분을 만드는 것이다. 즉 누룩을 넣고 치댄 술덧에서 전분분해효소인 아밀레이스가 활동한다면, 그것은 곰팡이 활동의 결과라고 보면 된다. 이 밖에도 누룩에는 당분을 알코올로 분해하는 효모와 젖산균, 고초균 등의 다양한 미생물이 공동체를 이루며 살고 있다.[46] 물론 술을 만드는데 필요한 미생물만 있는 것은 아니다. 전혀 술과 관련 없는 미생물도 존재하는데, 이 중에는 세균들도 있다. 이들은 수분이 적은 누룩에서는 거의 활동을 하지 못하지만, 물을 주면 상황이 급변하게 된다. 물 만난 고기처럼 세균들은 활개를 치게 되는데, 이 경우 누룩 속에 있는 젖산균이 본능적으로 자신의 능력을 발휘하면서 세균들의 활동을 제어하기 시작한다. 젖산균이 먼저 산을 만들어 유해균을 제어하고, 주변 환경을 산성으로 만들면 곧이어 누룩의 주인공 중 하나인 효모가 등장해 지배적인 세력이 되어 알코올을 생산하기 시작한다.[47] 그런데 어떤 곰팡이와 균들이 누룩에 내려앉을지는 곡물의 분쇄된 크기의 정도와 수분 그리고 온도 등에 영향을 받는다.

　가양주를 빚던 조선시대에는 보통 누룩을 자신이 쓸 만큼 띄워 사용했다. 이와 함께 조선시대 한양의 경우 수요가 많아 누룩을 판매하는 곳이 도성 안에 7~8개 정도가 있었다고 한다. 그중 가장 큰 곳은 운종가(지금의 종로통)에 있는 은국전이었다. 이곳에서 하루에 판매하는 양이 7~800문(門)이었으며 이 정도의 누룩이면 대략 1,000석 정도의 쌀을 술로 빚을 수 있었다고 한다.[48] 은국전에 대한 기록은 금주령 하에서도 여전히 술을 빚는 세태를 비판한 기사에 등장한다.

일제, 밀조주 단속 강화하자 전통누룩도 사라져

그런데 일제강점기가 되면 가양주를 막기 위해서 주세법과 주세령을 반포하게 된다. 새로운 제도는 전국에 누룩 제조장이 들어서게 했다. 그동안 농가의 부업으로 여름과 가을에 소규모로 제조하던 것을 1919년 주세령 개정으로 판매용 누룩의 제조 면허 제도가 도입되면서 1919년 25,907개였던 면허는 1925년 36,254개에 달하게 된다.[49] 하지만 누룩 제조장의 숫자는 밀조주 단속과 개량 누룩을 권장하기 위한 주세령 개정 과정을 거치면서 급락하게 된다. 경기도의 경우 1928년 176개의 누룩 제조 면허는 1930년에 77개가 된다.[50] 전국적으로는 1929년 1,373개에서 1930년 483개로 크게 줄었다.[51] 그리고 지금은 개량된 누룩을 딛는 누룩제조장도 2~3개에 그칠 만큼 쇠락한 상황이다.

그나마 다행스러운 일은 1995년 가양주를 법률적으로 허용하면서 집에서의 누룩 딛기도 가능해졌다는 점이다. 특히 2000년대 들어 가양주 전통의 상업적 술빚기에 나선 술도가들이 늘어나면서 직접 자신들이 사용할 누룩을 빚는 경우도 같이 증가하고 있다. 청주의 '풍정사계'(화양양조장), 포천의 '술빚는 전가네', 전남 장성의 '청산녹수'와 '해월도가', 평택의 '호랑이배꼽막걸리', 강원도 홍천의 '예술'과 '마마스팜', 경북 울주의 '복순도가', 김천의 '배금도가' 등이 자신의 술맛을 특화하기 위해 고유한 누룩 제조법을 사용하고 있다. 또한 최근 들어 지역특산주 면허를 내는 양조장이 늘어나면서, 자신들만의 주질을 유지하고 개선하는 방법

누룩딛기 행사 2021년 정부는 '막걸리빚기'를 국가 중요무형문화재로 지정했다. 무형문화재 지정을 기념하여 그해 6월 수원 화성에서 기념식을 갖고 유길청 명인(사진 우측 끝, 부산 금정산성막걸리)의 누룩을 시민들과 함께 딛는 행사를 가졌다.

에 관한 고민도 같이 늘고 있어 이러한 흐름은 더욱 강해질 전망이다. 경쟁이 치열해지면서 자신만의 술맛을 내기 위해 누룩으로 차별화에 나선 술 도가가 점점 늘고 있기 때문이다. 아직은 '누룩의 전성시대'라고 말할 수는 없지만, 더 많은 우리 술들이 전통의 기법으로 빚어질 것으로 예상된다.

06

술맛의 근원은?

단맛과 짠맛은 살기 위해서 본능적으로 찾는 맛이다. 단맛은 신체 활동에 필요한 에너지를 지닌 맛이고, 짠맛은 인체 대사 과정의 균형 및 생존에 필수적인 수분을 유지하는 데 필요한 맛이다. 어느 것 하나도 부족하지 않게 먹어야 살아갈 수 있는 맛이기에 본능의 맛이고 생존의 맛이라 할 수 있다.

이에 반해 신맛과 쓴맛은 본능이 거부하는 맛이다. 신맛은 부패를, 쓴맛은 죽음에 이를 수 있는 독을 의미한다. 그렇다 보니 시고 쓴 맛을 만나게 되면 입은 본능적으로 그 음식을 경계하게 된다. 생존을 위협하는 경고의 신호가 사라질 때까지 경계를 늦출 수 없는 맛이기 때문이다. 또한 신맛은 그 자체로는 매력적이지 않은 맛이다. 부패의 신호는 아니더라도 그 맛을 느낀 혀는 긴장하며 신경을 곤두세우게 된다. 쓴맛도 마찬가지다. 살짝만 쓴맛이 느껴져도 아이들은 그 음식을 멀리한다. 우리 인체가 본능적으로 쓴맛을 거부하게 설계되어 있기 때문이다.

술의 맛, 시고 쓰고 단 감각적 풍미를 느끼는 맛

하지만 우리가 느끼는 모든 맛은 자연에서 출발한다. 단맛이 신맛이 되고 쓴맛에 이르는 것은 계절의 변화처럼 시간이 만들어내는 맛의 변화일 뿐이다. 잘 익은 과일은 시고 단 맛을 내는데, 농익으면서 단맛의 뉘앙스가 변하기 시작한다. 그리고 결국 시간이 더 흐르면 시고 단 맛은 사라지고 먹을 수 없는 부패한 쓴맛을 내보인다. 그런데 쓴맛도 자연의 맛으로 시작되었다는 점이다. 식물들은 자신을 천적으로부터 보호하기 위해 최대한 쓴맛을 지니도록 진화해왔다. 그래야만 자신의 생존 가능성이 커지기 때문이다. 이 식물들은 사람들이 자신을 먹는다는 것을 전혀 고려하지 않는다. 재미있는 사실은 홀로 있으면 전혀 선택받지 않을 신맛과 쓴맛이 다른 맛을 만나면 새로운 맛으로 재탄생한다는 사실이다. 특히 단맛을 만나면 음식의 맛과 향이 크게 증폭된다. 이런 사실을 경험으로 알게 되면서 어른이 된 뒤에 찾게 되는 맛이 쓴맛과 신맛이다. 그래서 학습의 맛이며, 문명의 맛이라고 말하는 것이다.

이렇게 해서 시고 쓴 문명의 맛은 달고 짠 본능의 맛과 운명적으로 만나게 된다. 절묘하게 어우러지는 맛을 알았기 때문이다. 앞서 이야기했듯이 단맛은 시고 쓴맛에 맛의 경계를 넓혀준 핵심 조력자이다. 시고 쓴맛의 경계심을 단맛이 덜어내면서, 맛의 허용 범위를 넓혀주기 때문이다. 신맛이든 쓴맛이든 단맛의 도움을 받으면서 학습을 하게 되면 어느 순간 신맛과 쓴맛의 홀로서기도 가능해진다. 쓴 한약이나 아메리카노 커피를 연상하면 쉽게 이해할 수 있다.

독일의 한 심리학자는 즐거움의 본질에 관한 연구를 하면서 "즐거움의 대상이 와인일까, 와인을 마시는 것일까, 와인을 마시는 감각적 경험일까"[52]라는 질문을 던졌다. 와인을 평상시에 즐기는 당신은 어떠한가. 와인 자체인가 아니면 와인을 마시는 행위인가, 그도 아니면 와인이 가져다주는 감각적 경험인가. 독자들의 생각은 어떠한가. 아마도 많은 사람이 와인을 마시고 난 뒤 느끼는 감각적 경험과 풍미가 와인을 다시 찾게 하는 동인이라고 답할 것이다. 이런 감각적 경험과 풍미는 우리 술도 마찬가지다.

술의 단맛, 쓴맛, 신맛은 어떻게 느끼는가

이렇게 즐거움의 대상이 되는 알코올은 물보다 분자 구조가 크다. 알코올의 분자식은 $CH_3 CH_2 OH$이다. CH_3는 지방과 유사하고 OH는 물 분자를 닮았다. 분자식에 나타났듯이 알코올은 잘 섞일 수 없는 물과 기름 모두의 성질을 가지고 있다.[53] 그래서 물과 쉽게 섞이고 지방으로 이뤄진 세포막도 쉽게 통과한다. 이러한 특성 덕분에 향 분자와 카로티노이드 색소와도 쉽게 섞인다. 또한 알코올은 물보다 휘발성이 더 강하여 끓는 점이 낮고 쉽게 증발한다. 그러나 어는 점은 물보다 훨씬 낮은 -114℃다. 알코올 도수가 높은 술은 그래서 웬만한 냉동고에서도 얼지 않는다.

이런 특징을 지닌 알코올은 다양한 맛을 가진다. 그렇다면 우리는 이 맛을 어떻게 느끼고 있는 것일까. 우리의 후각은 맛과 향을 구별하지 못하고 한 덩어리로 느낀다고 한다. 예를 들어 딸기를 한 입 베어 물면 우리는 딸기 맛이 난다고 생각하지만, 실제는 딸기 향을 느끼는 것이라고 한다. 즉 인간이 느끼는 단맛과 짠맛, 신맛, 쓴맛 그리고 감칠맛 등의 다섯 가지 맛 이외에 느끼는 맛은 모두 향에서 비롯된다. 그런데 우리는 이를 습관적으로 맛으로 표현하고 있다. 우리가 구분할 수 있는 후각의 가짓수는 무려 1조 가지 이상이다.[54] 먹잇감을 찾은 인류가 미각과 후각을 총동원하여 먹을 수 있는 것인지 아닌지를 판단하는 과정에서 얻게 된 결과라고 한다.

순수한 알코올의 맛은 쓴맛과 단맛, 그리고 뜨거운 맛이다.[55] 쓴맛과 단맛은 혀에 있는 감각수용체에서 맛을 감지하는데, 이 수용체에서 알코올을 활성화해 맛을 느끼게 된다. 이에 반해 매운맛은 아픔을 느끼는 감각이 통증처럼 받아들여 느끼게 되는 맛이다.[56] 알코올의 쓴맛은 알코올 고유의 맛이기도 하다. 여기에 단백질이 발효되면서 일부 아미노산이 쓴맛을 보탠다. 단맛은 알코올 분자와 당 분자가 닮았다는 점에서 확인할 수 있듯이 알코올이 지닌 특징 중 하나다. 특히 알코올 도수가 높을수록 단맛을 더 느낀다. 뜨거운 맛은 도수 높은 술을 마셨을 때 식도를 타고 내려가면서 느껴지는 맛을 말한다. 여기에 발효 초기에 효모의 본 발효에 앞서 진행되는 젖산 발효를 통해 신맛이 생긴다. 이렇게 알코올음료에는 본능의 맛인 단맛과 문명의 맛인 신맛과 쓴맛이 함께 모여 있다. 발효 과정에서 생기는 신맛은 누룩곰팡이가 만드는 유기산에서 비롯된다. 누룩은 다양한 곰팡이와 효모 등의 연합군이다. 이들 중 리조푸스와 아스퍼질러스라는 곰팡이들이 각각 젖산과 구연산 등을 만든다.[57] 김치와 요구르트에서 느낄 수 있는 젖산은 부드러운 신맛이고, 레몬을 생각하면 침이 고이게 되는데 이는 자극적이고 날카로운 구연산의 역할이다. 또한 신맛을 내는 다른 유기산 중에는 식초처럼 콕 찌르는 초산의 맛과 덜 익은 사과에서 느낄 수 있는 맛없는 신맛인 능금산 등이다. 이들 유기산의 또 다른 역할은 효모가 본격적인 당 분해 과정에 들어가기 전, 당분에 접근하는 잡균을 막아주는 역할을 맡는다. 이와 함께 발효 과정에서 생긴 이들은 발효가 끝나고 숙성을 거치면서 부드러운 젖산으로 변환되어 상큼한 신맛을 가져다준다. 이 신맛은 술이 지닌 단맛과 어우러져 술맛의 균형을 이루어낸다.

술의 단맛은 두 곳에 근원을 두고 있다. 앞서 설명했듯 당 분자와 유사하게 생긴 알코올 분자에서 비롯된 단맛이 있다. 여기에 발효되지 않고 남은 과일이나 곡물의 잔당이 단맛을 강화한다. 이와 함께 누룩을 이용하는 우리 술은 과일 발효주보다 신맛이 덜하다고 한다. 발효 과정에서 유기산이 덜 발생했기 때문이다. 또한, 술마다 다르게 느껴지는 신맛은 모두 누룩곰팡이가 만드는 여러 유기산이 결합한 결과이다.[58]

07

청·약주 논쟁
우리 술의 정체성 혼란

쌀과 누룩, 그리고 물이 만나 빚어지는 우리 술은 다 익으면 맑은 부분의 술 아래로 탁한 부분의 섬유질이 가라앉는다. 서양의 맥주는 발아한 보리를 끓여 당화액을 추출한 뒤 여기에 효모를 넣어 발효시키기 때문에 발효가 끝난 술에 섬유질이 남지 않지만, 우리 술은 당화와 발효를 동시에 진행하는 병행복발효로 만들기 때문에 쌀 등의 전분질에서 분해되지 않은 섬유질이 남아 술의 탁도를 높이게 된다. 이렇게 만들어지는 술은 발효 기간과 술덧을 추가하는 횟수에 따라 알코올 도수를 12도에서 19도에 이르게 한다.

술 거르는 방법으로 구분하는 청주와 탁주, 합주

술이 다 익은 뒤 용수(술을 거르는 전통 도구)를 넣어 그 안에 고인 맑은 부분을 취하면 청주가 되고 흔히 지게미라 부르는 섬유질 부분에 물을 타서 거르면 막걸리라 부르는 탁주가 된다. 즉 한 술에서 청주와 탁주가 만들어지는 것이다. 우리 술의 이런 특징을 잘 살린 시가 한 편 있다. 조선 중기의 문신인 신흠(1566~1628)이 지은 시조다.

술이 몇 가지요 청주淸酒와 탁주濁酒이로다
먹고 취할선정 청탁이 관계하랴
달 밝고 풍청風淸한 밤이거니 아니 깬들 어떠리[59]

바쁜 일상에서 벗어나 술을 즐기고자 하는 선비의 마음이 잘 담겨 있는 시조다. 취하고자 마시는 술에 맑고, 탁함이 무슨 관계냐며 청주든 탁주든 마시자고 한다. 그리고 달이 떠 있는 바람 좋은 밤인데 술이 깨지 않으면 어떠냐고 바싹 다가서듯 술잔을 들이미는 모습이다. 좋은 벗과 기분 좋게 마시는 술자리에 관조까지 끼어들었다. 맑고, 탁한 우리 술을 신흠은 잘 알고 있다. 그래서 시조의 첫 장은 "술이 몇 가지요"로 시작하지만, 답은 이내 청주와 탁주 둘이라고 답한다. 조선시대에 쓰인 고조리서에는 수백여 종의 술 이름이 적혀 있지만, 신흠은 명쾌하게 구분한다. 앞서 설명한 다 익은 술을 거르는 방법에 따른 분류 기준이다. 게다가 신흠은 중장에서 "청탁이 관계하랴"라며, 주종의 구분 없이 술을 즐기려 한다. 맑은 술 청주는 재력을 갖춘 관료들의 술이라면 탁한 막걸리는 백성들의 술이다. 이런 구별이 자신은 중요하지 않다는 뜻이다.

용수 '용수'는 다 익은 술독에 넣어 맑은 술을 얻는데 사용하는 도구다. 주로 가늘게 쪼갠 대나무나 싸리나무 등을 촘촘히 엮어서 둥글고 깊게 바구니 모양으로 만든다. 일제강점기 이전까지 용수로 거른 술을 흔히 '청주'라고 불렸다. 사진은 전북 완주군에 있는 대한민국술테마박물관에 전시된 용수들이다.

하지만 우리 술이 가진 이런 특징을 아는 사람은 그리 많지 않다. 집에서 술 빚는 가양주문화가 사라진 탓이다. 술을 빚는 것을 보지 못했으니 우

용수로 거른 술을 나누는 장면 술항아리에 용수를 박아 그 속에 고인 맑은 술을 호리박으로 만든 바가지로 떠 술잔에 따르는 모습이다. 사진은 '한산소곡주축제'에서 소곡주를 채주하여 참가자들에게 나눠주는 장면이다.

리 술을 만드는 과정을 모를 것이고 익은 술을 거르는 과정을 보지 못했으니 우리 술의 형태도 구분하지 못한다. 어디 이뿐이랴. 형태를 모르다 보니 우리 술을 구분하는 기준도 알지 못한다. 우리 술은 만드는 방법에 따라 순곡주(곡물로만 빚은 술)와 가향주(부재료로 향을 넣은 술)로 구분된다. 여기에 약용으로 쓰기 위해 약재를 넣어 빚으면 약용곡주와 약용가향주가 나오게 된다. 그러나 술 거르는 방법으로 구분하면 앞에서 설명했듯이 청주와 탁주로 나뉜다. 여기에 맑고, 탁함의 구분 없이 익은 술을 통째로 거른 '합주'라는 술을 하나 더 추가할 수 있다. 이처럼 관점에 따라 우리 술도 다양한 분류가 가능하다.

우리 술 청주가 일본 술로 둔갑한 사연

그런데 형태나 재료에 의한 분류법이 아닌 술 이름이 하나 더 있다. 약주라는 술이다. 약주는 분류법이 전혀 다른 술이다. 술의 쓰임새에 방점이 찍혀 있다. 하지만 조선시대의 언어에서는 전혀 낯선 이름이 아니다. 《조선왕조실록》에는 청주가 108번, 약주가 52번 인용되어 있다. 청주가 선물목록 등 공식적인 분류에 주로 사용되었다면, 약주는 왕의 건강을 위해 권하는 술의 대명사로 쓰였거나 금주령을 피하고자 약용을 강조하였을 때 사용되었다. 즉 청주가 술의 실제적 구분을 위해 사용한 술 이름이었다면 약주는 금주법을 피하기 위해서 '약'을 강조하는 이름으로 사용한 경우가 많았다.

이처럼 같이 쓰여 왔던 우리 술 이름 하나가 갑자기 일본 술의 이름으로 둔갑한다. 1905년 을사늑약 이후 조선의 통치자금을 확보하기 위해 일제는 주세법을 반포(1909년)한다. 이 과정에서 그동안 잘 쓰고 있던 술 이름 '청주'가 일본 술이 된 것이다. 일제는 우리 술을 조선주라는 이름으로 묶고 그 아래 탁주와 약주 등을 채워 넣었다. 그리고 우리 술 이름 청주를 일본주인 사케에 붙였다. 물론 일본에서도 맑은 술을 청주라고 했으니 일방적으로 빼앗았다고 말할 수는 없다. 하지만 우리 술 청주가 약주라는 이름으로 제한된 것은 총독부의 술 분류체계가 그 원인이다. 덕분에 우리는 좋은 술 이름 하나를 쓰지 못하게 되었다. 게다가 일제는 조선주의 성장을 막기 위해 발효제를 엄격하게 통제했다. 국세청이 아직 재무부의 외청으로 독립하기 이전인 1958년 주류업조합중앙회에서 발행한 잡지 《양원》에서 당시 양조시험소장인 이성범은 "약·탁주는 원래가 일제시대 한국에 대한 식민지 정책으로 말미암아 주로 곡자만 사용하게끔 하고 질적으로 억압을 한 관계로 우리나라가 독립할 때까지의 약·탁주의 발전은 무라고 밖에 볼 수 없다"고 적고 있다.[60]

이같은 차별정책에도 불구하고 일제는 원하는 목적을 달성하지 못했다. 장기적으로 조선주(탁·약주 등)를 고사시키려고 했지만, 외려 약·탁주의 증가량이 청주를 앞섰던 것이다. 일제강점기에 발행한 《조선주조사》에 따르면 1916년 5,188㎘에서 1933년 12,085㎘로 두배쯤 성장한다. 이에 반해 전통누룩으로 발효제를 제한한 약주는 1916년 5,188㎘에서 1933년 87,536㎘를 생산한다. 탁주도 마찬가지로 1916년 87,536㎘에서 1933년에는 3배가 넘는 279,831㎘를 기록한다.[61] 이처럼 조선총독부는 정책목표를 달성하지 못했지만, 주조산업의 근대화를 명목으로, 우리 고유의 술이름과 생산체계에 혼란을 야기시켰고 지금도 그 흔적을 남기고 있다.

누룩 사용량으로 구분되는 청주와 약주

그렇다면 주세법이 규정하고 있는 청주와 약주는 어떤 차이를 가지고 있을까? 이 내용을 보다 보면 처음 이 법률을 만들었던 타자의 시선이 아직도 남아 있다는 점에 당혹스럽기까지 하다. 청주와 약주를 가르는

다양한 입국들 입국은 쌀이나 밀가루에 백국균 혹은 황국균을 입혀 만든 누룩을 말한다. 사진의 위쪽은 쌀로 만든 백국과 황국이며, 아래쪽은 밀로 만든 백국과 황국이다.

법률에서의 기준은 누룩 사용량에 있다. 누룩이 1퍼센트 이상 들어간 술은 약주로 분류하고 1퍼센트 이하로 넣은 술은 청주로 부른다. 여기서 제시하고 있는 누룩 1퍼센트의 기준은 무엇을 의미하는 것일까? 청주 양조에 들어가는 발효제의 양이다. 이 기준은 청주와 약주를 구분하기 위한 인위적인 조건일 뿐이다.

우리 술 청주의 이름을 찾아줘야 할 때

심지어 청·약주를 구분하여 주세령에 담으려 했던 1916년, 이 둘을 나누는 기준은 누룩 사용량이 아니었다. 앞서 설명했듯이 일제는 우리 술을 고사시킬 목적으로 청주는 입국으로, 그리고 약주는 누룩으로 양조하게 했다. 즉 발효제로 선을 그어 술을 구분했는데, 어느 순간 우리는 발효제의 양으로 둘을 나누고 있다. 술의 출발점이 다른 만큼 달리 분류해야겠지만 꼭 위인설관처럼 보인다. 그래서 술 이름에 대해서 고민해야 하는 것 아닐까 싶다.

민족과 함께해온 술은 알코올이기 이전에 문화다. 공장에서 대량 생산하는 술을 주로 소비하는 사회이지만, 그리고 주세령과 양곡관리법 등으로 전통주문화가 상당 기간 단절되기도 했지만, 전통에 갇혀 있던 술들이 모습을 드러내면서 조금씩 시장이 만들어지고 있다. 그래서 지금이 맑은 술의 이름을 원래대로 되돌릴 수 있는 적기라고 생각한다. 술의 정체성이 제대로 회복되어야 소비자들도 제대로 알고 술을 소비하게 된다. 그리고 소비되어야 술은 생명력을 얻게 된다. 문화는 될 수 있으면 원형을 유지하면서 살려내야 한다. 우리 술의 생명력을 생각한다면 더욱 그렇다. 게다가 우리 누룩은 만들어진 지역에 따라, 또는 만드는 사람에 따라 다채로운 술맛을 낸다. 누룩은 술의 맛과 향을 결정하는 일종의 테루아다. 그런 점에서 '크래프트' 문화가 존중받는 시대에는 누룩으로 빚은 술이 긍정적인 요인으로 받아들여질 수 있다. 공장에서 찍어

내듯 같은 술맛을 내는 것이 아니라, 빚을 때마다 미세하게 변화된 술맛을 내는 것은 크래프트만이 가능한 일이다. 2020년 이후 젊은 소비자들을 중심으로 일고 있는 우리 술에 관한 관심도 이 지점에서 시작되고 있다는 점을 잊어서는 안 될 것 같다.

물론 입국으로 만든 술을 평가절하할 뜻으로 이름을 되돌리자고 말하는 것은 아니다. 입국은 입국 나름대로 장점이 있다. 균질한 맛을 내고 대량 생산 과정에서 술의 실패율을 낮춰준다. 게다가 이 땅에서 오랫동안 빚어온 술이다. 그에 합당한 대우도 받아야 한다. 하지만 원래의 것을 되돌리고 난 뒤에 그 대우를 받아도 전혀 문제가 없다고 생각한다.

08

우리나라의 대표 막걸리

마트에서 판매하는 주류 술은 대표적인 로컬푸드다. 하지만 운송 수단과 냉장 기술의 발전으로 국내는 물론 해외의 주류까지 다양한 술을 마트에서 만날 수 있다. 위에서부터 마트에서 판매하는 막걸리, 와인, 맥주 등이다.

술은 대표적인 로컬푸드이다. 그 지역에서 생산하는 농산물에 그 지역의 물과 효모가 작용하여 술을 만들고, 소비도 그 지역의 사람들이 주로 한다. 우리의 막걸리와 청주가 그렇고 프랑스의 와인과 독일의 맥주도 그렇다. 모두 그 지역의 농산물인 쌀과 포도와 보리로 술을 빚는다. 지금이야 운송 수단과 냉장 기술이 발전하여 다른 지역의 재료로 술을 양조하는 경우도 있지만, 예전에는 모두 자신들이 농사 짓거나 주변에서 쉽게 구할 수 있는 재료를 사용했다.

가향주의 부재료 – 진달래꽃, 솔잎, 솔방울

조선시대의 사람들도 그랬다. 한양이든 지방이든 모두 논에서 수확한 쌀을 주재료로 사용했고 누룩을 디뎠던 밀도 직접 농사 짓거나 지역에서 수확한 것이었다. 이렇게 순곡주를 만들어 마셨고, 향과 맛에 변화를 주기 위해 부재료를 넣는 가향주를 만들 때도 인근 야산에서 구할 수 있는 재료를 사용했다.

부재료로 많이 사용한 것은 꽃과 열매였다. 봄이면 온 산을 덮는 진달래와 복숭아꽃, 살구꽃, 여름이면 연꽃, 가을이면 국화 등이 술의 재료로 사용되었고, 솔잎과 솔방울, 매실, 산사 열매, 산수유 열매 등이 들어가는 경우도 있었다. 그중에서 가장 많이 사용한 부재료가 진달래꽃과 솔잎이나 솔방울이었다. 주변에서 쉽게 구할 수 있었고, 술에 넣어서 독특한 향미를 얻을 수 있었기 때문이다.

이렇게 만들어지던 술 중 세 가지 술을 소개하려 한다. 가장 많이 만들어지기도 했고, 너무 유명해 여러 지역에서 양조된 술이기 때문이다. 이들은 서울의 대표 술인 삼해주와 진달래가 들어간 두견주 그리고 솔잎이나 송순이 들어간 송순주이다.

서울의 대표 술 '삼해주'

마포 나루는 조선시대 한양의 물류 중심지다. 세곡선과 소금을 실은 배들이 쉼 없이 드나들던 곳이 마포를 포함한 삼개 나루다. 이곳에 조선시대 한양을 대표하던 술이 있다. 음력 정월 첫 번째 해(亥, 돼지)일부터 짧게는 36일, 길게는 100일 동안 발효 숙성시킨 술이다. 이름은 해일마다 세 번 빚는다고 하여 삼해주(三亥酒)다. 추운 겨울의 차가운 기온을 이용해서 장기간 발효, 숙성하는 술인 셈이다. 삼해주는 빚는 방식에 따라

마포 나루 마포는 전국의 물산이 모두 모이는 나룻터다. 서해 바닷길로 오는 해운은 물론 한강을 통해 들어오는 수운까지, 한양으로 들어오는 모든 물산은 이곳을 통해 들어왔다. 사진은 1900년 무렵의 마포 나루라고 한다. ⓒ 마포구청 홈페이지

조금씩 방법을 달리한다. 술맛은 대체로 은은하게 달콤함이 느껴지고 높은 알코올 감이 뒤에 따라온다. 굳이 돼지를 뜻하는 해일에 술을 빚은 것은 그날이 12간지 중 가장 깨끗한 날로 여겼기 때문이다. 서울시는 이 술의 제조 비방을 전해받은 두 명인에게 무형문화재를 지정했다. 삼해약주를 빚는 권희자 명인과 삼해소주를 빚는 김택상 명인[62]이 그들이다. 삼해약주는 고급스러운 서울의 전통 청주이며 삼해소주는 그 술을 증류해서 만드는 고급 소주이다.

조선시대 서울의 대표 술인 삼해주는 서울에서만 사랑받았던 것은 아니다. 18세기의 고조리서에는 다양한 술이 등장하는데, 주방문 기록 빈도가 가장 높은 술이 삼해주라고 한다. 지금까지 확인된 고조리서에 나오는 술의 제조법을 기록하고 있는 '한국술 고문헌 DB'[63]만 확인하더라도 30여 종 정도의 책에서 삼해주 제조법을 만날 수 있다. 그리고 《음식디미방》과 《온주법》, 《증보삼림경제》, 《임원경제지》 등에는 2~4개의 삼해주 주방문이 기록되어 있다. 이것은 동일 시대에 다양한 삼해주 제조법이 유행했을 만큼 많은 인기가 있었다는 것을 의미한다. 그런데 지역과 시기가 다양해서인지 조리서마다 만드는 방법이 다르다. 멥쌀과 찹쌀의 쓰임새는 물론 넣는 수량도 다르며, 술덧을 만드는 방식도 고두밥, 죽, 구멍떡, 설기 등 사용 가능한 방법들이 다 등장하고 있다. 어떤 경우

는 쌀에 밀가루를 넣는 방법도 있으며, 멥쌀만으로 삼해주를 빚는 주방 문도 있다. 또한 잔당이 많이 남아 덧술에 주로 사용하는 찹쌀을 처음부터 밑술에 넣는 경우도 있다.

현존하는 고조리서 중 가장 오래된 《산가요록》(전순의, 1450년)에서는 찹쌀을 가루로 만들어 죽을 쒀서 밑술을 담그고 그 뒤 두 번의 덧술은 멥쌀을 가루 내어 죽으로 쒀서 담근다고 나온다. 이렇게 빚은 술은 버들개지가 필 때 걸러서 마신다고 하는데 버들개지는 버드나무꽃의 우리말이다. 버들개지가 피는 시절이 4월 말쯤이므로 《산가요록》에 나오는 삼해주는 100일 정도 발효시키는 '큰 삼해주'이다. 지난 2021년 여름에 보물로 지정된 《수운잡방》(김유·김령, 1540년)에도 삼해주는 등장한다. 수운잡방에서는 밑술과 두 번의 덧술 모두를 멥쌀로 빚으며 세 번 모두 가루를 내는데 밑술은 죽으로 끓이고 덧술은 모두 설기를 만들어 빚는다. 두 책의 큰 차이점은 술의 재료와 쌀의 처리 과정이다. 《산가요록》은 찹쌀 죽을 밑술로 썼고 《수운잡방》은 멥쌀 죽을 사용했다. 또한 《산가요록》은 모두 죽으로 술을 빚었고 《수운잡방》은 죽과 설기를 썼다. 그런데 이런 방식만 있는 것은 아니다. 《계미서》(작자 미상, 1554년)에서는 멥쌀과 찹쌀을 같이 사용하는데 방식은 죽과 구멍떡을 이용해서 술을 빚고 《주찬방》에서는 찹쌀과 멥쌀을 쓰면서 모두 설기를 내서 사용한다. 이런 것으로 볼 때 삼해주는 상황에 맞춰 술의 재료와 방식을 달리해서 빚었다는 것을 알 수 있다.

조선 선비들의 삼해주 사랑

삼해주를 마신 조선의 선비들은 한결같이 자신의 시문에 '삼해주'에 대한 강한 인상을 남기고 있다. 술맛이 기막혀서일 것이다. 조선 초기 성종 대의 문신 서거정(1420~1488)은 자신이 엮은 책 《태평한화골계전》에서 "극락과도 바꿀 수 없다"는 극찬을 내놓고 있고 선물 받은 삼해주를 마신 고려 말의 문장가 이규보(1168~1241)는 '시 한 수를 지어 삼해주를 가져다준 데 대해 사례한다'는 시를 통해 삼해주의 뛰어난 맛을 전하고 있다. 조선 중기의 성리학자 기대승(1527~1572)도 광주 무등산을 돌아보고 식영정에 이르렀을 때 삼해주의 맛에 빠져 '식영정의 시에 차운하다'라는 시를 써서 삼해주 사랑을 노래한 바 있다. 그렇다면 서거정은 그의 해학집에서 왜 극락과도 바꿀 수 없다고 이야기했을까. 이야기는 이렇다. 술을 좋아해서 병이 생긴 이 씨 성의 장군이 있었는데, 이웃

화전 화전은 봄에 핀 꽃을 따다 찹쌀가루 반죽으로 전을 붙인 것을 말한다. 주로 진달래로 붙인 전을 말하기도 한다.

사람이 그에게 와 술과 고기를 끊고 염불을 하라고 조언한다. 그렇게 하면 극락왕생을 할 수 있다는 말까지 보태면서 말이다. 그런데 이야기를 듣던 장군의 질문이 기가 막힌다. "거기에도 잘 익은 돼지머리와 맑은 삼해주가 있는가?"라고 되물은 것이다. 산 사람이 어찌 극락을 가보았겠는가. 가본 적 없으니 그 사람은 "알 수 없다"고 답했고, 이 말을 들은 장군은 "만약 (삼해주가) 없다면, 비록 극락이라도 가고 싶지 않네"라고 바로 대꾸했다는 것이다.

삼해주에 대한 기록은 조선 중기를 넘어 후기로 갈수록 더 많이 나오는데, 이것은 상업이 발전하면서 한양으로 더 많은 물류가 집중되어 자연스럽게 술의 수요가 늘어난 것과 무관하지 않을 것이다. 그러나 임진왜란을 거친 이후에 나오는 삼해주에 대한 기록은 여느 때와 다른 아픔을 담고 있다. 조선 중기의 문인, 박인로(1561~1642)는 그의 가사 〈누항사〉를 통해 당시의 고단한 삶을 소개하면서 간접적으로 삼해주의 맛을 내비친다. 〈누항사〉는 임진왜란이 끝나고 광해군 즉위 3년에 쓰인 글이다. 전란의 여파는 농사 짓는 가난한 평민과 선비에게 가혹했던 것 같다. 박인로는 임진왜란이 끝나고 고향인 경북 영천에 은거하며, 농사를 지었던 모양이다. 당시의 경험을 가사로 정리한 〈누항사〉는 총 7단락으로 구성되어 있는데 삼해주는 4번째 단락에 등장한다. 내용은 이렇다. 박인로가 농번기가 되어 밭 갈 소를 빌려주겠다고 허언을 한 이웃을 믿고 그 집을 찾았으나 전날 꿩 안주에 잘 익은 삼해주를 대접한 건넛집에 소를 빌려주기로 했다는 소 주인의 능청스러운 대답만 듣고 맥없이 물러 나왔다는 내용이다. 임진왜란은 끝났지만, 아직 전란이 남긴 상처가 아물지 않아 삶의 피폐함이 가사 곳곳에 드러난다. 이런 삼해주 문학은 숙종 이후에 다시 일상의 문학으로 되살아난다. 영조 때의 문인 김이곤(1712~1774)은 마포에 살면서 마포 술 삼해주에 대한 시 '술을 조금 마시고(薄醉)'를 남긴다.

마포 술을 조금 마셔 취하고(薄醉西湖酒)
높은 누각 대자리에 풀썩 누웠네.(高樓枕簟淸)

쉬지 않고 강물은 하염없이 흘러갔는데(無停水空逝)

지려 하는 달은 여전히 밝기만 하네.(欲墮月猶明)

뱃전의 대화 소리 울타리를 넘어오고(船語侵籬過)

고기잡이 등불이 섬돌을 둘러 켜지네.(漁燈繞砌生)

풍경과 안개가 너무도 맑고 깨끗하여(風烟極瀟灑)

외로운 성을 등지고 집터를 잡았네.(卜築背孤城)[64]

정확히 언제 쓰였는지 알 수는 없지만, 거의 재위 기간 내내 금주령을 내렸던 영조 때인지라 김이곤의 마포 술은 금제를 어기며 마신 삼해주일 가능성도 있다. 어찌 되었든 마포 술을 마시고 그가 누운 누각이 마포에서 가까운 강변북로 변, 월산대군이 고쳐 지었다는 망원정인지는 확실치 않다. 하지만 마포 술을 마시며 찾을 수 있는 누각이라면, 게다가 망원정 앞 한강은 삼해주를 빚는 주막이 많았던 독막 근처여서 가능성은 커 보인다. 김이곤은 한강을 삶의 터전으로 살아가는 당시 사람들의 생동하는 모습이 좋아서, 그리고 그 풍경과 안개가 너무 맑고 깨끗해서 "외로운 성을 등지고" 마포에 집터를 잡았다고 말하고 있다. 삼해주는 낮술로 마신 듯하고 깨어난 것은 고기잡이 등불이 켜 있고, 달도 지려는 시간이다. 그의 눈에 보이는 것은 누각 아래로 쉬지 않고 흐르는 강물이다. 그는 하염없이 흐르는 한강 물을 바라보며 도회지를 벗어난 자유를 만끽하고 있는 것은 아닐까 상상해본다.

영조 때 승지와 예조참판을 지낸 남유용(1698~1773)의 문장 중에도 삼해주는 등장한다. '유서호기(遊西湖記)'[65]라는 글에서 남유용은 당대의 문인들과 삼월 삼짇날, 뱃놀이를 나간다. 답청을 나가거나 진달래꽃으로 화전을 부쳐 먹는 날, 이들은 봄맞이 뱃놀이를 나간 것이다. 그런데 이들의 손에 들려 있는 술들이 모두 마포에서 구한 술이다.[66] 정월 해일에 빚은 '작은 삼해주'라면 삼짇날에 충분히 삼해주를 즐길 수 있다. 두 통의 술을 들고 온 황중원의 술이 제일 좋다는 글로 봐서 술을 빚는 집마다 술맛이 제각각이었던 모양이다. 그런데 앞서 설명했지만, 영조는 조선의 임금 중에서 가장 자주 금주령을 내렸던 왕이다. 그런데도 삼해주에 대한 문학이 많이 등장하는 것을 보면 이 술이 한양문화의 한복판에 있었던 것은 분명해 보인다.

안동 김씨 가문에 삼해주가 전해진 내력

이렇게 서울을 대표하며, 문인들의 사랑을 독차지하던 삼해주가 일제강점기를 맞으며 사라지기 시작한다. 조선시대에 내려진 수많은 금주령에도 꿋꿋하게 버텨 왔던 삼해주가 가양주를 금하는 주세법과 주세령에더는 버티지 못하고 무너지고 만다. 그나마 집안의 가양주로 몰래 술을 빚어왔던 안동 김씨 가문과 통천 김씨 집안에 살아남아 1990년 이후 복원할 수 있는 실마리가 되어 주었다. 안동 김씨 가문에선 권희자 명인이 삼해약주를 빚어왔으며 통천 김씨 집안에서는 이동복 명인으로 이어져 삼해소주가 무형문화재로 지정되어 명맥을 잇고 있다.

안동 김씨 가문에 삼해주가 전해진 것은 순조의 둘째 딸인 복온 공주가 이 집안에 시집을 오면서부터다. 공주와 함께 온 나인들에 의해 궁중에서 빚던 삼해주 제조법은 자연스레 안동 김씨 집안의 며느리들에게 건네졌다. 권희자 삼해약주장도 이 집안의 며느리로서 집안의 술을 빚어 온 것이다. 권희자 선생의 삼해주는 저온에서 100일가량 발효 숙성시키는 '큰 삼해주'다. 정월 첫 번째 해일에 멥쌀을 가루 내어 범벅을 만들고 누룩을 넣고 치대서 밑술을 빚는다. 이때 사용하는 누룩은 밀을 빻아서 만든 밀누룩이 아니라 밀기울을 제거하고 하얗게 가루를 내어 만든 백곡이다. 밀누룩(조곡)은 흔하게 사용하는 누룩이지만, 밀가루로 만든 백곡은 흔하지 않다. 권희자 선생의 삼해주가 가진 큰 특징 중 하나다. 2월 해일에는 멥쌀가루에 밀가루를 섞어 뜨거운 물을 넣고 익반죽을 만들어 덧술을 하고 마지막 덧술은 멥쌀로 고두밥을 지어서 마무리한다. 멥쌀만을 사용하는 방식은 《수운잡방》과 유사하지만, 밀가루로

권희자 명인과 삼해약주 1995년 서울시 무형문화재로 지정된 삼해약주는 안동 김씨 가문을 통해 전해져 내려왔다. 현재는 권희자 삼해약주장에 의해 빚어지고 있다. 사진은 2021년 '서울시무형문화축제' 때 삼해약주를 재현하던 모습이다.

만든 누룩과 덧술에 밀가루를 쓰는 점은 권 선생의 삼해주의 다른 점이다. 이렇게 빚은 삼해주는 버드나무꽃이 피는 시기에 마실 수 있다 해서 '유서주(柳絮酒)' 또는 '유서춘(柳絮春)'이라고 부르기도 한다. 멥쌀로 빚었지만, 입 안 가득 달큰한 향이 맴돈다. 알코올 도수도 제법 높을 텐데 목 넘김은 부드럽다. 조선시대 문인들이 왜 이 술을 사랑했는지 알 수 있는 그런 맛이다.

삼양춘과 별바랑·바랑 서울에서 유명했던 삼해주는 전국적으로 인기를 끌었다. 이런 전통은 인천 삼해주로 이어져 '삼양춘'(왼쪽)을 낳았고 시흥 삼해주가 되어 현재 안동의 '별바랑'과 '바랑'이 되었다.

　현재 삼해약주나 막걸리는 생산되지 않는다. 무형문화재로 지정된 후 해마다 술 빚기 체험 등을 통해 전수는 되고 있으나 상업양조를 하고 있지 않기 때문이다. 하지만 출발점이 삼해주인 술은 시장에 출시되어 있다. 인천에 있는 '송도향'에서 생산되고 있는 '삼양춘'과 경상북도 안동에 있는 '금계당'에서 빚는 '바랑'과 '별바랑'이 그렇다. 삼양춘은 인천 삼해주의 스토리텔링을 담아 빚어지고 있고 '별바랑'은 시흥 삼해주의 전통이 담겨 있는 술이다.

진달래 꽃 담아 달큰한 술맛 내는 면천두견주

　매화가 남도 땅에서 봄소식을 알려오면, 진달래도 꽃술을 터뜨리며 하루 30킬로미터의 속도로 북상하기 시작한다. 진달래는 본격적인 봄을 알리는 꽃이다. 게다가 전국 어디서나 볼 수 있어, 우리 민족에겐 많은 이야기가 담겨 있는 꽃이기도 하다. 진달래가 온 산을 덮으면 마을 아낙

답청 가서 노는 모양 구한말 조선의 풍속을 그려 외국인들에게 판매했던 화가 김준근은 봄철 답청하는 장면도 그림으로 남겼다. '답청 가서 노는 모양'이라는 한글 제목을 단 이 그림은 덴마크 코펜하겐 국립박물관에 있다.

네들은 진달래 꽃따기에 여념이 없다. 설 지난 정월 어느 날에 담아둔 밑술에 진달래꽃을 넣어 두견주 덧술을 만들기 위해서다. 그 절기가 대략 삼월 삼짇날이다. 흐드러지게 핀 꽃을 따다 찹쌀가루로 반죽해 진달래꽃 고명을 얹어 전으로 부쳐 먹는 화전놀이도 이때 이뤄진다. 이 계절에 놀기 좋아하는 남정네들은 호리병에 술을 담아 옆구리에 차고 '답청(踏靑)'에 나선다. 답청은 따뜻한 봄날 파릇파릇 새로 돋은 풀을 밟는다는 뜻으로 봄 소풍을 말한다. 19세기 후반의 화가 김준근이 그린 그림 한 점이 답청을 잘 보여준다. 아직 풀이 나지 않은 강변에 상투를 튼 남정네 네 사람과 댕기 머리 총각 한 사람이 소풍을 즐기고 있다. 두루마기와 갓을 벗고 있는 것으로 보아 바람이 그리 일지 않은 날인 듯하다. 한쪽에선 작게 불을 지펴서 안주를 데우고 있고, 다섯 장정은 댕기머리 총각의 손에 든 술병의 술을 나눠 마시고 있다. 그림에 보이는 그대로 답청은 맛있는 음식을 준비해서 산과 들로 나가 꽃놀이하는 것을 의미한다. 답청을 그래서 '화전놀이' 또는 '꽃달임'이라고 부르기도 한다.[67] 방랑시인 김삿갓(김병연, 1807~1863)이 답청에 대한 시 한 수를 남겼다.

작은 시냇가에서 솥뚜껑을 돌에다 받쳐
흰 가루와 푸른 기름으로 두견화를 지져

쌍 젓가락으로 집어먹으니 향기가 입에 가득하고

일 년 봄빛이 뱃속에 전해지누나.

여기서 말하는 두견화는 진달래를 말한다. 그 꽃을 흰 가루, 즉 찹쌀가루에 묻혀 참기름에 지져 먹는 것이 화전이었다. 추운 겨울을 이겨내고 봄을 즐기는 것은 예나 지금이나 같은 모양이다. 《세조실록》에는 봄꽃놀이를 나서는 사람들의 모습을 다음처럼 전하고 있다.

"도성 남녀들이 떼 지어 술을 마시는 것을 싫어하지 않았다. 매양 한 번 술자리가 벌어지면 반드시 음악을 베풀게 되고 해가 저물어서야 헤어져 돌아갔다. 남녀가 노래를 부르고 춤추며 길거리에서 큰 소리로 떠들면서 태평시대의 즐거움이라 노래했다. (…) 두견화가 필 때 더욱 많게 되니, 이름하여 전화음(煎花飮)이라 하였다."[68]

전화음의 전화(煎花)는 화전을 말한다. 봄꽃놀이를 하면서 풍류를 즐기는 모습을 전화음이라고 말한 것이다. 조선 순조 때의 문인 김매순(1776~1840)이 한양의 연중행사를 기록한 책 《열양세시기》에는 꽃놀이 인파와 관련해 "구름처럼 모이고 안개처럼 끼듯 꾀이는 것이 한 달 내내 줄지 않았다"고 기록하고 있다.[69] 봄철 한 달 동안 도성 사람들은 지루했던 긴 겨울을 떨쳐내기 위해 꽃구경에 나섰던 것이다. 조선 후기 세시풍속이 잘 정리된 유득공(1748~1807)의 《경도잡지》에는 한양의 봄꽃놀이 명소가 잘 소개되어 있다. 인왕산 필운대의 살구나무꽃, 성북동 북둔의 복사꽃, 흥인문 밖의 버들, 그리고 삼청동의 탕춘대 수석 등을 으뜸으로 꼽았다.[70] 지금은 이 명소들이 거의 사라졌지만 당대 사람들은 이곳에 핀 진달래와 봄꽃에서 새로운 에너지를 받았던 것이 분명하다. 그런데 앞서 소개한 김준근의 그림 〈봄에 답청 가서 노는 모양〉에서 마시는 술을 두고 사람마다 다르게 보는 듯하다. 삼월 삼짇날 마신 술이어서 두견주 이야기를 많이 하는데, 이날은 꽃을 따서 꽃술을 제거한 진달래를 부재료로 넣으면서 두견주 덧술을 하는 날이다. 그렇다면 이 술은 최소 보름쯤은 지나야 마실 수 있게 된다. 그래서 이 술은 두견주일 가능성은 없고, 그 이전에 담아서 거른 술로 보아야 한다. 그렇다면 설날 이후 빚은 심해주나 삼오주와 같은 술일 것이다. 진달래가 지천인 삼짇날 덧술을 빚어두면, 농가에서는 대충 농번기 준비가 마무리된다. 그러면 이 술은 본격 모내기철이 될 때쯤이면 익어서 막걸리는 농주가 되어주고, 맑은 청주는 제주와 손님을 맞는 귀한 약주가 되어주었을 것이다.

면천두견주에 얽힌 스토리텔링

오래된 우리 술이 대개 그렇듯이 두견주도 고려시대부터 빚어진 술로 소개된다. 조선시대에 넘어와서는 사대부와 시인들의 시문집에 가향주로서 국화주, 화주, 죽엽주, 포도주와 함께 자주 등장하는 술 이름이기도 하다. 자주 빚어 마신 술이다 보니 다양한 고조리서에 제조법이 올라와 있다. 《규합총서》, 《주찬》, 《술방문》, 《양주법》, 《시의전서》, 《조선무쌍신

식요리제법》등 총 22개의 조리서에 25개의 제
조법이 기록되어 있다.

진달래는 특별히 자라지 않는 곳이 없을 정
도로 전국에 분포한다. 그래서 우리나라 어디
에서나 술의 부재료로 사용한 꽃이기도 하다.
그중 가장 유명한 진달래 술이 충청남도 당진
에서 나오는 면천두견주다. 먹을 식량이 부족
해 양곡관리법을 개정하여 쌀로 술을 빚지 못
하게 했던 시절이 끝나갈 무렵, 국가가 나서 전
통주를 급하게 살리던 시기가 있었다. 주요한
국제행사를 앞두고 우리 문화로 소개할 술이
없었기 때문이다. 이때 문화재청은 3개의 술을
무형문화재로 지정한다. 돌배 향이 나는 문배

면천두견주 재료 면천두견주는 기능보유
자 박승규 씨의 갑작스러운 죽음으로 사
라질뻔 했으나, 마을 공동체가 보존회를
만들어 지난 2007년부터 생산하고 있다.
사진(上)은 두견주의 주요 재료(찹쌀과 진
달래꽃, 누룩)와 질그릇에 따른 면천두견
주다. 사진(下)는 면천두견주와 화전이다.

주, 경주교동법주, 그리고 면천의 두견주가 그 주인공이다. 이 술은 모
두 국가 지정 무형문화재다. 그런데 이후 각 지역의 명주들이 하나둘씩
복원되면서 국가 지정 무형문화재에 대한 요구가 빗발치자 지자체에서
무형문화재를 선정하는 방식으로 제도를 바꾸었다. 그런 까닭에 국가
지정 무형문화재 술은 위에 거론한 세 가지 술밖에 없다.

진달래꽃의 다른 이름은 두견화이다. 이유는 두견새(뻐꾸기)가 울다
가 토한 피가 진달래에 떨어졌다는 전설 때문이다. 이런 전설을 가진 두

견화가 면천에서 또 다른 스토리텔링과 만난다. 고려의 개국공신인 복지겸(생몰연도 미상) 장군에 얽힌 전설을 만나면서 면천두견주가 만들어지게 된다. 전해오는 전설은 이렇다. 복지겸 장군이 병이 들었는데 온갖 좋다는 약을 다 사용해도 병이 낫지 않자 그의 어린 딸이 아미산에 올라 100일 기도를 드린다.

그런데 신선이 나타나 산에 활짝 핀 진달래꽃으로 술을 빚되 면천에 있는 안샘 물로 술을 빚어 100일 후에 마시고, 뜰에 두 그루의 은행나무를 심어 정성을 들이라고 했다는 것이다. 복 장군의 딸은 신선의 말

화전 삼월 삼짇날에는 진달래꽃을 따서 찹쌀가루 반죽에 꽃을 넣어서 전을 빚어 먹었다. '화전'은 우리말로 '꽃달임'이라고도 한다.

을 한 치의 오차 없이 시행한다. 그리고 복지겸의 병이 깨끗하게 나았다고 한다. 비록 전설이지만 이 스토리가 전해지면서 두견주는 '백약지장(百藥之長)'의 타이틀을 거머쥐게 된다. 이 전설에 등장하는 아미산과 안샘, 그리고 두 그루의 은행나무 등은 지금까지도 잘 보존돼 있다. 그 덕분에 술의 스토리를 온전하게 보존한 유일한 무형문화재라는 평가도 듣고 있다.

백약지장의 전설에서 출발한 면천두견주는 1986년부터 상업화의 길을 걸었지만, 그 길은 다른 무형문화재에 비해 거친 자갈길이었다. 2001년 기능보유자 박승규(1937~2001) 씨가 사망하면서 위기를 맞았기 때문이다. 당시 증류주에 대한 무리한 투자 과정에서 금전상의 압박을 받아 급병을 얻은 것이 원인이었다. 갑작스럽게 기능보유자가 사망

하다 보니 기능전수자가 없는 상황이 되었다. 보통의 무형문화재는 기능보유자가 유고 될 경우를 대비하여 대부분 가족에게 기능을 전수한다. 그리고 전수조교와 기능보유자 등의 절차를 밟아가며 무형문화재로 재지정받는다. 하지만 두견주는 그렇게 하지 못했다. 국가 지정 무형문화재라는 귀중한 브랜드를 가진 전통주 하나가 사라질 위기에 처

면천 은행나무 천연기념물 제551호로 지정된 은행나무로 수령이 1100살 이상 된 것으로 추정된다. 이 은행나무는 고려의 개국공신 복지겸 장군이 면천으로 내려와 병을 얻자 그의 딸이 아미산에 올라가 100일 기도를 드렸는데, 산신령이 나타나 술을 빚은 뒤 심으라고 했던 은행나무다.

한 것이다. 이러한 위기를 극복한 것은 공동체였다. 현재 보존회장을 맡은 김현길 씨의 노력으로 두견주 제조 경험을 가진 8가구 12인으로 보존회를 결성하고 문화재청에 문화재 재지정을 요청한다. 이와 함께 안정적인 양조법을 확보하기 위해 박록담 전통주연구소장에게 3년간 양조법도 교육받는다. 이 과정을 거친 뒤 2007년 기능보유자가 없는 보유 단체로 인정받게 되고 주류 제조 면허를 다시 내게 된다.

면천두견주의 술맛은 찹쌀로 빚어진 만큼 달큰하다. 가까운 지역에서 나오는 한산소곡주와는 그 맛이 다르지만, 맛의 원형은 백제 술에 있을 것 같다. 그런데 18도의 묵직한 알코올 감이 느껴지지 않는다. 음력 3월 진달래가 흐드러지게 피는 계절에 두견주 한 잔은 주당의 입을 즐겁게 하기에 충분한 것 같다.

한국적인 정취 가진 술 - 송순주

정약용(1762~1836)은 자신의 주량이 어느 정도인지 모른다고 했다. '취하지 않으면 돌아갈 수 없다'는 '불취무귀(不醉無歸)'라는 무시무시한 건배사를 내걸고 술을 마신 정조 임금이 그에게 술을 내렸는데, 그 술을 마시고도 취하지 않았다고 한다. 과거 시험의 답안지를 채점하기 위해 창경궁 춘당대에 모였을 때도 그랬다. 정조 임금이 큰 주발에 술을 따라 채점을 하던 학사들에게 잔을 건넸다. 그 술을 마신 학사들은 모두 취해 자리에 눕거나 남쪽을 향해 절을 하는 등 취기를 이기지 못했지만, 정약용은 자신에게 주어진 시험 답안지 채점을 착오 없이 끝내고 귀가를 했다. 또 한 번은 성균관 유생 시절, 창덕궁 중희당에서 정조 임금이 옥필통에 소주를 가득 부어 그에게 내밀었다. 임금의 하사주이니 사양하지 못하고 다 마시면서, 속으로는 '내가 오늘이 죽는 날이다'라고 생각했다고 한다. 술 앞에서 한없이 작아진 그의 심정이 어떠했을지 충분히 가늠되는 대목이다. 하지만 그날도 그는 심하게 취하지 않았다고 한다. 이 내용들은 정약용이 작은아들에게 보낸 편지에 담겨있다.[71] 술을 잘 마신다는 이야기를 큰아들에게 듣고서 술을 경계하라는 취지에서 보낸 편지였다. 그러면서 정약용은 '술은 입술에 적실만큼 마시라'고 아들에게 권한다. 이런 모습을 보면 정약용은 두주불사의 애주가는 분명 아니었고, 마시면 아주 많이 마실 수는 있으나 술을 가까이 하지 않으려 했던 사람으로 보인다.

정약용이 가진 궁궐에서의 기억은 소주가 중심이었다면, 귀양지에서는 막걸리가 중심이었다. 강진 유배 시절에 그가 남긴 시 중 하나에서 막걸리와 친해진 정약용을 발견할 수 있다. 경제적 여유가 없는 귀양살이이니 소주는 언감생심 마실 수 없는 술이다. 그렇다보니 막걸리와 친해지는 것은 당연한 일이었다. 꿈에 먼저 죽은 아이들이 나타난 날, 그는 심란한 마음을 달래기 위해 시를 짓는다. 그 시[72]에 "탁주와 사귀면서 소주 점점 멀리하고(漸交濁酒排燒酒)"라는 구절이 등장한다. '보리타작'을 다루고 있는 시에서도 '우윳빛 막걸리'를 이야기하면서 막걸리 상찬을 이어간다. 시에서만 그런 것은 아니다. 강진에서 쓴 그의 저작에도 막걸리는 등장한다. 《목민심서》 '진황 6조'에 나오는 이야기다. 흉년이 들면 금주령을 내리게 되고, 이를 단속하게 되는데, 이때 아전이나 군교들의 가렴주구가 또 다른 폐해가 되었던 모양이다. 결과적으로 금주령은 지켜지지 않고 백성만 착취당하니, 정약용은 막걸리 빚는 것은 금하지 말자고 제언한다. 막걸리는 밥을 대신해서 요기를 채워준다는 것이 보충 논리였다. 대신 금주령의 효과는 성안에서 빚는 소주에서 볼 수 있으니 이를 엄금해야 한다고 주장한다. 그래서 새로운 소줏고리는 더는 만들지 말고, 있는 소줏고리도 다 수거해서 한 장소에 보관하자고 말한다. 정약용의 눈에도 쌀을 많이 써야 하는 소주는 생산적이지 않고 향락적이었다면, 막걸리는 생산적이며 서민적으로 보였던 것이다.

소나무를 부재료로 사용한 술 - 송엽주, 송순주

　그런 정약용에게 강진에서 만난 제자 황상(1788~1863)이 어느 날 물었다. '숨어 사는 자는 어떤 거처'에서 살아야 하느냐는 질문이었다. '이상적인 은자의 공간'. 유배자의 처지라면 한 번쯤은 생각해보았을 것 같은 화두이기도 하다. 이 질문에 정약용은 장문의 편지로 답을 한다. 정약용이 지닌 농업 중심의 유교 세계관이 잘 배어나는 문장이다. 편지의 제목은 '제황상유인첩'이다. 그중의 한 대목을 인용하면 다음과 같다.

　"소나무 북쪽에는 작은 사립문이 있어 여기로 들어가면 누엣간이 세 칸이 나온다. 여기에 누에 채반을 일곱 층으로 앉혀둔다. 매일 낮차를 마신 뒤에 누엣간으로 간다. 아내에게 송엽주 몇 잔을 따르게 하여 이를 마시고 나서, 방서를 가지고 누에를 목욕시키고 고치실을 뽑는 방법을 가르쳐 주며 빙긋이 서로 웃는다. 이윽고 문밖에서 조정에서 부르는 조서가 왔다는 소리가 들려도 웃기만 하고 나아가지 않는다."[73]

　이것이 정약용이 생각한 이상적인 삶의 태도다. 누에고치를 키우면서 유유자적한 삶을 즐긴다. 심지어 임금의 부름에도 웃음으로 답하는 호연지기까지 그는 그리고 있다. 거기에 아내가 따라주는 '송엽주' 몇 잔이면 된다. 자신의 이상세계에 정약용은 왜 송엽주를 떠올렸을까. 맏형 정약현(1751~1821)에게 보내는 편지에는 "가을이 오면 상락주 / 함께 마시려 술병과 술잔을 씻어둡니다"[74]라고 적었던 그다. 뽕잎을 먹는 누에 치는 이야기를 한 터라, 오디 떨어질 때 빚은 '상락주'를 떠올렸을 법한데 그게 아니다. 소나무의 이파리를 넣어 발효시킨 송엽주가 그의 이상향에 등장하는 술이다. 정약용이 지은 어휘 연구서인 《아언각비》에도 소나무와 관련한 술 이름이 하나 등장한다. 그는 새로 틔운 싹을 의미하는 '순(筍)'을 설명하기 위해 '송순'을 표제어로 세우고 여러 식물의 순을 사례로 들어 설명하고 있다. 그리고 도입부 첫 문장을 "송순주는 우리나라의 유명한 술이다"라고 적고 있다. 유명해서 누구나 아는 술, 그만큼 흔하게 빚는 술이라서 이렇게 적었을 것이다. 송엽주 또한 마찬가지다. 전국 어디서나 누구나 쉽게 찾을 수 있는 나무가 소나무다. 일 년 열두 달 우리 주변에서 쉽게 구할 수 있어 소나무를 부재료로 사용한 술의 종류도 다양하다. 소나무의 새순(송순)과 이파리(송엽)는 물론 송화가루, 마디, 뿌리, 송진, 솔방울, 심지어 소나무의 몸통까지 소나무가 가진 모든 것은 술의 부재료로 이용된다. 재료를 쉽게 구할 수 있는 데다 절기별로 새로운 맛을 주는 재료들이 나온다는 점에서 소나무는 다른 재료보다 더 많은 매력을 지닌 식물이다. 그래서 한국전통주연구소의 박록담 이사장은 "가장 한국적인 정취를 간직한 술"이자 "가장 세계적인 술로 자리매김할 가능성을 가진 술"로 송순주를 꼽기도 했다.[75]

솔밭을 거닐어 본 사람은 소나무의 향을 기억한다. 특히 소나무 향을 지닌 청량음료를 마신 사람들은 더욱 소나무의 향과 맛을 그려낼 수 있을 것이다. 향기에 대한 기억은 특정한 추억과 연계되어 강하게 뇌리에 박혀 있다. 그래서 향기에 대한 기억은 오래 남는다. 우리 민족에게 소나무는 그런 존재이다. 소나무는 우리말로 '솔'이라 부른다. 솔은 으뜸을 가리키는 말이다. 소나무 숲에 바람이 일면, 우리는 이를 '솔바람'이라고 부르고, 솔바람에 담긴 '솔향기'에서 고향을 느끼곤 한다. 한마디로 소나무는 우리의 DNA에 깊숙이 들어와 있는 나무다. 이런 소나무로 다양한 술을 빚는 것은 그래서 하나도 이상하지 않다. 고조리서를 살펴보면 그 가짓수에 놀랄 정도로 많은 소나무 관련 술들이 있다. 소나무의 이파리를 넣은 송엽주, 소나무의 새순을 넣은 송순주, 소나무의 꽃인 송화를 넣은 송화주, 그 꽃이 지면 맺히는 솔방울을 넣은 송령주, 해를 넘긴 어린 가지를 꺾어 넣은 송절주, 나무의 속껍질을 넣은 송지주, 뿌리를 넣은 송근주, 뿌리를 잘라서 나온 진액을 넣은 송액주 등 소나무의 무엇 하나 버리지 않고 다 술을 만드는 부재료로 사용했다.

위에 언급한 소나무와 관련한 술의 주방문은 평균 2~5개씩 존재한

소나무 부재료 소나무는 전국 어디에서나 잘 자라는 나무다. 흔하게 구할 수 있는데다 독특한 향을 즐기기 위해 술의 부재료로도 많이 사용되었다. 사진은 왼쪽부터 송순(숫꽃), 송순(암꽃), 송화가루, 솔방울 등이다. ⓒ최원석 ⓒ최원석 ⓒ위키피디아 ⓒ김승호

다. 그중에서 가장 많은 주방문을 가진 술은 송순주로 30개 정도의 제조법이 전해지고 있다. 특이한 점은 소나무를 부재료로 한 술들은 거의 단양주로 빚어진다는 점이다. 그리고 송순주의 주방문은 절반 정도가 '과하주' 주방문이다. 따라서 소나무를 소재로 가장 많이 빚는 술이자 과하주로 많이 빚는 술은 '송순주'라고 할 수 있다. 정약용이 이상향 속에서 마시고 싶어 했던 송엽주도 10여 개의 조리서에 제조법이 등장한다. 조선시

송절주장 '송절주'는 지난 1989년에 서울시 무형문화재 제2호로 지정된 술이다. 조선시대의 한양의 중류계층에서 주로 빚어 마신 술이라고 한다. 현재 이 술은 이성자 송절주장(사진 중앙)에 의해 이어져 내려오고 있다. 사진은 2021년 '서울시무형문화제전' 행사에서 송절주 시연을 할 당시의 모습이다. ⓒ한덕택

대에만 그런 것은 아니다. 고려 말의 이규보가 쓴《동국이상국집》에는 '송료(松醪)'라는 술 이름이 등장하는데, 우리말로 하면 솔 막걸리가 된다. 이규보는 "한잔의 솔 막걸리를 서로 마주 대하여 마시네"라고 시에 쓰고 있다. 즉 고려 때부터 소나무를 부재료로 넣은 막걸리가 널리 빚어졌다는 이야기다.

송절주, 소나무의 마디를 삶아서 부재료로 넣은 술

서울에도 소나무를 이용한 술이 하나 있다. '송절주'라는 술이다. 싱싱한 소나무의 마디를 삶아서 차를 내어 사용하는 술이다. 삼해주와 향온주와 함께 서울시 무형문화재로 지정된 술이다. 조선시대에는 한양의

송절주 '송절주'는 싱싱한 소나무 마디를 삶은 물과 쌀로 빚어 만드는 술이다. 사진은 이성자 송절주장이 담근 '송절주'의 채주 전 항아리에 담긴 모습이다. ©한덕택

중류 계층이 주로 마신 술이라고 한다. 현재는 이성자 송절주장(서울시 무형문화재 제2호)이 명맥을 이으며 술을 빚고 있다. 서울의 송절주는 이양주 방식으로 빚으며 대략 한 달 정도 발효 숙성을 시킨 뒤 술로 사용한다. 특이한 점은 봄에는 진달래를 가을에는 국화, 그리고 겨울에는 귤의 껍질 등을 넣어 향을 더 넣는다.

'송절주' 하면 떠오르는 조선의 임금이 한 사람이 있다. 영조 임금이다. 재위 기간 내내 금주령을 발포했을 정도로 술을 싫어했던 임금이다. 그런데 관절이 안 좋았던 영조는 정작 본인은 '송절주'를 만들어 마셨다고 한다. 신하들의 물음에는 '송절차'라고 답하면서 말이다.

소나무는 여전히 우리에게 흔한 재료이다. 하지만 이 재료를 이용한

솔송주 '송순'을 이용한 술 중에 또하나의 무형문화재가 있다. 경상남도 무형문화재로 지정된 함양의 '솔송주'가 바로 그것. 일두 정여창 집안의 내림 술로 16대째 전해지는 술이라고 한다. 사진은 솔송주문화관에서 판매하는 솔송주와 '담솔'

솔송주 증류장면 소나무 부재료를 넣은 발효주를 증류하면 소나무의 향이 짙게 나는 증류소주가 나온다. 사진은 경남 함양 일두고택에서 솔송주를 증류하는 장면이다.

술은 그동안 거의 상업화되지 않았다. 그나마 경남 함양에서 생산하고 있는 '솔송주'가 거의 유일하다고 말할 수 있다. 이 술은 송순과 솔잎을 넣어 만든 하동 정씨 가문의 가양주로 알려져 있다. 양조장도 15세기의 유학자 일두 정여창(1450~1504)의 고택이 있는 개평 마을에 자리하고 있다. 그리고 최근 전라남도 나주의 다도참주가와 서울 온지술도가가 솔잎을 넣어 만든 솔 막걸리를 생산하고 있다.

09

조선의 18세기
금주령과 술의 전성시대

영조와 정조 두 임금은 임진왜란과 병자호란, 그리고 17세기 내내 쉼 없이 찾아온 대기근으로 황폐해진 조선을 살려낸 조선 후기의 성군으로 평가받고 있다. 그런데 당쟁을 막으려는 탕평과 불합리한 제도를 개혁하고자 하는 정책의 시선은 비슷했지만, 술에 대한 태도만큼은 두 임금이 극단적으로 달랐다. 그 덕분에 조선의 18세기는 술 때문에 사람의 목숨까지 앗아갔던 '금주령의 시대'이자 다양한 술들이 꽃피웠던 '술의 전성시대'이기도 했다. '금주령'과 '술의 전성시대'라는 단어는 양립 불가능한 개념이다. 그런데도 논리적으로 부딪히는 두 개념을 같이 거론한 것은 18세기의 조선이 술을 두고 철저히 대립했기 때문이다. 18세기의 전반은 술을 혐오하면서 최대한 술을 멀리하려 했던 금주령의 시대로, 그리고 후반은 해금되어 다양한 술들이 빚어지면서 전국의 물류가 집중되는 한양을 중심으로 술문화가 꽃피던 시절로 설명할 수 있다. 이 극단에 영조와 정조가 자리하고 있다.

18세기 초 영조의 금주령 시대

우선 금주령 시대를 살펴보자. 이 시대를 이해하기 위해서는 17세기를 먼저 살펴보아야 한다. 17세기는 전 세계가 이상기후에 휩싸인 소빙하기의 시대다. 지구의 평균온도는 1~1.5℃ 정도 내려가 냉해와 습한 기후로 인해 극심한 기근에 시달리게 된다. 조선에서도 인구 100만 명 이상이 굶어 죽는 대기근이 이 기간에 두 차례 발생한다. 그 처음은 현종 재위기에 발생한 '경신대기근(1670~1671)'이며, 24년이 흐른 뒤인 숙종 재위기에도 '을병대기근(1695~1699)'이 일어난다. 당시 조선의 인구가 1,000만 명 안팎으로 추정하고 있으니, 최소 인구의 10분의 1이 굶거나 병들어 죽은 것이다. 두 차례에 걸친 전란과 두 번의 대기근, 그리고 17세기 내내 수시로 찾아온 기상이변에 따른 가뭄은 가뜩이나 피폐해진 백성들의 삶을 최악의 순간으로 내몰았고 사회를 지탱하는 도덕률까지 무너뜨리고 말았다.

영조는 숙종의 아들로 을병대기근 직전인 1694년에 태어났다. 직접 을병대기근을 겪지는 못했지만, 소빙하기에 있었기 때문에 크고 작은 기근을 수시로 겪어야 했다. 특히 숙종 말년에 발생한 대기근은 영조가 직접 눈으로 보았을 가능성이 크다. 전국에서 올라오는 장계의 내용을 알았을 것이고, 기아와 전염병이 만들어낸 극한의 혼돈도 보고 경험했을 것이다. 게다가 피폐한 백성들의 삶을 외면한 채 벌어지는 당쟁과 권문세가들의 사치는 영조에게 사회악처럼 다가왔을 것이다. 그래서 영조는 왕에 즉위하자마자 금주령을 선포한다. 선왕 경종의 삼년상을 마친 뒤 영조는 창덕궁에서 '계숭음(戒崇飮)'과 '계붕당(戒朋黨)', '계사치(戒奢侈)' 등 3대 국정지표를 발표한다. 계붕당이 당쟁을 근절하기 위한 탕평책으로써 붕당을 경계해달라는 정치적 국정과제였다면, 계숭음과 계사치는 술을 숭상하듯 마시는 것과 사치를 경계하자는 사회적 국정과제였다.

《조선왕조실록》의 기록에 따르면 영조는 금주령[76]과 관련하여 《전국책》에 나와 있는 우왕의 고사와 세종의 '계주교지', 그리고 숙종의 '계주윤음'까지 동원해 금주의 필요성을 역설하고 있다. 그런데 이때까지만해도 영조의 금주령은 여타 임금들의 금주령과 별반 차이가 없었다. 금주령의 이유는 대체로 가뭄과 홍수 등으로 인해 발생한 식량 부족이었다. 그래서 원인이 해소되면 금주령도 자연스럽게 해제되었다. 즉 한시적인 금주령이었다. 영조의 재위 초기에 발령한 금주령도 마찬가지였다. 강한 규제는 용수철처럼 되튈 수밖에 없는 것이 세상의 이치다. 특히 재위 초창기에는 권력을 충분히 장악할 수 없는데다가 출신에 대한콤플렉스까지 가지고 있었기 때문에 강력한 왕권을 휘두를 수 없었다. 그러니 금주령을 해제하자는 권신들의 이야기를 무시하지 못했을 듯하다. 그러다 영조 31년(1755) 가을에 큰 흉년이 들었다. 그해 가을이 채가기 전에 영조는 폭탄선언 같은 금주령을 발령한다. 이듬해부터 역사상 가장 강력한 금주령을 시행한다는 내용이었다. 종묘제례의 제사에쓰는 술도 금지되어 예주(醴酒, 단술)를 써야 했고 한양의 술집에는 주등을 걸 수 없었으며 금주령을 위반한 사람은 섬으로 유배를 보내고, 술을마신 선비는 과거 시험의 자격을 박탈하거나 유생명부에서 제적되었다. 중인과 서얼의 경우는 수군으로 보내졌으며, 서민과 천민은 노비가 되어야 했다.[77]

그런데 강력한 금주령이 발효된 1756년부터 영조와 그의 아들 사도세자(1735~1762)와의 관계가 더욱 나빠지기 시작한다. 그해 사도세자

사도세자

의 나이는 22세였다. 사도세자의 문집 《능허관만고》 에는 사도세자가 술을 잘 마시지 못한다고 기록되어 있다. 이 점에서 영조의 눈 밖에 날 일은 없었다. 하지만 그해 5월 영조는 세자의 근황을 보기 위해 낙선당에 갔고 그곳에서 세수도 제대로 하지 않고 옷도 제대로 갖춰 입지 않은 세자의 모습을 보게 된다. 세자의 모습이 마치 만취한 사람과 다르지 않아 보여 영조는 세자가 술을 마셨다고 의심하였다. 자신이 내린 엄격한 금주령을 어겼다고 생각한 것이다. 영조의 술에 대한 태도를 확인할 수 있는 금주령 포고령을 또 하나 예로 들어보자. 영조 31년 금주령 이후 3년 뒤에 홍화문에서 발표한 금주령의 일부다.

"만약 표적이 없으면 활 쏘는 사람이 없을 것이고, 지름길이 없으면 다니는 사람이 없을 것이다. 만약 술 빚는 사람이 없다면 어디에서 마실 술을 구하겠는가? 술 빚기를 금하는 법령을 어기고 술을 팔거나 마시는 자는 모두 나라의 법을 어기는 것이다. 시장에서 할 수 있는 업종이 여러 가지인데, 또한 무슨 까닭에 편한 것을 버리고 위험한 것을 취하려 하는가? 이것으로 말한다면, 술 빚는 자도 또한 술 마시는 자와 다름이 없다. 막중한 제사에도 예주(醴酒)를 쓰고 술을 금지하니, 곧 나라의 흥망이 오직 금주가 실행되느냐 아니냐에 달려 있다."[78]

나라의 흥망이 금주 실행에 달렸다는 메시지다. 이처럼 영조는 술에 대해 강한 반감을 보이고 있었다. 그런데 세자는 영조의 꾸지람이 있을 때마다 반대로 행동했다. 마시지 못하는 술을 입에 댄 것도 이때부터다. 대놓고 왕에 대한 불만을 드러낸 것이다. 둘의 관계는 악화일로로 치닫는다. 그리고 결국 임계점에 다다른다. 영조 38년(1762), 즉 강력한 금주령을 내린 지 7년이 지난 해이다. 영조는 사도세자를 뒤주에 가두어 죽인다. 《승정원일기》에는 그때의 일을 기록하면서 "술이 있으면 나라가 망할 것"이라는 영조의 말도 같이 옮겨 적고 있다.[79] 또한 사도세자 죽음의 전말을 정리한 박하원의 책 《대천록》에도 영조가 세자를 꾸짖으며 "술이 다시 나오면 조선은 반드시 망할 것이다"라고 적고 있다. 사도세자가 죽어야 했던 그해는 우연히도 금주령이 최고조에 달하여 술은 극한의 혐오 대상이 되어 있었다. 그런 까닭에 사도세자가 죽은 지 넉 달 뒤에 함경도 북청의 병마절도사였던 윤구연(?~1762)이 술을 마셨다는 혐의로 탄핵당하여 결국 남대문에서 참수된다. 증거는 술 냄새가 나는 항아리가 유일해서 영의정 등 삼정승이 더 확실하게 조사해야 한다고 말렸지만, 오히려 이들마저 파직당하고 만다. 영조가 보인 술에 대한 적개심의 극한이라고 볼 수 있다. 그런데 이렇게 치닫던 '금주령 정국'도 끝은 있기 마련이다. 달이 차면 기울 듯이 말이다. 사도세자와 윤구연 등이 죽임을 당한지 5년이 흐른 영조 43년(1767)에 왕은 한으로 얼룩진 금주령을 해제하였다.

이 당시 영조가 왜 금주령을 해제했는지에 대한 구체적인 기록은 없다. 11년 동안 전쟁을 치르듯 유지했던 금주령은 그해 1월 종묘 제사에 나선 영조의 "예주가 아닌 술을 쓰라"는 한마디로 해제된다. 굳이 상황을 더 설명하자면 영조의 건강이 좋아진 것 때문이다. 최악의 금주령을 해제하기 바로 전 해인 영조 42년(1766), 영조의 관절이 무척 안 좋았던 것 같다. 그런데 봄 여름 동안 송절차를 마시면서 관절이 좋아져 걸어 다닐 수 있게 되었단다. 영조는 이것을 조상의 공덕이라고 생각하고 예주로 제사를 지내는 것이 '불효'가 아닐 수 없다고 말한다.[80] 관절을 위해 송절차를 마셨다는 것인데, 이에 대한 반론도 존재한다. 송절주를 송절차라고 말했다는 것이다.[81] 어찌 되었든 건강을 회복한 것에 대한 고마움을 금주령 해제로 표현한 것이다.

그렇다고 영조의 금주령이 다시 내려지지 않은 것은 아니다. 극단적인 금주령이 해제되고 3년 후인 영조 46년 1월의 기사를 보면 경연장에서 술을 마신 승지 조정에게 더는 벼슬에 들이지 말라고 명령하는 일이 발생한다. 이 사건을 기록한 사관은 "(임금은) 주등 켜는 것을 금지하였으나, 끝내 금할 수 없었다"고 그의 속내를 마지막 문장에 담아내었다.[82] 주등은 요즘으로 치면 술집의 네온사인이자 간판이다. 근심을 잊게 해주고 열정과 환희를 일으켜주는 술을 향한 인간의 욕망은 예나 지금이나 변함이 없는 듯하다.

18세기 후반 정조의 술의 전성시대

술에 대한 규제로 조선 사회를 바로 잡으려 했던 영조와 달리 정조는 규제 철폐를 통해 더 풍부한 조선 사회를 만들려 했다. 금주법에서 두 임금은 큰 차이를 보인다. 정조는 왕위에 오른 뒤 바로 누룩을 판매하는 국전(麴廛)을 되살리고 은전(銀廛)과 통합하여 은국전(銀麴廛)을 시전의 하나로 복구시켰다. 이와 함께 중소 상인들이 한양에서 자유롭게 술을 판매할 수 있도록 하였다. 이 같은 조치에 따라서 가게의 절반이 술집으로 문을 열게 되어 한양의 밤거리는 술집마다 걸린 주등으로 대낮처럼 밝아졌다.[83] 물론 금주령을 요구하는 관료와 선비들의 상소문은 끊이지 않았지만, 정조는 가뭄 등의 특별한 상황이 아니면 금주령을 내리지 않았다. 정조는 금주의 문제를 법으로 다스릴 문제로 보지 않았다. 오히려 금주를 요구하는 사람들을 사회, 경제, 산업적 인 문제를 전혀 고려하지 않는 일개 서생 취급하기도 하였다.

정조의 이러한 선택은 술을 바라보는 시선의 차이에서 비롯된다. 술을 망국의 상징으로 바라보았던 할아버지 영조와 달리, 정조는 술을 법으로 막는다고 막을 수 있는 물질이 아니라고 생각하였다. 즉 식량문제를 해결하는 것은 금주령이 아니라고 본 것이다. 여기에 하나 더 술을 대하는 태도에서도 정조는 영조와 확연히 달랐

정조_표준영정

불취무귀 동상과 글귀 '불취무귀'는 취하기 전엔 집에 돌아갈 수 없다는 뜻이다. 정조가 즐겨 사용한 글귀로 알려져 있다. 사진은 수원시 지동시장 앞에 있는 '불취무귀' 정조임금의 좌상과 강원도 홍천 예술주조 입구에 있는 '불취무귀' 입석이다. ⓒ수원시 홈페이지 ⓒ김승호

다. 차를 즐겼다는 영조와 달리 정조는 술에 대한 반감이 극히 적었다. 물론 영조도 술을 마셨다는 역사적 해석도 나오고 있지만, 정조의 술은 차원이 다른 문제였다. 정조 임금의 문집인 《홍재전서》에는 다음의 글이 실려 있다.

"술을 마시지 말아야 할 때는 마시지 않아서 비록 반 잔의 술이라 할지라도 입에 대지 않고, 술을 마시고 싶을 때는 마음껏 마셔서 설령 열 말의 술이라 할지라도 마치 고래가 바닷물을 들이키듯 마실 줄 알아야 한다. 이 정도는 되어야 비로소 주량이 있다고 말할 수 있는 것이다."[84]

정조는 스스로 '주량이 있다'는 표현을 쓰고자 한다면 '술고래'쯤은 되어야 한다고 말하고 있다. 이런 술에 관한 담대한 태도는 정조가 벌인 여러 에피소드에 녹아 있다. 우선 정조의 대표적인 건배사로 기억되고 있는 '불취무귀(不醉無歸)'와 관련한 이야기부터 살펴보자. 글을 짓는 제술시험에 합격한 성균관 유생들을 격려하는 술자리에서 일어난 일이다. 술을 잘하는 우부승지 신기와 함께 성균관 유생들에게 술을 하사한다. 명분은 이렇다. "옛사람의 말에 술로 취하게 하고 그의 덕을 살펴본다고

하였으니, 너희들은 모름지기 취하지 않으면 돌아가지 않는다는 뜻으로 생각하고 각자 마음껏 마셔라"라고 말한다.[85] 이 자리에서 숙종 때의 대신 오도일의 손자 오태증이 임금의 술에 큰 대자가 되어 드러누운 사건이 발생하기도 했다. 또 한번은 창경궁에서 과거 시험을 채점하던 관리들에게 술을 하사했는데, 그 술에 취해 만취하는 자가 속출하기도 했고, 술을 꺼렸던 정약용에게는 필통에 소주를 가득 부어 어사주로 내리기도 했다. 이처럼 정조는 술에 관하여 관대한 태도를 취하고 있었다. 물론 이런 자신감에는 웬만해선 취하지 않는 주량도 한몫했을 것이다. 자신의 문집에 '술 열말'을 마셔야 '주량'이 있다고 이야기한 것처럼 말이다. 한번은 어머니 혜경궁 홍씨와 수원 화성을 다녀온 뒤 '홍로주' 한 병을 다 마셨는데 취하지 않았다고 기록하고 있다. 이렇게 술에 관한 정책이 바뀌면서 한양의 풍경과 풍속도도 같이 변하였다. 정조의 신임을 받았던 문신 채제공(1720~1799)이 남긴 기록에 한양 술집의 저녁 풍경이 잘 그려져 있다.

"수십 년 전으로 말하더라도, 술을 파는 집의 술안주는 김치와 자반 따위에 불과하였을 뿐이었는데, 근래 민습이 점점 교활해져서 술 이름을 신기하게 내려고 힘쓰는 것은 차치하고, 현방의 육류와 시전의 어물을 태반이 술안주의 재료로 들어가서 진귀한 음식과 오묘한 탕이 술동이 사이에 뒤섞여 놓입니다."[86]

채제공의 기록에 따르면 영조 때의 주점 풍경은 김치와 자반에 그쳤

왼쪽부터 감홍로, 면천두견주, 소곡주, 이강주, 죽력고

는데 정조 재위기가 되면 '신기한 술 이름'과 진수성찬이 술집에 채워졌다는 것이 된다. 여기서 언급된 신기한 술 이름은 오랜 금주령 동안 잊혔던 술들의 이름일 것이다. 궁에서의 제주마저 단술로 올렸던 11년간의 혹독한 금주령 시대를 제외하면 마포 중심으로 빚어졌던 삼해주는 비밀리에라도 유통되었을 것이다. 또한 궁궐의 술인 향온주도 종묘제례와 외국 사신들의 접대용으로 궁에서 빚어졌을 것이다. 하지만 새롭게 주점을 연 상인들은 다른 주점과 경쟁하기 위해 이 기간에 빚지 못했던 술들을 양조해서 손님들을 끌어 모았던 모양이다. 당시 문화 세태를 기록한 책들에 의하면 18세기 한양에서 잘 나갔던 술들은 진달래꽃을 넣은 '두견주', 복숭아꽃을 넣은 '도화주', 그리고 소나무 순을 넣은 '송순주'와 누룩을 적게 넣은 '소곡주' 등이었다. 이와 함께 평양에서는 '감홍

로', 황해도에서는 '이강고', 그리고 전라도에서는 '죽력고'가 유명하다고 기록하고 있다.[87]

이런 술을 판매하는 술집 중에는 아마도 18세기 한양 땅에서 가장 인기를 끌었던 '군칠이집'도 있었을 것이다. 당대의 문인이나 선비들의 시와 기록에 자주 등장하는 군칠이집은 종루에서 저녁 종소리가 들릴만한 위치에 있었던 술집으로 청계천 너머에 자리한 듯하다.[88] 군칠이집은 18세기 초반부터 유명했던 집으로 보이며, 1766년경[89]이 되면 여자 군칠집과 남자 군칠집으로 확장된 듯하고 결국 100년 뒤에는 술집을 가리키는 일반명사처럼 사용되었다고 한다.[90] 군칠집은 100여 독의 술을 빚는 술도가급의 술집이며 개장국 요리로 명성을 얻어 각종 어육 안주까지 만들어 18세기 한양 술꾼의 입맛을 사로잡은 듯하다. 이렇게 술집들이 흥하면서 18~19세기의 한양은 큰 거리의 상점 가운데 절반은 주점이라는 이야기[91]까지 나올 정도로 술 산업이 번창하였다.

10

사라진 세시주 '도소주'와
술 예절 '향음주례'

"흐르는 시간이 이와 같구나! 밤낮을 쉬지 않네.(逝者如斯夫! 不舍晝夜)"

《논어》'자한'편의 한 구절이다. 공자의 말처럼 시간은 그저 흐를 뿐인데, 이를 바라보는 사람들은 시간을 나누고 구분하고 의미를 담길 좋아한다. 우연의 연속일 수도 있는 일이 때로는 운명적인 사건으로 해석되기 일쑤인 까닭도 바로 그러하다. 특히 우리는 계절이 바뀌는 순간이나 한 해의 시작과 끝에 더 많은 의미를 담아서 해석하려는 경향이 있다. 술에도 같은 이미지가 부여돼 있다. 과일과 곡물로 빚는 발효주는 원재료의 죽음과 새로운 물질의 탄생을 함께 담고 있다. 1년에 한 차례 빚는 포도주도 양조 과정 자체를 삶과 죽음의 드라마틱한 요소로 해석한다. 그래서 포도의 신 디오니소스는 매해 겨울에 죽고, 봄에 소생한다고 여겨졌으며, 주기적인 재생은 죽은 자의 부활과 동일시되기도 했다. 맥주도 곡물(보리)의 죽음 속에서 술의 탄생을 예고하고 있어 이집트의 신 '오시리스'는 환생의 힘까지 내포한 신으로 받아들여진다.

사라진 세시주 '도소주'

우리 술에도 절기의 변화를 담아 시작과 끝을 알린다. 세모와 세시에 빚어 마셨던 '초주(椒酒)'가 그렇다. 묵은해를 보내는 섣달그믐에 마시는 술을 '초주'라 한다. 넣은 재료에 따라 '초백주'라고 불리는데, 산초꽃이나 열매를 넣어 만든 술은 초주, 그리고 여기에 측백나무(혹은 잣나무)잎까지 넣으면 초백주라고 하였다. 초주를 마신 다음 날인 새해 설날에는 또 다른 이름의 술이 기다리고 있었다. '도소주(屠蘇酒)'라고 하는 술이다. '도소주'는 도라지와 방풍, 산초, 육계 등을 술에 담가 약성을 추출한 술인데, 고려 때의 기록부터 등장하는 술이다. '도(屠)'는 '잡다'를, '소(蘇)'는 '사귀', 즉 '삿된 기운'을 말한다. 따라서 '도소주'는 삿된 기운을 잡는다는 뜻으로, 무병장수를 기원하기 위해 새해 첫날 마시는 술이다. 이와 함께 집안을 밝히고 청소하면서 낡고 오래된 기운을 없애고, 새로운 기운을 받아들일 수 있도록 깨끗이 한다는 의미도 포함하고 있다. 이러한 도소주의 의미는 자연스럽게 '진부한 옛것을 제거'하는 뜻을 가지게 돼 앞서 말한 술의 신화적 기능과도 일맥상통하게 된다.

도소주는 나이가 어린 사람부터 나이의 역순으로 음복을 한다. 나이 먹는 것에 대한 배려를 담은 술 예법이다. 그런데 마지막에 마시는 도소주도 서럽기는 마찬가지인 듯하다. 성호 이익(1681~1763)이 남긴 시 '제석에 우를 얻다'에 보면 "노년이라 마음은 이 해와 함께 가는구나 / 맨 뒤에 도소주를 마심이 스스로 가련한 것을 / 떡국 많이 먹었다고 감히 말하리오."[92]라고 쓰고 있다. 떡국을 많이 먹어 나이를 먹은 것이지만, 마지막으로 마시는 도소주는 지나간 세월만큼의 기다림이 담겨 있을 것이다. 나이 듦의 처량함이 어찌 그때나 지금이나 다르겠는가. 책벌레(看書痴, 간서치)를 별칭으로 갖고 있던 이덕무(1741~1793)도 자신의 문집에 '도소주'에 대한 시를 남겼다.

도소주 잠깐 마셔 술 속을 풀었으니

새해의 즐거움 넉넉히 얻었어라

늙음에 접어드니 야복 응당 간편한데

명절 만나니 조복 차마 폐할 소냐

일천 집 묵은 눈은 흰 무더기 남아 있고

한 동산 계절풍에 추위도 거의 눅어졌네

따스한 봄 소식 멀지 않으니

홍매나무 이끼 벗기고 살펴보네[93]

이덕무답다. 세월을 먹어 늙은이가 되었으니 이제는 간편한 복장이
좋지만, 명절 때라 근사한 벼슬아치 때의 복장을 머릿속에서 지워버릴
수 없다는 솔직함이 그렇고, 도소주 마셨으니 곧 봄이 올까 하며 홍매나
무 쳐다보며 꽃망울 올라올 기색을 살피는 그의 심정이 그렇지 않은가.
그런데 이렇게 마음 편히 살 수 있던 시절은 아니었던 듯싶다. 그의 또
다른 시 '세시잡영(歲時雜詠)'에 보면 금주령 하에 마음 편히 도소주를 빚
지 못하는 백성들의 삶과 금주령을 어겨가며 청주를 빚는 양반들의 삶
을 대조시킨 시 구절이 나온다.

"관가의 술 금지령이 두려워

감히 도소주를 담그지 못하지만

백성들이여 너희가 어찌 아리

청주가 큰 항아리에 넘치는 줄을"[94]

금주령 시절의 고단하며 모순된 장면을 이덕무는 놓치지 않고 보여주고 있다. 시에만 도소주가 등장하는 것은 아니다. 도소주를 마시는 장면을 잘 담은 그림 한 점이 '간송미술관'에 전해지고 있다. 장승업의 제자이자 조선의 마지막 화원인 안중식(1861~1919)의 그림 〈탑원도소회지도(塔園屠蘇會之圖)〉가 바로 그것이다. 선비들의 술자리 가운데 술잔이 있고, 그림의 제목에 '도소'가 담겨 있으니 마시는 술은 당연히 도소주였을 것이다. 그림은 1912년 정월 초하룻날 밤의 풍경이다. 기와집 뒤편으로는 백탑이 보인다. 오세창의 집으로 추측되는 곳에서 도소주를 마시고 있는 저 선비들은 1912년을 어찌 맞이하고 있었을까. 일제에 의한 병탄 3년 차의 나라 잃은 백성들이 도소주를 마시면서 어떤 새해 다짐을 하였을까. 궁금하다. 분명한 것은 일제강점기 초까지 우리의 세시주는 살아있었다는 점이다.

철마다 마셨던 세시주의 추억

그렇다면 지금은 사라진 세시주가 도소주만 있는 것일까. 그렇지는 않다. 정월 대보름날 마셨던 귀밝이술도 그렇고, 삼월삼짇날에 진달래꽃을 따다 덧술에 넣어 빚어 마셨던 두견주도 그렇다. 물론 무형문화재술이 되어 제품으로 나오고는 있지만, 집에서 빚어 마시던 세시풍속은 사라진 지 오래되었다. 그리고 5월 단오가 되면 창포를 넣어 빚어 마셨던 창포주, 6월 보름이면 모내기를 끝내고 더는 써레 쓸 일이 없다고 써

레씻이 행사를 하면서 마셨던 유두음, 8월 추석에 햅쌀로 빚어 마신 신도주, 9월 중양절에 국화를 따서 빚은 국화주도 이제는 책에서나 만날 수 있는 술이 되었다. 분명 100여 년 전까지 우리 민족과 함께 해왔던 술들이지만, 지금은 모두 사라진 술이 되었다. 물론 배상면주가 등 일부 술도가들이 간혹 세시주를 상품으로 기획해서 시장에 내놓고는 있지만, 세

회곡양조장 안동소주 국화주, 술아원 술아 국화주 국화는 은은한 향이 좋아 많은 사람들이 좋아하는 재료이다. 현재 국화를 부재료로 술을 빚는 곳은 안동의 회곡양조장(안동소주 국화, 좌측), 경기도 여주의 술아원(술아 국화주, 중앙), 경기도 양평의 양평맑은술도가(동국이, 우측) 등이다.

시풍속 자체가 기억 속에서 사라지는 세상이다 보니 호응이 그리 크지는 않다. 전통이라는 이름표를 달고 역사 속으로 사라져가는 모습은 그저 안타까울 뿐이다. 그나마 국화주는 국화의 향을 기억하는 사람들이 많아 일부 양조장에서 술을 내고 있다. 8개의 안동소주 양조장 중 한 곳인 '회곡양조장'에서 '안동소주 국화주'를 내고 있으며, 과하주 명가를 지향하는 경기도 여주 '술아원'에서 과하주로 빚은 '술아(국화)'를 생산하고 있다. 그리고 최근에는 경기도 양평에 있는 '양평 맑은 술도가'에서 국화주 '동국이'를 출시하였다.

술 예절 '향음주례'

술은 향정신성 식품이다. 많이 마시면, 사회적 물의를 일으키는 음료

다. 인류는 사회적 문제를 그 사회가 보듬을 수 있는 만큼만 시스템에 수용하면서 발전해왔다. 술에 대한 태도도 마찬가지다. 그래서 술에도 예절이 필요했다. 그래야 공동체가 유지될 수 있었다.

동양에서의 폭음을 경계하는 공식적인 글은 《서경》이 처음이다. 요순 시대의 치세를 다룬 이 책의 〈주고(酒誥)〉편에서는 술을 하늘과 인간을 이어주는 성물로 규정하고 술의 용도는 덕을 기르기 위함이지 취하기 위한 것이 아니라고 적고 있다.[95] 특히 여럿이 함께 술을 마시는 군음(群飮)은 금기하도록 규정하고 있다. 인류는 두려움을 떨치기 위해 여럿이 모여 술을 마시기 시작했지만, 공동체의 질서가 무너지는 것은 원하지 않았다. 그런 점에서 술 예절은 그 사회의 문명 수준을 가늠하는 무형의 기준이라고 할 수 있을 것 같다.

조선시대에는 《소학》을 통해 술 예절을 가르쳐왔다. 그리고 향교와 서원에서 '향음주례'를 통해 품격 있는 술 문화를 유지하려 했다. 향음주례는 학덕과 연륜이 높은 이를 주빈으로 모시고 술을 마시며 잔치를 여는 향촌 의례의 하나다. 유교 이데올로기를 공고히 하면서 조선 500년을 버텨내게 한 술문화라고도 할 수 있다. 물론 장유유서를 지키며 술잔을 돌리는 수작(酬酢)문화는 여전히 요즘의 술자리에도 흔적을 남기고 있지만, 향음주례는 어느 순간 이 땅에서 사라졌다. 산업화 과정에서 유교 이데올로기가 퇴색하면서 사라지지 않았을까 생각할 수 있겠지만 사정은 전혀 다르다. 여러 차례 이야기하지만, 일제강점기에 시행된 주세령과 주세법은 우리의 가양주문화를 없앴다. 당연히 향교와 서원에서 제주로 사용하는 술 또한 빚지 못하게 된 것이다. 게다가 향교와 서원이 의병의 결집장소로 이용된다는 점을 내세워 급기야 '향음주례'를 금지했다. 실제 1895년 구한말부터 전국의 유생들은 향음주 례를 핑계로 세 규합에 나섰고 의병 활동으로 이어졌다.

향음주례 '향음주례'는 향교의 서원에서 지 켜왔던 성리학적 질서에 따른 주도법이다. 일제는 유학자들의 독립운동을 방해하기 위해 '향음주례'을 금지시키기도 했다. 사진 은 고양시 막걸리축제 기간 중에 고양향교 관계자들이 '향음주례' 행사를 재현하는 모 습이다.

유생들의 관점에서 하나의 정부에 세금 을 내거나 그 호적에 등록한다는 것은 곧 그 의 백성이 된다는 것을 의미한다. 다른 이의 백성이 된다는 것은 '불사이군'의 충절 의리 를 저버리는 행위로 보았다. 유림의 입장에 선 조선총독부는 충절과 의리를 저버릴 것을 강요하는 집단이었다. 그래서 유림의 지사들은 일본이 시행한 토지조 사사업과 세금 및 민적(民籍) 등록을 거부하는 것으로 항거했다. 1918년 경북 칠곡에서 다음과 같은 사건이 벌어진다. 당시 69세의 유생 유병헌 은 막걸리 4되를 담았다가 주세법 위반을 이유로 심문을 받게 된다. 이 때 그는 "지세도 안 냈는데 주세를 내겠느냐, 너희 천황의 머리를 베어 술잔을 못 만든 것이 유감"이라고 저항했다. 결국 그는 단식하여 자진하 고 만다.[96] 1921년 전남 보성에서도 주세법 위반 사건이 발생하여 전국 의 유생들이 총궐기에 나서는 일이 벌어진다. 보성 향교의 문묘 대제에

헌작할 제주를 세무서 직원이 임의로 봉인하자 이를 지켜보던 유생들이 그를 잡아 화형으로 처단하려 했다. 경찰 서장이 겨우 무마시켜 세무서 관리는 풀려났으나 오히려 다음날 경찰은 이 사건과 관련하여 70여 명의 유생을 구속하고 말았다. 당연히 보성 지역의 유생들은 사발통문을 보내 '주세령 반대'와 '일본인 관리 탄핵' 등을 요구하며 궐기에 나서게 된다.[97] 이 사건을 계기로 총독부는 결국 한발 물러서게 된다. 1927년 주세령 개정을 통해 향교에서의 문묘 제사에서 사용하는 주조를 특별히 허가해 주었다.[98]

물론 향음주례가 조선시대 내내 잘 지켜진 것은 아니라고 한다. 초기에는 정기적으로 시행됐지만, 그 이후에는 제대로 지켜지지 않아 말도 많았단다. 국자감의 책임자로 부임한 이민적(1625~1673)은 국자감에서조차 향음주례가 시행되지 않는 것을 보고 탄식하였다는 기록이 있다.[99] 하지만 위기가 다가오면 위기 극복의 명분을 만들기 위해서라도 사람들은 제도를 챙기게 된다. 유명무실한 제도라 할지라도 시스템이 지닌 힘을 이용하고 싶은 생각이 들기 때문이다. 향음주례가 그랬다. 그러니 향교와 서원에서 치러지는 '향음주례'를 보는 총독부의 심정이 편할 수는 없었다.

이처럼 항일의 역사까지 담고 있는 향음주례가 역사 속에서 다시 모습을 드러낸 것은 1970년대의 일이다. 물론 술 예절로 되살아난 것은 아니다. 조선시대의 술 예절을 소개하는 정도에서 알려지기 시작한다.

산업화 과정을 거치면서 호흡이 가빠진 세대에게 100년 전의 예법은 매력적이지 않았고 설득력도 없었다. 하지만 음주로 인한 폭력 및 치명적인 교통사고 등이 연일 신문의 사회면을 장식하는 시대를 우리는 살고 있다. 그동안 우리 사회 저변에 깔려 있던 음주에 대한 관대한 태도가 만든 부작용일 것이다. 그렇다면 이제라도 오늘의 시선에서 새로운 음주 규약이 필요하지 않을까 생각해본다. 물론 법률이 사회를 보호하듯 술의 문제도 정리해내고 있지만, 법은 마지막 수단이라는 점에서 우리 사회에 걸맞은 음주문화를 만들려는 노력이 선행되었으면 한다. 술자리의 품격은 좋은 술을 이해하는 사람들에 의해 만들어지는 것이니 말이다.

11

술잔에 깃든 이야기

"팔이 바깥으로 펴지지 않는 것은 술잔을 잡고 있기 때문이다."[100]

조선 후기에 회자되던 속담이라고 한다. 이덕무가 당대 백성들의 언어를 찾아 썼다는 《열상방언(冽上方言)》에는 "술잔 잡은 팔목 밖으로 굽지 않는다"는 내용이 담겨 있다.[101]

둘 모두 인정이 후하면 억지로 물리치지 못한다는 뜻이다. 서두의 인용문은 술이 마시고 싶으면 생면부지의 길손이라도 잡아끌어 아내에게 술을 내게 했다는 연암 박지원의 글이다. 친구들의 우정에 대한 태도 특히 군자연하는 태도를 한양의 밑바닥 생활자 세 사람의 입을 통해 비판한 〈마장전〉에 나오는 글이다. 술잔을 든 손이 안으로 굽을 수밖에 없는 심정을 그 누가 모르겠는가. 그래도 군자라면 지켜야 할 금도가 있다는 것을 박지원은 이야기하려 했을 것이다.

그런데 그의 말처럼 술잔은 인정의 표상이다. 술잔을 주고 받는 수작(酬酌)에서 이야기가 보태지고 정도 깊어지니 더 그럴 것이다. 그래서 술잔에 깃든 이야기들이 많다. 술을 사랑하는 주당들이니 왜 안 그렇겠는가?

김득신, 손순효, 정철, 이덕무의 술잔에 얽힌 일화

먼저 《사기》의 '백이전'을 11만3천 번을 읽은 책 중독자, 조선 중기의 백곡 김득신(1604~1684)의 이야기다. 어려서 천연두를 앓고 난 뒤 '노둔(老鈍, 미련하고 둔하다)'하다는 꼬리표가 평생 따라붙었던 백곡. 그는 분명 조선 최고의 다독가였고, 39세에 사마시, 그리고 59세의 늦은 나이에 과거에 급제한 노력하는 범재의 표본이었다. 그가 남긴 문집《백곡집》에 '사기 술잔 이야기(沙杯說)'라는 글이 실려 있다. 술을 즐겼던 백곡에게 친구가 도자기 술잔을 하나 주었는데, 애지중지하며 술을 마실 때 사용했으나 아들의 관리 소홀로 깨지고 만다. 서울에 올라와 친구 집에서 좋은 술잔을 보고 술김에 참지 못하고 옷소매에 넣어 가져왔는데 이것도 집안 하인의 실수로 깨지고 만다. 그리고 다시 선물 받은 술잔은 아예 집안 식솔의 손에 닿지 않는 곳에 두고 관리하고 있다며 생일을 맞아 그 술잔에 술을 마시니 기쁘기 한량없다는 것이 글의 요지다. 그리고 굳이 놋그릇으로 된 술잔을 쓰지 않고 도자기 술잔을 쓰는 이유를 백곡은 유기 잔은 술맛이 변하지만, 사기 잔은 술맛이 한결같아서라고 말한다.[102] 그의 독서에 대한 이력만큼 술잔에 대한 애착도 대단해 보인다.

백곡 김득신이 술맛에 집중하기 위해 잔을 소중하게 다뤘다면 다음에 소개할 손순효(1427~1497)와 송강 정철(1536~1593)은 철저하게 양을 중심으로 술잔을 이해한 경우다. 송강 정철은 교과서에 실린 '사미인곡' 등의 가사문학으로 만난 경험들이 있어서 익숙한 인물이지만, 손순효는 그렇지 않다. 손순효는 조선 전기의 문신으로 조선 3대 주호로 불리는 사람이다. 우선 그가 남긴 시 한 편을 살펴보자. 시의 제목은 '개준애월(開樽愛月)', 술 단지에 비친 달이라는 뜻이다.

동쪽 봉우리의 흰 달이 갑자기 마루를 비추거니(月白東巒便招堂)

한 항아리에 얼마나 많은 빛을 담을 수 있겠는가(一樽涵得幾多光)

다만 조급한 이것이 내는 맑은 빛을 사랑하여(只憐些子淸輝發)

용렬한 사람 함부로 맛보는 것을 허락하지 않는다(不許庸人取次嘗)[103]

시인은 술 항아리에 얼마나 많은 달빛을 담을 수 있겠느냐고 읊조린다. 술잔에 비친 달을 쫓는 기분으로 항아리에 담긴 달빛을 대비한다. 함부로 술잔을 못 들겠다고 했지만, 아마도 이 시를 쓸 때 그의 손에는 술잔이 들려 있지 않았을까 싶다. 손순효는 글을 잘 지어 성종이 총애한 신료 중 한 사람이다. 그런데 약점은 술을 지나치게 마신다는 것. 그래서 성종은 그에게 "석 잔 넘게 마시지 말라"는 계주령(戒酒令)을 내린다. 어느 날 중요한 외교문서를 작성하기 위해 손순효를 입궐시켰는데 이미 술에 취한 상태였다. 성종은 크게 화가 났지만 급한 대로 우선 그에게 외교문서를 작성시킨다. 그런데 주저하지 않고 일필휘지로 쓴 글은 한 점의 흐트러짐도 없었다. 성종은 괘씸했으나 술에 취해서도 훌륭한 글을 남긴 손순효를 어찌할 수는 없었다. 그래서 성종은 그에게 은 술잔을 주며 '하루에 한 잔'만 마실 것을 명령한다. 계주령을 강화한 것이다. 그러나 애주가 손순효가 어찌 한 잔에 만족할까. 그는 왕명을 어기지 않고 최대한 마실 수 있는 방법을 찾기 위해 은장(銀匠)이를 부른다. 그리고 방짜로 술잔을 늘려 술을 마셨다. 아마도 소주 네댓 잔은 족히 들어가지 않았을까 싶다.

송강 정철도 술 때문에 구설이 잦은 사람이었다. 결국 반대 세력에게

송강 정철의 은술잔 술을 워낙 즐겼던 송강 정철에게 선조 임금은 술을 줄이라 하며 은잔을 하사했다. 일종의 계주잔이다. 사진은 국립청주박물관에 보관 중인 송강 정철의 은잔이다.

탄핵당하게 되자 선조는 그에게 은 술잔을 내린다. 그리고 그에게 허용된 술은 하루 석 잔. 그러나 '장진주사(將進酒辭)'의 문장에서 알 수 있듯이 조선에서 내로라하는 주호(酒豪) 정철이 어찌 석 잔에 만족하겠는가. 그도 방짜로 늘린 술잔으로 술을 마셨다고 한다. 물론 이와 관련해 후손들은 임금의 하사품을 함부로 두드려 펼 수 있겠느냐며 동인들의 모함으로 만들어진 이야기라 하지만, 정철이 쓰던 술잔이라며 전해져 오는 술잔은 현존하고 있다. 이처럼 손순효와 정철은 술의 양을 늘리기 위해 술잔의 형태를 변형시키는 것도 마다치 않고 술을 즐긴 주당들이다.

끝으로 소개할 조선의 호주가는 조선 후기의 실학자 이덕무다. 금주령이 확연히 느슨해진 정조 시절을 살다 간 학자다. 정조 자신도 술을 즐겼기에 신료들도 편하게 술을 대했을 것이다. 이덕무는 술을 좋아한 만큼 술에 대한 자신의 기록도 많다. 평생토록 읽은 책이 2만여 권에 달한다는 조선의 대표 책벌레다. 그런 이덕무가 남긴 글 중에 선비들이 지켜야 할 행실을 적은 글이 하나 있다. '사소절'이라는 글인데, 여기서 그는 술을 마시고 주사를 하면 선비일 수 없다고 경고한다. 그런 그가 이백의 시 '양양가'를 응용해서 '백년, 삼만육천일, 반드시, 매일 3백 잔을 기울이다'라는 제목의 시를 남긴다. 이 시에서 "백천만겁 동안 그릇 굽는 곳의 흙이 되어 / 영원히 술잔 술병 옹기가 되리라"라고 이덕무는 노래하고 있다. 술과 하나가 되려 하는 '물아일체'의 심정이라고 해야 할까. 이쯤 되면 주당을 넘어서 주선의 경지에 달한 것은 아닐까 싶다. 이 시의 일부를 인용해본다. 이덕무의 술에 대한 진심을 느낄 수 있는 대목이다. '길이 술그릇이 되리라'라고 읊는 이덕무의 이 시의 제목은 '백년 삼만육천일 일일수경삼백배'이다.

"(…)

내 지금 늙어서 귀밑털 희끗희끗하나(吾今老矣蕭騷鬢)

때로 술 취하면 볼은 도리어 불그레하네(時復中之渥赭頮)

유목(楡木)에서 불 취하는 봄날부터 마시어(春日斟從楡取火)

율관(律管)에서 재가 나는 겨울까지 이른다(冬天館到管飛灰)

술잔의 파문 하늘의 별빛과 함께 바뀌고(酒鱗渾與天星換)

우상(羽觴)을 자주 들어 세월 따라 재촉하네(觴羽頻隨歲律催)

경액과 청련으로 태을에 바치고(瓊液靑蓮供太乙)

제호와 금속으로 여래에게 공양한다(醍醐金粟餉如來)

양원의 백설은 시흥을 움직이고(梁園白雪詩腸鼓)

촉도 푸른 하늘에 취한 눈을 들었네(蜀道靑天醉眼擡)

지난해나 금년이나 환백을 대하고(去年今歲歡伯對)

오는 새벽 이 저녁에 청주 탁주 마셔대네(明晨斯夕聖賢陪)

마음이 호탕하여 종사를 부르고(襟期跌宕呼從事)

풍미는 예사로 수재와 어울리네(風味尋常伴秀才)

천 일 만에 깨어난 일 마음에 맞지만(千日解醒差可意)

열흘 동안 머물러 마신 것은 불쌍할 뿐(一旬留飮祇堪哀)
백천만겁에 질그릇 굽는 집의 흙이 되어(百千萬劫陶家土)
길이 술그릇이 되리라(永作甁罍甕甆材)[104]

이덕무는 이렇게 간절하게 격을 갖춰 술병이 되고 술잔이 되고자 했다.

노란 양은 주전자에 담긴 요즘 막걸리 정서

그렇다면 현재 우리는 어떤 모습의 술병과 술잔을 바라보고 있을까. 오늘의 주기를 조선시대의 그것과 비교해보자.

"탁자 위에는 막걸리가 든 노란 주전자가 있고 연탄난로 위에서 꽁치찌개가 끓고 있습니다." 이인휘의 소설 〈공장의 불빛〉에 나오는 한 문장이다. 소설 속에서도 등장인물은 담배 연기를 안주 삼아 막걸리를 마신다. 어디 소설에서만 그랬을까. 1960~70년대 여느 공단 근처의 이름 없는 밥집에선 저렇게 난로 위에 꽁치찌개가 끓고 있었고, 탁자 위에는 노란 양은 주전자에 막걸리가 담겨 있었을 것이다. 그런데 왜 꽁치찌개일까. 그 당시에는 꽁치가 값싼 생선이었다. 아직 참치 통조림은 등장하지 않았던 시절이니 더욱 그렇다.

요즘 막걸리를 즐기는 사람들은 노란 주전자에서 레트로의 감성을 느끼고 있다. 이런 정서를 읽은 대형마트에서는 아예 매장의 한쪽에 노란 주전자와 양은 막걸릿잔을 챙겨두고 있다. 복고풍을 느끼고자 하는 젊은 소비자층을 위한 배려일 터이다. 그리고 1970~80년대를 다룬 영화나 드라마에 막걸리를 마시는 장면이 나오면 으레 양은 주전자가 나왔다. 다만, 양은 주전자가

영화 〈데블스〉에 나오는 하얀색 양은 주전자
70년대 청년들의 록음악을 다루고 있는 영화 '데블스'에는 하얀색 양은 주전자가 등장한다. 사진은 영화 '데블스'의 한 장면이다.

처음부터 노란 주전자는 아니었다. 일제강점기 말 우리말사전을 편찬하는 과정을 다룬 영화 〈말모이〉나 70년대 국산 록 음악을 다룬 〈데블스〉에 등장하는 막걸리 주전자는 투박한 은색 주전자다. 즉 연배가 있는 세대에게 막걸리에 대한 추억은 은색의 투박한 주전자에서 시작되었고, 1980~90년대에 사회생활을 시작한 사람들의 추억은 노란색의 양은 주전자에서 출발하였다. 그리고 최근 영화나 드라마에 복원되는 막걸리의 복고풍은 가장 최근의 기억을 추억하면서 노란 주전자에 맞춰져 있다.

하지만 100년 전 이 땅에 살던 우리 조상들은 양은 주전자를 알지 못했다. 막사발 등의 질그릇이나 사기그릇, 즉 도자기로 만든 주전자와 술잔을 주로 사용했다. 노란색의 양은 주전자는 도자기를 대신해 등장한 양재기에서 비롯된 말이다. 더 정확하게는 '양자기(洋瓷器)'가 변해서 생긴 말이다. 《뜻을 모르고 자주 쓰는 우리말 500가지》라는 책에는 "흙으로 구운 우리나라 도자기는 자칫 잘못하면 깨지기 일쑤였는데 서양에서 들어온 금속 그릇 등은 함부로 굴려도 깨지지 않고 튼튼했기에 알루

미늄이나 양은으로 만든 그릇을 양자기라고 부른다"[105]라고 적고 있다. 즉 도시화가 급격하게 이뤄지면서 늘어나는 수요만큼 도자기를 생산할 수 없게 되자 공장에서 대량 생산할 수 있는 양자기가 그 자리를 대신한 것이다.

황석영의 소설 중에 〈한씨연대기〉라는 작품이 있다. 6.25의 시공간을 배경으로 월남한 한씨 성을 가진 의사의 이야기다. 이 작품에 다음의 대목이 등장한다.

"아이가 몸을 떨며 연약하게 신음 소리를 내고 있었다. 수술하지 않고 버려두면 두 시간도 못갈 만큼 위독했다. 한 씨는 서 씨가 애가 닳아 기다리는 꼴은 본체만체하고 간호원(지금은 간호사로 호칭)을 시켜 취사실에서 숯을 얻어다 구멍 뚫린 깡통에 불을 지피고 양재기에 물을 끓이도록 했다."

1970년대의 주점 분위기 서울 경복궁에 있는 국립민속박물관 앞에는 1970년대 전후의 대폿집을 만들어 전시하고 있다. 사진에는 노란색 주전자가 등장하고 있지만, 실제 1970년대의 주전자는 하얀색 양은 주전자가 대세였다.

노란색 양은 주전자 요즘도 막걸리를 판매하는 전통주점에선 노란색 양은 주전자를 많이 사용한다. 사진은 서울 인사동의 한 주점에서 제공하는 양은 주전자다.

즉 1950년 한창 전쟁이 진행되고 있던 그 시절에 이미 양재기는 우리의 도자기를 대신하며 각종 조리기구로 사용되고 있었다. 해방공간의 신문광고를 보더라도 양은솥(당시는 '솟'으로 표기)은 자주 등장한다. 그리고 1960~70년대 기사를 보면 '양은'이 우리 '도자기'를 대체한다는 기사가 많이 보인다.

한씨연대기 표지 1950년 한국전쟁기에 월남한 한 의사의 이야기를 다룬 소설《한씨연대기》의 표지 사진

양은 주전자에서 레트로 감성을 느끼는 것에 대해 뭐라 말할 필요는 없을 듯하다. 하지만 값싼 양은 주전자에 담긴 막걸리와 도자기에 담긴 막걸리는 분명 달랐을 것이다. 도자기에 담긴 막걸리는 지금 무감미료로 정성껏 빚어내는 크래프트 양조장들의 술처럼 한 땀 한 땀씩 빚어낸 막걸리가 더 어울릴 것이다. 그리고 양은 주전자에 담긴 막걸리는 고된 노동으로 지친 마음과 몸을 풀기 위해 주머니 돈으로도 사 마실 수 있는, 이름만 들어도 다 알 수 있는 이름의 막걸리들일 것이다. 어떤 것을 선택하느냐는 개인의 기호 문제다. 하지만 정성을 다하여 만든 막걸리를 양은 잔에 따라 마신다면 눈이 만족하지 못할 듯하다. 그래서 최근 도자기나 유기로 만든 전용 잔과 술병들이 제법 많이 나오고 있다. 반갑기 그지없다. 눈이 먼저 즐겁다면 입은 따라서 함께 즐거워질 것이다.

12

주세법과 주세령 시대

세금과 죽음은 피할 수 없다고 하였다. 권력자는 자신의 필요에 따라서 만든 세금을 어떻게든 관철하려 하기 때문이다. 일본이 조선을 강제로 식민지화할 때도 그러했다. 1904년 러일전쟁이 일본에 유리하게 전개되자 일본은 대한제국을 압박하여 한일협약을 체결한다. 대한제국 정부에 일본이 추천하는 고문을 고용하는 것이 주된 내용이다.

일제의 주세령으로 우리 가양주 양조장 사라져

이 협약을 통해 일본은 향후 식민지 경영에 들어갈 조선에서의 돈의 흐름을 파악하게 된다. 그리고 1909년 주세와 가옥세 및 연초세라는 세 가지 세금을 신설한다. 주세는 술 제조업자와 상인에게 생산량에 맞춰 부과하였다. 처음에는 총조세 수입의 1.4% 수준으로 미미했다. 입법 목적이 가양주를 법의 틀 안에 가두기 위해 면허 취득을 유도하는 것이었기 때문이다. 게다가 없는 세금을 만드는 것이라 조세 저항도 고려해야만 했다. 목적은 순조롭게 달성되어 시행 9년째인 1918년까지 취득해 간 면허는 358,112명에 달했다.[106] 그런데 실제 술은 더 많은 사람이 빚었을 것이다. 면허를 취득하지 않고 가양주를 빚는 집들이 많았을 테니 말이다. 양조

조선주조사 《조선주조사》는 일제가 불법 병탄한 조선의 통치 자금 확보를 위해 주류산업에 조세를 부과한 이후 일궈낸 자신들의 성과를 자랑하려고 1907년부터 1935년까지의 주류 정책과 현황을 기록한 책이다.

장과 음식점을 같이 겸한 주막은 영업을 위해 양조 면허가 필요했지만, 영업을 목적으로 하지 않는 일반 집에선 굳이 허가까지 받아 가며 술을 빚을 필요성이 없었을 것이다. 주세령이 시행된 1916년의 통계를 보면 우리 술을 만드는 곳은 12만(122,180개소)을 넘어선다. 대부분이 주막이었다는《조선주조사》의 기록이 이를 방증한다.[106]

1916년, 한국의 맥과 정기를 끊으려고 경복궁에 총독부 청사를 짓기 시작한 일제는 그해 자가 소비용 술의 양조를 완전히 막기 위해 주세령을 시행한다. 주세령은 1909년의 주세법과 확연하게 다른 목적으로 만들어졌다. 우선 생산량의 최저한도를 정해서 소규모 양조장을 자연스럽게 정리하고자 했다. 따라서 대형양조장은 살아남았지만, 소규모 주조업자는 강제로 정리될 수밖에 없었다. 주세를 관리하는 행정력도 소수의 대형양조장만을 관리하면 되었기 때문에 효율성은 높아지게 된다.

덕산주조장 1930년, 1층 목조 건물로 지은 '덕산양조장'은 일제강점기 당시의 양조환경을 알 수 있는 귀중한 자료이다. 정문 앞의 측백나무들은 햇빛을 막아주고 특유의 향으로 유해균 번식 억제 효과를 기대하기 위해 심었다고 한다.

일제시대 발효통 경기도 포천에 있는 상사원에는 다양한 양조도구가 전시돼 있다. 사진은 일제시대에 사용한 목조 발효통이다. 일본식 청주나 약주 발효에 주로 사용되었다.

이와 함께 집에서 사용할 목적으로 가양주를 빚던 곳들은 모두 무대에서 사라지게 된다. 이러한 목적을 더 빠르게 달성하기 위해 주세령은 자가용 주조에 대해 높은 세금을 매기기 시작했다. 주세법보다 한결 강화된 형태로 우리 술 시장을 장악하려는 의도가 다분히 엿보이는 법령이다. 즉 주세법은 주조 면허제와 주세의 부과, 주조장의 기업화 등 주조업에 대한 통제와 세원을 파악하기 위해 만든 법이라면, 주세령은 자가용 주조를 금지하여 양조업을 기업화하려는 의도로 만들어졌다. 게다가 거둬들인 주세는 조선에 대한 통치자금으로 사용되는, 이중의 목적을 총독부는 주세령을 통해 달성하고 있었다.

주세령 개정은 가양주에 사형선고

이렇게 주세령이 시행되면서 30만 명이 넘던 자가용 주조 면허는 급격히 줄어 1931년이 되면 1명이 된다. 그리고 결국 1934년 주세령 개정을 통해 자가용주 면허는 완전히 폐지된다. 특히 주세법과 달리 주세령 개정에서는 그동안 특별히 규제하지 않았던 누룩과 국(입국)에도 면허제도를 도입하였다. 우선 1919년 주세령 개정을 통해 판매용 국과 누룩을 만드는 작업장도 면허를 받도록 하였고, 1934년에는 자가 소비용 누룩의 제조에 대해서도 면허제도를 신설하였다. 이유는 밀조주 자체를 원천 봉쇄하기 위해서였다.[108] 누룩은 술의 품질과 맛을 결정하는 핵심 재료이다. 그런데 이를 면허제로 전환하고 생산시설을 집약시키면서 누룩의 다양성은 사라지게 된다. 그래도 다행인 것은 그동안의 누룩은 발효력이 일정하지 않아 주질에 큰 영향을 주었으나, 대형 누룩 공장이 들어서면서 체계적으로 온·습도 관리를 한 누룩이 만들어진다. 당연히 누룩의 역가도 높아졌다. 자가소비를 위한 가양주는 철퇴를 맞았지만 누룩은 조선주의 주질 개선에 크게 도움을 주는 방향으로 변화된 것이다.

결국 주세령이 개정되면서 일제가 원하는 가양주는 사라지게 되고 양조산업은 대자본 중심으로 재편된다. 또한 그동안 도와 부, 군 등의 행정관청에서 담당해 왔던 주세를 세무서로 이관한다. 술은 더 이상 행정이라는 측면에서 관리되는 것이 아니라 세금이라는 관점에서 관리한다는 것을 분명히 한 셈이다. 그 결과는 거둬들인 주세 총액에서 분명하게 확인할 수 있다. 총 조세 수입의 1.4퍼센트(1909년)였던 주세는 1919년에는 8.2퍼센트가 되었고 1929년에는 27.6퍼센트로 크게 늘었다. 이어 1934년이 되면 29.5퍼센트로 전체 조세 수입에서 항상 1위를 기록했던 지세를 따돌리고 1위에 오른다. 그리고 이듬해인 1935년에는 30.2퍼센트를 기록하며 정점을 찍는다.[109] 주세 수입이 이처럼 늘어날수록 자가용주는 사라져갔으며, 시중에 나와 있는 술은 모두 판매용으로 만들어진 술만 존재하는 세상이 되어갔다.

이렇게 주세법은 술을 만드는 주체를 완전히 바꾸어 놓았다. 그리고 그 술은 식민통치에 지친 한반도 백성들이 죄다 사 마셨다. 노동에 지친 일상 자체가 술을 부르지만, 일제의 탄압 강도가 높아지면서 식민지 백성들은 더욱 술을 찾게 되었다. 이러한 상황은 소설가 현진건

(1900~1943)이 1921년 발표한 소설 〈술 권하는 사회〉에 잘 드러나 있다.

"내가 술을 먹고 싶어 먹는 게 아니야. 요사이는 좀 낫지마는 처음 배울 때는 마누라도 아다시피 죽을 애를 썼지. 그 먹고 난 뒤에 괴로운 것이야 겪어 본 사람이 아니면 알 수 없지. 머리가 지끈지끈 아프고 먹은 것이 다 돌아 올라오고… 그래도 아니 먹은 것보담 나았어. 몸은 괴로와도 마음은 괴롭지 않았으니까. 그저 이 사회에서 할 것은 주정꾼 노릇밖에 없어…."

사회가 술을 권하니 주류 소비량은 크게 늘 수밖에 없었다. 1929년의 기사를 보면 "조선의 음주량은 해마다 증가하는 동시에 일반의 기호성도 점차 향상하여 탁주보다 약주로, 약주보다 일주(일본주)와 맥주로 소위 문화생활을 하여 가는 반면으로 재래 조선품은 점점 쇠퇴하여가는 경향이 있다"[110]고 보도하고 있다. 이 같은 보도에도 불구하고 막걸리는 여전히 가장 많이 마시는 술이었다. 1933년 경성에서의 술 소비량을 다룬 기사를 살펴보면 막걸리가 단연 압도적으로 많은 38,150석을 기록하고 있다. 그리고 약주가 23,128석, 소주가 1,137석을 소비한 것으로 나타

'향락도시' 경성을 보도한 동아, 조선의 기사 1930년대 중반, 국내 언론들은 '향락도시'가 되어가는 당시의 경성 분위기를 경쟁적으로 보도했다. 사진은 《동아일보》와 《조선일보》의 1934년과 1935년 기사

났다. 또한 기사의 말미에는 "생활은 나날이 쪼들리는 경성시민이 술량
만은 해마다 느는 것은 확실히 경성시민들의 퇴폐적 경향을 보여주는
것"[111]이라고 기자는 코멘트하고 있다. 1935년 기사에서도 "초경기 상
태가 전개되어 있는 작금 양년의 대경성에는 명랑한 기분이 돌고 있다
는 것보담은 안연히 술과 기생들이 주역을 부리는 향락도시로 되었다"
고 보도할 만큼 술 소비량 증가를 개탄하는 기사들이 자주 등장한다.[112]
고단한 식민지 백성의 삶은 현진건의 소설 속 진단처럼 주정꾼 노릇밖
에 할 수 없어서였는지 그렇게 술을 찾아 마셨는지도 모르겠다.

13

밀막걸리와
양조장 전성시대

권력은 얻었지만, 지불해야 할 대가는 혹독했다. 경제 원조를 약속했던 국제사회는 쿠데타로 집권한 박정희 소장을 외면했고, 하늘마저 돕지 않아 거푸 흉년이 들어 민심마저 흉흉했다. 권력자는 뛰는 물가를 잡아야 했고, 부족한 식량을 어떻게든 마련하여 비어가는 곳간을 채워 넣어야 했다. 꼬여 있는 일은 단번에 자르지 않는 한 더 심하게 엉키기 마련인 게 세상사였으니, 그의 길이 꼭 그러했다. 하지만 정치가 어떻게 흘러가든 막걸리 양조장들은 단군 이래 최대의 호황을 맞이하게 된다. 그것도 쌀로 막걸리를 만들 수 없게 되면서 그렇게 되었다는 점이 여간 아이러니한 일이 아닐 수 없었다. 미국이 공여한 밀과 밀가루가 뒷배 역할을 해준 덕분이다. 양조장의 처지에서는 전화위복이었다. 그리고 이들은 소주와 맥주회사들이 결코 따라올 수 없는 경이로운 시장점유율을 기록하며 최고의 전성기를 구가하였다. 동전의 양면처럼 삶은 밝음과 어둠을 동시에 펼쳐 보여준다. 양조장들은 만드는 족족 막걸리가 팔려

나가 연신 최고 실적을 갈아치우고 있었지만, 그들이 만든 막걸리를 사서 마시는 농민과 도시 노동자들은 저곡가와 저임금의 굴레를 벗어나지 못하고 끝도 보이지 않는 어두운 터널을 통과해야만 했다.

박정희 소장 1961년 5월16일 박정희 소장은 자신을 따르는 군인들과 쿠데타를 일으킨다. 사진은 쿠데타 당일 오전 8~9시경 중앙청 앞에서 서 있는 박정희와 이낙선 소령, 박종규 소령, 차지철 대위 등이다. 출처: 위키피디아

1960년대 밀막걸리 전성시대의 풍경

　1961년 우리나라 주류 시장의 단면도다. 배고픔이 일상이었던 시절, 정치·사회·경제의 주체들은 각각의 영역에서 최선을 다하려 했지만, 상황은 그렇게 녹록하지 않았다. 쿠데타에 성공한 박정희 소장의 경우도 그랬다. 미국 정부가 쿠데타를 승인하긴 했지만, 군정은 여러 곳에서 삐거덕거렸다. 대표적인 것이 미국의 원조 중단이었다. 설상가상으로 1962년과 63년 흉년이 들면서 식량난은 더욱 가중되었다. 당연히 시장의 곡물 가격은 천정부지로 올랐다. 민심이 흉흉해질 수밖에 없는 상황이다. 선택할 수 있는 카드도 좀처럼 보이지 않았다. 결국 정부는 막걸리의 핵심 재료인 쌀에 손을 대기로 한다. 더는 쌀로 술을 빚지 못하도록 한 것이다. 물론 이것도 쉬운 일은 아니었다. 술이라면 당연히 쌀로 빚는 것이라고 믿는 사람들에게 이를 포기시키는 일은 무척 어려운 일이다. 미군정도 시도했다가 포기한 일이었다. 수천 년 동안 이어져온 민족의 문화를 단번에 끊어낼 수는 없었다. 그래서 한시적으로 진행한다. 1963년 3월부터 그해 12월 말까지 쌀을 막걸리의 재료로 사용할 수 없게 한 것이다. 하지만 국가가 아무리 강력한 정책을 펼쳐도 생산자도 소비자도 쌀이 아닌 다른 원료로 막걸리를 빚는 것을 쉽게 받아들이지 않았다.[113]

신평양조장 초창기 사진 충남 당진에 있는 신평양조장의 초창기 사진이다. 출처:신평양조장 홈페이지

　막걸리의 재료가 바뀐다는 것은 양조장으

로서 핵심 기술이 바뀌는 것과 같다. 각자 자기 누룩과 그 지역에서 생산한 쌀, 그리고 자신의 노하우를 보태 술을 빚어왔다. 그런데 하루아침에 쌀이 아닌 다른 재료로 술을 빚으라는 명령은 전쟁 중인 병사에게서 총을 빼앗는 일과 같았다. 곡물은 각각이 제 나름의 특성이 있다. 그래서 양조자는 최고의 술맛을 내기 위해 곡물의 특성을 고려해서 술을 빚게 된다. 그런데 한 번도 양조에 이용하지 않은 밀가루 같은 재료로 술을 만든다는 것은 위험천만한 선택이었다. 수십 년 술을 빚어온 베테랑 장인도 술 빚기 초보자가 되는 순간이었다. 그나마 이런 혼란을 최소화하기 위해 재무부 소속 양조시험소[114]에서는 밀가루를 이용한 양조법을 표준화하여 1962년부터 전국을 순회하며 밀가루 탁주와 약주 제조 기술 강습을 하고 있었다. 쌀막걸리 전면 금지를 나름 준비하고 있었던 것이다. 하지만 그시절 정책결정자들은 자신들이 결정한 정책의 성과를 기다릴 수 있는 마음의 여유가 없었다. 결국 행정당국은 식량 수급 문제가 촌각을 다투고 있다는 명분을 내세워 교육이 완료되기도 전에 밀가루 막걸리 정책을 시행하게 된다. 이렇게 해서 1963년 한 해 동안 쌀막걸리는 시장에서 사라지게 되었다. 전국의 양조장 대표들은 이 정책이 막걸리 양조장을 고사시키는 것이라고 크게 반발하였다.[115] 그러나 정부는 받아들이지 않았다. 그만큼 식량 수급 문제가 급했기 때문이다.

물론 업계 반발을 완전히 무시할 수는 없었다. 그래서 1964년부터 쌀과 잡곡 그리고 고구마 전분을 넣은 막걸리 생산이 잠시 동안 허용되었다. 그러나 식량 증산 계획이 제 속도를 내지 못하자 정부는 1965년 쌀

막걸리 제조를 전면 금지하는 내용을 골자로
한 양곡관리법 개정을 단행한다. 바야흐로
본격적인 밀막걸리 시대가 열린 것이다. 이
처럼 전국 차원에서 전격적으로 밀막걸리로
전환할 수 있었던 것은 미 공법 480조에 따
라 1966년 한 해에만 2억3,000만 달러 규모
의 밀과 밀가루가 원조물자로 들어왔기 때문
에 가능했다.[116] 따라서 주조 기술과 술맛만
보장된다면 양조장은 손해는커녕 엄청난 이

밀막걸리 1971년 8대 총선 당시의 경북 청
도군 청도극장 앞에서의 유세장 풍경이다.
막걸리를 마시며 유세를 듣고 있는 모습이
이례적이다. 사진은 권정호 전 매일신문 사
진부장의 저서를 소개하는 매일신문 2022
년 5월9일자 기사의 일부다.

익을 볼 수 있는 상황이 만들어졌다. 쌀보다 훨씬 싼 가격에, 그것도 원
하는 만큼 원재료를 충분히 공급받을 수 있었으니 말이다.

1973년 이강소 명동화랑 이강소 화가의 1973년 작으
로 제목은 '소멸-화랑 내 술집'이다. 이 사진은 1973년
서울의 '명동화랑'에서 실제 사용하는 탁자와 술잔 등을
화랑으로 가져와 일주일간 선술집을 열고 이 술집의 일
상을 카메라로 담아낸 것이다. 국립현대미술관에 전시
되어 있다.

1960년대 학사주점 풍경 1960년 서울 명동에 있던 '학사주
점'의 풍경이다. 사진은 《동아일보》 1993년 8월5일자 기사
중 일부로 당시 대학생들이 술 마시는 모습을 보여주고 있다.

밀막걸리 애주가들을 사로잡은 탄산감

양조시험소가 밀가루막걸리 제조법에서 가장 많이 신경을 쓴 것은 '적정한 급수 비율과 입국 제조'였다.[117] 이전까지 우리 막걸리는 주로 누룩으로 만들어졌는데, 밀가루막걸리를 도입하면서 전국의 양조장이 한꺼번에 입국으로 발효제를 바꾸는 혁명적인 일이 발생하게 된다.[118] 어찌되었든 양조시험소에서는 쌀막걸리를 만들 때의 경험칙을 밀막걸리에도 적용하기 위해 원료를 찐 뒤 수분율이 어떻게 되는지를 연구하였다. 각기 다른 수분함량을 가진 밀가루에 입국을 넣어 막걸리를 빚으면서 최적의 레시피를 찾아내려 한 것이다. 이렇게 해서 찾은 제조법은 전통보다는 편리성과 효율성이라는 근대적 가치에 초점이 맞추어져 있었다. 일본 누룩 코지와 비슷한 아스퍼질러스를 사용한 입국은 재래식 누룩보다 편리했으며, 특히 술을 안정적으로 양조할 수 있게 해주었다. 더군다나 쌀막걸리를 만드는 데는 120시간 정도가 들어갔지만, 밀막걸리는 70시간이면 충분했다. 싼값의 재료에 생산비용까지 낮춰주었으니 양조장으로선 더 많은 수익을 낼 수 있는 조건이 만들어졌다. 그런데 예상치 못하게 맛까지 좋았다. 밀막걸리의 단맛을 위해 양조장에서 완전 발효를 시키지 않고 술을 출하했는데, 유통 과정에서 막걸리가 후발효 되어 탄산을 지니게 된 것이다. 그동안 맛보지 못한 탄산감이 애주가들의 입맛을 사로잡으면서 밀막걸리는 시장에 안착하게 되었다.[119]

밀막걸리는 양조장 전성시대를 여는 효자상품이 되어주었다. 게다가 밀조주 등을 막기 위해 세무 당국이 펼친 정책들도 기존 양조장에게 황금기를 구가할 수 있는 요인이 되어주었다. 당장의 문제는 면허 기준이었다. 1960년대 초 양조 면허 기준을 완화하자 주세법 위반사례가 많이 늘어난 바 있다. 이에 따라 1966년 국세청을 재무부의 외청으로 독립시키면서 양조장 신규 면허 기준을 강화하였다. 이 조치로 막걸리 시장의 진입장벽은 한없이 높아지게 된다. 또한 부실양조장을 정비한다는 명분 아래 양조장 통합작업에 들어갔다. 1962년 서울의 51개 양조장이 통합된 데 이어 1970년 부산과 인천, 대구, 광주, 대전 등의 대도시 양조장

국세청 외청 독립 국세청은 1966년 재무부에서 독립 외청으로 분리된다. 사진은 당시 국세청 발족을 알리는《조선일보》1월30일자 기사다.

들이 통합되었다. 그리고 3년 뒤에는 수원과 청주, 전주, 춘천, 제주 등 도청 소재지와 울산, 마산, 포항, 목포 등 4개 특수 공업지구 등을 비롯하여 면 단위에 이르기까지 인구 분포에 맞춰 통합을 추진한다.[120] 그 결과 1975년 4월 말 2,097개의 양조장은 1,519개로 크게 줄어들었다.[121]

농민이 마신 밀막걸리는 농민의 고통의 눈물

이렇게 양조장은 돈을 긁어모으며 웃음꽃을 지울 날이 없었지만, 그 술을 마시는 농민들과 도시 노동자들의 삶은 팍팍하기만 했다.

"국수 반 사발에/막걸리로 채워진 뱃속/농자천하지대본"

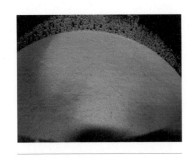

밀막걸리 충청북도 옥천에 있는 이원양조장은 현재도 밀막걸리를 만들고 있다. 사진은 국내산 밀로 술을 빚는 이 양조장의 항아리에서 막걸리가 발효중인 모습이다.

신경림(1936 ~   ) 시인이 1971년에 발표한 '오늘'이라는 제목의 시의 서두이다. 1971년은 제2차 경제개발 5개년계획이 끝나는 해다. 2차 계획의 핵심 목표는 두 가지였다. 하나는 식량 자급화였고 또 하나는 수출육성이었다. 식량 자급화가 최우선 순위의 국정과제였지만, 역설적이게도 농민들의 삶은 더 나아지지 않았다. 오히려 저곡가 정책의 희생양이 되어 도시민들을 먹여 살리는 처지로 내몰리고 말았다. 마을마다 '농자천하지대본'이라는 깃발을 들고 풍악을 울리며 쌀 증산에 나서지만, 노동의 대가는 도시에 양보해야 했던 시절이다. 그러니, 농민들이 마신 막걸리는 땀 흘려 노동한 그들의 시름과 한숨이 한가득 들어있는 회한 덩어리였으며, 거친 삶에 순응하듯 살아가기 위해 흘려야 했던 고통의 눈물이었다. 하필이면 수입된 밀로 빚으며 최고의 호황을 누리던 양조장의 막걸리를, 그것도 정점을 찍고 있던 시절의 막걸리를 농민들은 자신의 고달픈 현실을 잊기 위해 마셔야 했다. 정작 자신은 아까워 먹지도 못할 쌀농사를 지으면서 말이다.[122]

면장은 곱사춤을 추고 농업지도원은 벅구(소고)라는 작은 북을 치며 징 소리, 꽹과리 소리에 맞춰 덩실거려도, 그들에게 주어진 일은 양곡 증산 목표 13.4퍼센트라는 숫자였고 70리 밖에 고속도로가 들어와 있어도 뒤울 안에서 새 유행가를 익히는 처녀들이나 관심을 가질까? 막걸리에 취한 아낙네들과는 별 상관이 없는 일이었다. 그래서 시인의 눈에는 펄럭이는 깃발 아래 온 마을이 취한 '오늘'이 무슨 날이냐고 연신 묻는다. 귀로 듣고 눈으로 보고 있지만, 입으로 말할 수 없는 그들에게 이날 주어진 국수 반 사발과 막걸리는 수입산 밀가루로 만들어진 음식이다. 자신들은 허리 꼬부라지게 신새벽부터 논에 나와 벼농사를 짓는 데도 말이다. 삶은 이토록 처절하게 아이러니할 뿐이었다.

밀막걸리 향수 이원양조장에서 판매중인 프리미엄 밀막걸리인 '향수'와 일반 버전인 '아이원'막걸리

- 오늘 -

국수 반 사발에

막걸리로 채워진 뱃속

농자천하지대본

농기를 세워놓고

면장을 앞장 세워

이장집 사랑 마당을 돈다

나라 은혜는 뼈에 스며

징소리 꽹과리 소리

면장은 곱사춤을 추고

지도원은 벅구를 치고

양곡 증산 13.4프로에

칠십 리 밖엔 고속도로

누더기를 걸친 동리 애들은

오징어를 훔치다가

술덩이를 엎다

용바위집 영감의 죽음 따위야

스피커에서 나오는

방송극만도 못한 일

아낙네들은 취해

안마당에서 노랫가락을 뽑고

처녀들은 뒤울안에서

새유행가를 익히느라

목이 쉬어

펄럭이는 농기 아래

온 마을이 취해 돌아가는

아아 오늘은 무슨 날인가

무슨 날인가

14

쌀막걸리의 부활과
막걸리 전성시대의 종언

상상 이상의 대풍이 들었다. 1971년 다수확품종을 심은 뒤 1974년 3,000만 섬을 넘긴 쌀 수확량은 1975년 쌀 자급자족을 처음으로 달성하였고, 드디어 1977년에는 4,170만 섬이라는 경이로운 숫자를 돌파한다. 1년 전보다 15.2퍼센트, 그리고 평년작과 비교하면 35.3퍼센트 증가한 것이다. 농업지도사의 강제에 가까운 지도를 받으며 통일벼와 유신벼 등의 신품종을 독려한 결과였다. 그러나 풍년이 들어도 걱정거리는 생기게 마련이다. 남아도는 쌀의 소비가 문제였다. 물론 정책결정자가 가장 손쉽게 찾을 수 있는 해법은 있었다. 정부는 자신감을 내비치며 1966년 이후 10여 년 동안 금지해왔던 쌀막걸리를 부활시켰다.

쌀 대풍과 함께 찾아온 쌀막걸리의 부활

양조장에서도 마다할 일이 아니었다. 1974년 전체 주류생산량의 77퍼센트를 기록하면서 정점을 찍은 막걸리 생산량(168만㎘)은 이듬해부터 감소하기 시작했기 때문이다. 유통 과정에서 물을 타거나 관리 소홀로 술 맛이 형편없어졌다는 비판을 받으며 서서히 외면당하고 있던 시절이니 쌀막걸리가 돌파구가 되어줄 것이라고 굳게 믿었다.

막걸리 원료를 바꾼 지 14년이 지났지만, 밀막걸리를 만들던 양조장이 쌀막걸리로 생산방법을 바꾸는 것은 그리 어려운 일은 아니었다. 거의 모든 양조장이 예전에 쌀막걸리를 빚어보았기 때문이다. 기술적인

문제는 없었다. 다만 밀가루보다 쌀
의 가격이 비쌌고, 다 익은 술을 거를
때의 제성비율도 달라 쌀막걸리의 생
산원가가 오른다는 단점 말고는 말이
다. 하지만 쌀막걸리에 대한 시민들의
폭발적인 기대감은 이런 단점을 덮고
도 남을 정도였다. 쌀막걸리가 부활했
던 1977년 12월의 기사를 살펴보면
양조장이나 시민들의 기대감을 한눈
에 확인할 수 있다. 양조장들은 쌀막
걸리를 몇 년째 이어지는 매출 감소세
를 벗어날 수 있는 터닝포인트로 보았

1977년 쌀막걸리 부활 1977년 4,170만 섬의 경이
적인 쌀생산량을 기록한다. 당시 정부는 남아도는 쌀
을 막걸리로 만들기로 하고 10여 년만에 쌀막걸리를
부활시킨다. 사진은 당시 쌀막걸리 부활을 알리는 경
향신문(1977년 11월12일) 기사다.

다.[123] 막걸리 소비량도 20~30퍼센트 정도 늘어날 것으로 전망하고 시
설 투자를 늘리는 양조장들도 있었다.[124] 시민들도 빼앗겼던 맛을 되찾
을 수 있을 것이라는 기대감을 감추지 않았다. 하지만 아침부터 기다려
마셔본 시민들의 평가는 그다지 우호적이지 않았다. '기대보다 싱겁다',
'예전 맛이 아니다', '기대가 컸던 탓인지 얼큰한 맛은 느끼지 못하겠다'
등의 시음평이 쏟아졌다. 물론 '역시 쌀로 빚으니 마실 만하다'는 평도
있었다. 하지만 쌀막걸리는 2년 만에 시장에서 사라지고 예전의 밀막걸
리로 되돌아간다. 이 같은 되돌이표 정책 결정이 꼭 막걸리 맛 때문만은
아니다. 쌀 생산량이 줄자 정부는 다시 밀가루와 잡곡으로 술을 빚을 것
을 명령하였다. 하지만 2년 동안의 쌀막걸리 성적은 분명 맛에 기인한

것이었다. 쌀막걸리 생산 1년만에 막걸리 출고량은 상승은 커녕 오히려 9.3% 감소하였다.

주질 개선을 게을리 해 애주가가 외면한 쌀막걸리

이유는 소비자의 기대에 못 미치는 맛이었다. 밀막걸리를 마신 10여 년의 세월이 사람들의 입맛을 바꾸어 놓은 것이다. 텁텁하면서도 고소한 맛을 내는 밀막걸리에 비해 쌀막걸리는 싱거웠다. 게다가 쌀막걸리는 밀막걸리의 톡 쏘는 탄산도 없었다. 그러자 소비자들은 쌀막걸리에 사이다를 섞어 마시게 된다.[125] 밀막걸리의 탄산감이 뇌리에 강하게 각인된 탓이다. 그렇다면 쌀막걸리가 기대에 미치지 못한 까닭은 무엇일까. 그것은 양조 방법이 1966년 이전의 쌀막걸리 제조법과 달랐기 때문이다. 그 당시에는 누룩을 발효제로 사용했지만, 밀막걸리 양조 이후 입국 발효제

다 익은 막걸리 충북 괴산에 있는 목도양조장의 발효조 사진이다. 쌀막걸리가 거의 익어서, 고두밥이 많이 가라앉아 있는 모습을 볼 수 있다.

는 편리성과 효율성을 핑계로 쌀막걸리에도 적용되었다. 당연히 입국으로 빚은 쌀막걸리는 누룩으로 빚은 예전 것과 다른 맛을 냈을 것이다. 양조장은 주질 개선을 위해 더 나은 방법을 선택한 것이 아니라, 쌀이라는 재료를 사용하면 자연스럽게 '전통'으로 포장되어 소비자의 마음을 살 수 있다고 잘못 생각했던 것이다. 그리고 그 결과는 충격적인

매출 감소였다. 쌀막걸리가 부활할 당시 경쟁 주류를 생산하는 업체들은 비상이 걸렸었다. 다시 막걸리 전성시대가 펼쳐질까 두려웠기 때문이다. 소주 업계는 전국대리점회의를 소집해서 대응 방안을 모색하였고, 맥주 업계는 가격을 인하하면서 소비자들에게 더욱 접근하려고 하였다.[126] 결국 그들은 대응책을 마련하면서 시장점유율을 높였지만, 막걸리 업계는 안일한 대응으로 시장을 잃고 말았다.

쌀막걸리의 부활은 '보릿고개'로 상징되는 배고픔과의 싸움에서 정부가 이겼다는 승리의 메시지였으며, 동시에 우리 술이 제 모습을 찾아갈 수 있는 첫 번째 기회였다. 국내 주요 언론들이 다투어 1977년 국내 10대 뉴스로 '의료보험 실시', '수출 100억 달러 달성'과 함께 '쌀 대풍, 쌀막걸리 부활'을 선정했을 정도로 큰 뉴스거리였지만, 충분한 고민과 준비 없이 결정된 정책은 둘 모두를 잃고 말았다. 정부는 정부대로 배고픔과의 전쟁에서 승리하지 못했고, 양조장은 우리 술의 원형을 찾으려는 그 어떤 노력도 하지 않고 주어진 기회를 무산시켰다. 1974년 정점을 찍은 뒤 75년에 8.3퍼센트의 출고량 감소를 경험하는데 그 이유는 잦은 원료 교체에 따른 품질 저하였다. 물론 소주의 알코올 도수가 25도로 내린 것도 큰 영향을 주었지만 말이다. 그런데도 여전히 막걸리는 서민들의 친구였다. 가벼운 주머니 사정을 알뜰히 챙겨주면서 행복까지 가져다주는 술이었다. '귀천'의 시인 천상병(1930~1993)의 시 '막걸리'를 살펴보자. 그가 막걸리 한잔에서 얻은 행복을 말이다.

-막걸리-

나는 술을 좋아하되
막걸리와 맥주밖에 못 마신다.
막걸리는
아침에 한 병(한 되) 사면
한 홉짜리 적은 잔으로
생각날 때만 마시니
거의 하루 종일이 간다.

맥주는
어쩌다 원고료를 받으면
오백 원짜리 한 잔만 하는데
마누라는
몇 달에 한 번 마시는 이것도 마다한다.

세상은 그런 것이 아니다.
음식으로
내가 즐거움을 느끼는 때는
다만 이것뿐인데
어찌 내 한 가지뿐인 이 즐거움을
마다하려고 하는가 말이다.

우주도 그런 것이 아니고
세계도 그런 것이 아니고
인생도 그런 것이 아니다.
목적은 다만 즐거움인 것이다
즐거움은 인생의 최대목표이다.

막걸리는 술이 아니고
밥이나 마찬가지다
밥일 뿐만 아니라
즐거움을 더해주는
하나님의 은총인 것이다.

15

막걸리 순수령과
아스파탐

해방 이후 막걸리는 식량문제와 제조 방법 등을 이유로 여러 차례의 우여곡절을 겪으면서 파란만장한 역사를 써 내려왔다. 쌀이 자급자족 되기 전까지는 식량주권 차원에서 막걸리의 재료로 쌀을 사용할 수 없 었고, 풍년이 들어 쌀이 남아 돌면 다시 쌀막걸리를 빚기도 했다. 그리 고 다시 밀막걸리를 빚다가 1990년 이후 양조장들은 쌀에 대한 사용 제한이 풀리면서 완벽한 쌀막걸리시대를 구가하고 있다. 그런데 막걸 리의 주재료인 곡물을 중심에 두고 보면 무척 복잡하지만, 발효제를 기 준으로 보면 해방 이후의 우리 술은 단순하게 구분된다. 1960년대 초 를 기점으로 누룩시대와 입국시대로 갈리기 때문이다. 이 사이에 어떤 발효제와 곡물이 서로 만났느냐에 따라 조합이 달라질 뿐이었다. 어찌 되었든 해방 이후 70여 년 동안 막걸리만큼 다채롭게 변화한 술도 별로 없을 듯하다.

맛으로 구분하는 시대별 막걸리의 특징

그렇다면 해방 이후 우리의 막걸리를 맛으로 표현한다면 시기별로 어 떤 모습이었을까. 분명한 것은 지금 우리가 마시는 막걸리와 70여 년 전 이 땅의 막걸리는 같은 맛은 아닐 것이다. 수시로 재료가 변하면서 본연 의 맛도 바뀌었을 것이며, 또 소득 수준에 따른 입맛의 변화도 막걸리 맛을 느끼는 태도에 영향을 주었을 것이다. 이를 시기적으로 구분하면 다음과 같다. 우선 해방 이후 1966년까지 간헐적으로 쌀을 사용할 수는 없었지만, 대체로 쌀과 누룩으로 술을 빚던 시기다. 둘째는 1966년 부터 쌀막걸리가 잠시 허용되었던 1977년까지의 첫 번째 밀막걸리 시기, 그리고 셋째는 1977년과 1978년 2년 동안의 쌀막걸리 시기, 넷째는 1979년부터 1990년까지의 두 번째 밀막걸리 시기, 마지막이 1990년 이후 오늘까지의 쌀막걸리 시기이다. 첫 시기인 1945~1966년의 시기는 쌀과 누룩, 그리고 물로만 술을 빚어야 했다. 해방 이후 잠시 입국이 막걸리 양조에 사용됐지만, 입국은 소주와 청주 제조용으로만 허용했고, 막걸리는 누룩으로 빚어야 했다. 따라서 완전 발효가 이뤄진 당시의 막걸리는 요즘 막걸리보다 분명 덜 달았을 것이다. 하지만 전반적인 음식의 간이 강하지 않았다면 막걸리의 옅은 단맛도 잘 느껴질 수 있는 시기였다고 본다. 둘째 시기는 밀막걸리의 시대다. 이 시절에는 일부러 완전 발효를 시키지 않고 막걸리를 출하했다고 한다. 막걸리의 단맛을 강조하기 위해서였다. 그 덕분에 탄산까지 생긴 시큼털털한 막걸리가 등장하게 되어 오랜 기간 사랑을 받게 된다. 그런 점에서 이전 시기보다 분명히 단맛을 더 느낀 막걸리라고 말할 수 있다. 셋째 시기인 1977~78년 2년 동안에 마신 쌀막걸리는 1966년 이전처럼 누룩으로 빚은 것이 아니라 입국으로 빚은 막걸리다. 밀막걸리만큼 풍미가 다가오지 않아 큰 인기를 얻지 못했다. 싱겁다는 평가와 함께 10여 년 전의 쌀막걸리와도 맛이 달라 막걸리의 시장점유율은 계속 하락하게 된다. 네 번째 시기가 되면 밀막걸리시대로 회귀하게 된다. 그리고 1982년에는 소주 등과의 경쟁을 위해 막걸리 도수를 6도에서 8도로 올려 제품을 내기 시작한다. 알코올 도수 2도는 묵직한 맛을 의미한다. 하지만 여전히 미숙한 형태로 공급이 이뤄져 주질에 대한 지속적인 문제제기까지 보태지면서 한 번 꺾인 시장점유율은 좀처럼 개선되지 않고 계속 하락의 길을 걷게 된다. 마지막으로 다시 열린 1990년 이후의 쌀막걸리의 시대는 이전 쌀막걸리와는 확연히 다른 기준으로 열리게 된다. 쌀을 자유자재로 사용할 수 있었으며 그리고 단맛을 위한 감미료도 허용되었기 때문이다. 이것이 해방 이후 우리 막걸리가 걸어온 길이다.

막걸리의 인공감미료 첨부 문제

대도시 막걸리에서 자주 만나고 있는 합성감미료 문제를 좀 더 살펴보도록 하자. 합성감미료 중에 가장 먼저 사회적 문제가 된 것은 사카린이다. 1969년 《경향신문》은 막걸리와 소주 등에 시클라메이트와 사카린이 불법적으로 들어갔다는 기사를 내보냈다.[127] 이후 매년 막걸리에 사카린이 들어갔다는 보도가 이어진다. 술에서 단맛을 내고 싶은 욕망이 만든 일이다. 사카린은 1879년에 만들어진 합성감미료다. 하지만 1977년 미국 식품의약국(FDA)에서 인공감미료 사용 제한을 발표하면서 여러 나라가 사카린 사용을 금지하였다. 물론 우리나라 막걸리에 사카린이 들어간 시점은 1969년이니 사용 자체가 불법인 시대는 아니다.

합성감미료 1969년 11월1일 《경향신문》은 막걸리와 소주 등의 술에 시클라메이트와 사카린이 불법적으로 들어갔다고 보도했다.

그러나 주세법에 규정된 당시 우리 막걸리의 제조 기준에는 어떠한 첨가물도 사용할 수 없었기 때문에 사카린은 넣어서는 안 되는 물질이었다.[128] 일종의 막걸리 순수령이 원칙이었던 시절이었다. 이렇게 다른 물질을 넣어 단맛을 얻으려고 하는 것은 우리 식생활이 점점 더 달고 짜고 매운 음식이 되어갔다는 방증이기도 하다. 잠시 쌀막걸리를 만들다가 밀막걸리로 회귀한 이후에도 인공첨가물을 넣은 막걸리 기사가 끊이질 않았다. 그래서 결국 정부는 쌀막걸리로 다시 전환했던 1990년, 업계의 의견을 반영해 감미료를 허용하게 된다. 당시 허용된 감미료는 우리가 잘 알고 있는 아스파탐과 스테비오사이드 두 가지였으며, 지금은 10가지 정도의 감미료가 허가받아 사용할 수 있게 되었다.[129]

감미료막걸리 대형마트에는 감미료가 들어간 다양한 막걸리를 판매하고 있다. 일반 막걸리는 아스파탐 등의 감미료가 들어가 있다.

막걸리는 양조할 때 물을 적게 사용하면 더 단맛을 낼 수 있다. 하지만 상업양조를 하는 양조장에서는 동일 양의 쌀을 넣어서 더 많은 막걸리를 만들고자 한다. 따라서 자신이 원하는 목표 알코올 도수를 위해 정해진 물을 사용한다. 그리고 최종적으로 알코올 도수 6도 안팎으로 술을 제성해서 병입한다. 이 과정을 거치다 보면 원주가 지닌 술의 단맛도 같이 희석되기 마련이다. 예민하지 않으면 거의 단맛을 느낄 수 없을 정도의 술이 나오는 것이다. 그래서 1990년 쌀 사용이 가능해지면서 업계에선 단맛을 보충할 수 있는 인공감미료 사용 승인을 강하게 요청했던 것이다. 이렇게 넣기 시작한 인공감미료는 서민들이 주로 찾는 일반 막걸리에는 모두 들어가고 있다. 하지만 아스파탐 등의 합성감미료에 대한 시선은 차갑기만 하다. 과학적으로 인체에 해가 되지 않는다는 보고가 계속되고 있지만, 여전히 반대하는 목소리도 공존하는 상황이다.

합성감미료의 유해성 문제를 차치하더라도 감미료는 쌀이 가진 순수한 단맛과 달라서 호불호가 분명하게 갈린다. 아스파탐을 예로 들어보자. 설탕보다 300배 정도 당도가 높은 아스파탐은 물로 희석하더라도 가시지 않는 쓴맛이 존재하기 때문에 간혹 불쾌한 단맛을 맛보는 경우도 있다. 그래서 일정 함량 이상일 때 합성감미료는 단맛보다는 쓴맛을 느낄 가능성이 크다. 하지만 천연의 단맛은 한 번에 느껴졌다가 깨끗하게 사라지는 것이 특징이다. 이처럼 천연의 단맛이 깨끗하게 사라지는 이유는 단맛을 지닌 음식을 더 많이 섭취하기 위해서다. 더 많은 에너지를 취하기 위한 진화론적 선택이라고 보면 된다.[130]

MZ세대가 즐겨 찾는 균형감 있는 맛의 막걸리

집에서 술을 빚을 수 있게 된 지 20여 년의 시간이 흘렀다. 시장에는 대형양조장 이외에 소규모 생산시설을 갖춘 양조장들이 제법 늘었다. 특히 최근 2~3년 사이에 이러한 분위기는 하나의 트렌드가 되고 있다. 이들 양조장에서 만드는 막걸리들은 합성감미료를 넣지 않는다. 술맛도 단맛만을 추구하지 않는다. 단맛과 신맛, 그리고 알코올 감까지 자신들이 원하는 균형감 있는 맛의 술을 만들면서 자신들의 시장을 형성해가고 있다. 여기에 부응하듯 20~30대 젊은 소비자층들도 전통주 혹은 가양주 스타일의 우리 술을 찾아 나서고 있다. 소득이 늘어날수록 사람들은 천연의 입맛을 갈구하게 된다. 어쩌면 우리 DNA 안에 기억된 천연의 단맛을 찾아 나서는 것인지도 모른다. 지난 70년 동안의 막걸리 시장은 각종 보호 속에서 온실 안의 화초처럼 생존해왔다. 주질 개선을 위한 노력보다는 제도적 보완을 통해 시장을 유지해 오기 급급했다. 제도는 사회 구성원들의 약속을 통해 만들어진다. 약속이 바뀔 때마다 제도의 변경은 불가피하다. 따라서 양조장들은 제도에 앞서 변화하는 시장의 분위기를 민감하게 자신의 술에 반영해야 생존의 가능성도 커질 것이다.

1990년 이후 허용된 합성감미료가 일반 막걸리를 생산하는 양조장에게 생명 연장을 위한 수액이 되어 주었을 것이다. 하지만 이것이 막걸리의 미래를, 혹은 양조장의 미래까지 보장해주지 않는다. 이제는 더 많은 양조장이 소비자들이 원하는 막걸리 본연의 맛을 고민해야 할 시점이다. 또한 합성감미료를 계속 사용하더라도 소비층의 다변화를 위한 노력은 반드시 선행되어야 한다. 그것이 제품의 다양화이든 주질 개선이든 말이다. 값비싼 쌀을 원료로 만드는 술인 만큼 그에 걸맞는 대우를 시장에서 받으려면 주질에도 더 많은 신경을 써야 한다. 땅 짚고 헤엄치는 전략으로 생존할 수 있는 시장은 더 이상 주어지지 않는다.

종류

Traditional Liquor

타주) Makgeolli(Takju)
▶ 신선한 술

100달러 시절의 막걸리와
3만 달러 시절의 막걸리

(과실주)
Wine (Gwasilju)

디너(dinner)는 '저녁 식사'를 뜻하는 영어 단어다. 그런데 디너가 처음부터 저녁 식사를 뜻한 것은 아니다. 요즘처럼 바쁜 현대인들은 출근 전에 아침을 먹고 회사에서 점심을, 그리고 퇴근한 뒤 휴식을 겸한 저녁 식사를 푸짐하게 즐기지만, 불과 200년 전 유럽에서는 하루 두 끼가 일상이었다. 한여름 논과 밭에서 고된 노동을 감수해야 했던 우리 민족도 두 끼 식사에 마음에 점 하나 찍는 점심을 먹어야 했다. 그 두 끼의 식사는 브렉퍼스트(breakfast)와 디너였다. 브렉퍼스트는 긴 잠을 자고 나서 아침에 일어나 공복 상황의 배고픔을 없앤다는 뜻이며, 더 정확히는 아침보다는 하루의 배고픔을 없앤다는 의미에서 제대로 챙겨 먹는 것을 의미한다. 중세 유럽의 농부들은 동틀 무렵에 일어나 노동을 시작하고 아침 식사는 오전 9~11시 사이에 했다고 한다. 저녁 식사를 말하는 디너 역시 원뜻은 브렉퍼스트처럼 배고픔을 없앤다는 뜻을 가진 고대 프랑스어 'disner'에서 비롯되었다고 한다.[131] 그런데 점점 생활 습관이 바뀌면서 디너 시간이 늦춰지더니 19세기 중후반에는 철도가 등장하면서 디너는 요즘과 같은 시간의 식사를 의미하는 단어가 되었다. 철도의 등장은 출퇴근 개념을 만들었고, 출퇴근은 식사 시간에도 영향을 미친 것이다. 시대적으로 살펴보면 오전 9시에 디너를 즐긴 11세기의 정복왕 윌리엄, 오후 1시에 디너를 먹은 17세기의 올리버 크롬웰 그리고 19세기 말 철도의 등장과 함께 디너의 시간은 오늘날과 같은 오후 6~7시가 되었다.[132] 이렇게 디너는 '배고픔을 없앤다'라는 단어의 뜻으로 시작했으나, 시기에 따라 점점 늦은 시간에 행해지는 식사의 한 형태로 뜻이 굳어졌다.

식사 시간을 의미하는 디너의 의미 변화를 길게 설명했다. 굳이 우리 술을 설명하면서 디너의 의미 변화를 설명한 까닭은 모든 단어는 시대와 상황에 따라 변화한다는 것을 보여주기 위해서다. 이제 이 글의 핵심 소재인 막걸리를 소환해서 살펴보자. 막걸리는 흔히 '지금 막 걸렀다' 또는 '막(마구) 걸렀다'는 술의 채주 과정 또는 형태를 보고 만들어진 단어다. 막국수, 막사발, 막소주, 막노동 등 '막'이라는 접두어가 붙은 단어들은 이 부사가 지닌 의미 때문에 서민적 풍모가 보태져 원래 대상이 지닌 뜻보다 격을 낮춰 보게 만든다. 그런데 이 단어들을 살펴보면 국수와 사발, 소주, 노동 등의 명사에 '막'이라는 접두어

가 붙었다는 것을 알 수 있다. 그러나 막걸리는 '막'과 '걸리'가 결합한 단어가 아니라 그 자체가 하나의 의미를 담고 있는 단어. 명사 앞에 부사가 붙은 단어들과 달리 동사 앞에 부사가 붙어 하나의 명사형이 된 경우다. 그래서 이들 단어와는 유래 자체가 다르다. 이 점을 재차 설명하는 까닭은 막걸리가 격이 낮은 술이 아니라는 점을 강조하기 위해서다.

조선시대에 백주, 박주, 탁료, 산료, 탁주, 농주 등의 한자로 불리던 막걸리는 원래의 의미대로 방금 거른 술이거나 탁하게 거른 술일 것이다. 그런데 이 술은 3장에서 인용했던 시

70년대 전후의 소주병과 막걸리병 1970년대 마셨던 소주와 1980년대 초반 유통되었던 막걸리(유리병) 들이다. 우리가 잘 알고 있는 진로는 삼학이 부도난 뒤 1위 업체가 되었다. 이 술병들은 전라북도 완주에 있는 대한민국술테마박물관에 전시돼 있다.

조 두 편에 나오는 술과 분명히 다르다. 이 시조에선 다 익지 않은 술을 바로 걸렀다고 했다. 탁주와 청주로 구분해서 거르지 않고 술독 하나를 온전히 거른 술이다. 앞서 설명했듯이 우리는 이 술을 흔히 합주(合酒)라고 부른다. 쌀로 빚은 술들의 성격을 다 가지고 있어서 붙여진 이름일 것이다. 즉 전통 청주의 높은 알코올 도수와 탁주의 탁도를 합주는 다 가지고 있다. 그리고 이 합주는 조선 전기에는 '혼돈주'라고 불렀다. 마시면 쉽게 취해서 붙여진 이름이다. 혼돈주라는 이름의 출발은 조선 전기의 문신, 정희량에서 비롯된다. 연산군 4년 일어난 무오사화에 연루되어 귀양을 간 정희량은 자신이 직접 술을 빚어 마셨고, 그 술을 '혼돈주'라고 불렀다. 그리고 자신의 처지를 빗대 '혼돈주가'라는 시 한 편을 남기는데, 이 시에서 그는 "거르지도 않고 짜지도 않고 그대로 마셔 이름을 '혼돈주'라고 붙였다"는 사연과 "내가 스승으로 삼은 술은 성인도 아니고 현인도 아니"[133]라는 내용을 통해 청주도 탁주도 아닌 술을 자신이 마시고 있다고 설명하고 있다. 예로부터 성인은 청주, 현인은 막걸리를 의미한다. 그러니 정희량이 말하는 혼돈주는 청주와 탁주의 성격 모두를 가지고 있는 합주인 셈이다.

정희량의 혼돈주는 단양주라고 하더라도 최소 12도 이상의 알코올 도수를 지닌다. 그래서 겉모습은 탁하지만, 청주를 거르고 난 뒤 물을 넣고 제성한 탁주와는 전혀 성격이 다른 술이다. 우선 알코올 도수가 높다. 그래서 이 술은 농주가 될 수가 없다. 두어 잔만 마셔도 취기가 오르기 때문이다. 게다가 물을 넣어 거르지 않았으므로 박주로도 부를 수 없다. 박주는 술맛이 싱거워서 붙여진 이름인데 합주는 전혀 그런 술맛이 아니다. 이처럼 우리 술 막걸리의 예전 한자 이름은 각각의 정체성을 담아 붙여진 이름들이다. 그런데 우리는 그 특징을 무시하고 모두 막걸리라는 이름으로 부르고 있다. 국민소득이 100달러였던 1950년대에도 그랬고, 3만 달러인 현재에도 그렇게 부르고 있다. 또한 주점에서 4,000원에 판매되는 대도시 막걸리와 2~3만 원에 판매되는 막걸리도 모두 구분하지 않고 막걸리라고 부른다. 기껏해야 '프리미엄'이라는 이름을 가끔 덧붙여 사용할 뿐이다.

그런데 이를 너무 탓할 필요는 없을 것 같다. 대도시 막걸리와 태생이 다른 술들이 시장에 나온 것이 얼마 되지 않았으니 말이다. 1995년 주세법이 개정되면서 90여 년 만에 가양주가 되살아났고, 이를 토대로 고조리서에 나오는 술들이 하나씩 복원되면서 우리 술 시장이 풍요로워지기 시작했다. 21세기 들어서는 고급스러운 주질을 위해 덧술의 횟수를 늘린 술까지 시판되면서 발효와 숙성에 100일쯤 걸리는 술들도 여럿 등장하였다. 부재료를 넣어 향을 보탠 막걸리나 탄산감을 유독 강조한 막걸리까지 그동안 볼 수 없었던 다양한 술들이 시장에 나오고 있다. 가양주 허용이 기폭제가 되어준 셈이다. 이때부터 100년 전 우리 술들이 지닌 정체성이 하나씩 되살아나기 시작했다. 알코올 도수도 마찬가지다. 1982년 잠시 6도였던 막걸리가 8도로 올라갔지만, 소비자들을 만족시키지 못하고 결국 2년 만에 6도로 내려간다. 이후 이 도수는 막걸리 시장의 황금률이 되었다. 게다가 고도주와 경쟁하기 위해 선택했던 알코올 도수 8도의 막걸리가 저도주를 지향한 소주에게 참패했던 기억은 막걸리 업계의 도전을 막는 걸림돌로 작용하였다. 그리고 이후 40여 년 동안 일반 막걸리 양조장들은 반전을 위한 특별한 노력도 하지 않은 채 제자리에 서 있을 뿐이다. 한두 차례 막걸리 붐이 불었지만, 바뀐 소비자들의 트렌드를 따라가지도 못했다. 양조장들의 준비가 충분하지 않았기 때문이다.

3만 달러 시대에 걸맞는 크래프트 막걸리시대

그랬던 시장에 5년 전부터 젊은 양조자들이 진입하면서 분위기가 바뀌기 시작했다. 국내산 또는 유기농 쌀을 사용했고, 무 아스파탐을 선언하면서 감미료 없는 막걸리를 생산하는 양조장들도 크게 늘고 있다. 특히 황금률처럼 떠받들던 알코올 도수 6도를 파괴한 것은 막걸리 제품의 다양화에 봇물을 터주었다. 알코올 도수 6도는 물론 9도, 12도, 15도 등의 술들이 시장에 등장했다. 특히 다 익은 술에 추가로 물을 넣지 않은 원주 그대로의 술을 상품으로 출시한 양조장들도 제법 나타났다. 심지어 곡물 발효주의 극한이라고 하는 19도의 술도 나오고 있다. 예전 같

젊은 양조업자들이 내놓은 고급막걸리 서울 북촌에 위치한 '전통주갤러리'에는 국내산 농산물로 만든 다양한 고급 막걸리와 약주 등이 전시되어 있다. 또한 미리 예약한 방문객들을 대상으로 시음 등의 다양한 체험 프로그램을 진행하고 있다.

으면 독한 술이어서 찾지 않았을 술들이지만, 지금은 발효주에 한해서
는 높은 알코올 도수에 대한 거부감이 사라지는 중이다. 이러한 변화는
술을 소비하는 사람들의 자세가 달라졌음을 의미한다. 20세기까지 막
걸리는 노동주의 성격이 강했다. 80년대까지는 농촌의 노동주(농주)로,
그 이후는 도시 노동자들의 팍팍한 삶을 풀어주는 술로 제 역할을 다했
다. 그런데 21세기의 막걸리는 더는 노동주에 머무르지 않았다. 오히려
반주로 마셨던 조선시대의 청주처럼 위상이 높아졌다. 시간과 정성을
들여 만든 막걸리들이 조금씩 평가를 받기 시작했고, 이런 분위기가 젊
은 양조인들을 시장으로 불러 모으게 했다. 덕분에 좋은 평가를 받은 술
들은 정상회담의 건배주 등 다양한 행사에서 존재감을 드러내게 되었
다. 막걸리의 가격도 수만 원에서 수십만 원까지 다양해졌다. 이제 막걸
리도 골라 마시는 시대가 된 것이다. 모든 과정을 일일이 손으로 만드는
'크래프트' 양조문화가 제대로 평가받으면서 일어난 문화적 현상이다.
이 트렌드의 중심에는 20~30대 젊은 소비자
들이 자리하고 있다.

그렇다면 이 막걸리들은 또 어떻게 불러
야 하는 것일까. 20세기의 막걸리와도 다르
고, 21세기의 대도시 막걸리와도 다르다. 더
는 국민소득 100달러 시대의 대한민국이 아
니듯, 국민소득 3만 달러의 대한민국에서 만
드는 막걸리는 20세기에 만들던 막걸리와 차

크래프트형 양조장 '크래프트'는 단어 뜻
그대로 수제로 만들어진다는 뜻이다. 최근
지역특산주로 생산되고 있는 상당수의 막
걸리들은 수제로 만들어지고 있다. 사진은
경상북도 문경에 있는 두술도가의 김두수
대표

원이 다른 술들이다. 물론 우리는 이 모두를 막걸리라고 부른다. 그런데 이름은 같아도 술을 대하는 태도가 바뀌면 그만큼 술의 품격도 달라진다. 특히 생물학적 다양성만큼 미식의 다양성에도 눈을 뜨고 있다. 아직은 '크래프트'형 양조장의 규모나 생산량이 미미하지만, 이러한 도전들이 만들어낼 세상은 지금과 다른 세상이 될 것이다. 외국에서 바라보는 우리의 국격이 달라졌듯이 우리가 우리 술 막걸리를 대하는 태도 또한 바뀌어야 하는 이유가 바로 여기에 있다.

17

르상티망
욕망의 막걸리 '해창 18도'

잘 알고 있는 이솝 우화 중에 '여우와 신포도' 이야기가 있다. 먹음직스러운 포도를 발견한 여우가 포도를 따 먹으려 하지만, 발이 닿지 않

아 먹을 수가 없게 되자, "이 포도는 시어서 분명히 맛이 없을 거야"라고 말하며 자리를 뜬다는 내용이다. 처음에는 맛있을 것 같아서 덤볐지만, 손에 넣을 수 없으니 여우는 생각을 바꿔 버린다. 그러면서 의도적으로 "저 포도는 엄청 실거야"라고 말한다. 이 말에는 얻지 못했을 때 갖는 분노의 감정이 실린다. 이를 프리드리히 니체는 '르상티망(ressentiment)의 감정'이라고 말한다.

프리드리히 니체

이를 현대적으로 해석해보면, 세상이 불안하고 불공정해서 얻지 못하고 매번 잃는다는 패배주의적 사고가 강한 사람이 세상에 대해 갖는 분노와 증오 또는 원한과 열등감 등의 복잡한 감정을 말한다. 특히 많이 가지고 있는 사람들에게 품는 감정이 여기에 해당한다. 그래서 니체는 르상티망을 노예 도덕의 핵심이라고 말한다. 그런데 이런 심리적 상태를 이용하는 마케팅이 있다. 가격 때문에 갖지 못할 물건을 소비하면서 분노를 희석하거나 계급적 차별을 완화하고자 하는 심리를 역으로 이용한 마케팅이다.

르상티망에 사로잡힌 사람들에겐 두 가지 탈출구가 있다. 하나는 원인이 된 가치 기준에 복종하는 것이고 다른 하나는 원인이 된 가치 판단

을 뒤바꾸는 것이다. 복종한다는 것은 순응을 의미한다. 수억 원에서 수천만 원 하는 명품 브랜드의 자동차나 포도주를 가질 수 없는 사람들은 애초에 자신과 관계없는 영역의 일이라고 생각한다. 그런데 수백만 원 정도의 명품 백이나 의상은 무리해서라도 소비하려는 사람들이 제법 많다. 소비하는 순간 분노의 대상과 같은 집단에 속한다고 생각할 수 있기 때문이다. 이 경우가 르상티망에 복종한 경우다. 그리고 여전히 나와는 다른 영역이라고 생각하며 거부하는 사람들은 유혹을 떨치고 다른 가치 체계에서 생활하려 한다.

한국 막걸리의 르상티망 '해창 18도'

굳이 어려운 철학 용어를 꺼내 가며 명품마케팅을 설명하는 까닭은 최근 우리 술 시장에도 이런 마케팅 기법을 적용한 술들이 출시되었기 때문이다. 지난 2021년 시중에서 유통되는 막걸리 중 사람들의 입에 가장 많이 오르내린 술을 하나 고르라 하면 단연 '해창 막걸리 18도'일 것이다. 막걸리에 대한 일반의 관심은 물론 위상까지 한껏 드높인 점에서 '해창 18도'를 따를 술이 없지 않을까 생각한다. 우선 '해창 18도'가 많이 거론된 까닭은 믿기지 않는 가격 때문이다. 한 병의 출고가가 11만 원이다. 당연히 소매가격은 이보다 비싸다. 백화점에서는 18만 원 정도에 거래된다고 하니 시중에서 팔리는 막걸리 중 가장 비싼 가격이라고 할 수 있다.[134] 2020년 이 술이 출시되면서 막걸리를 즐기는 사람들은

해창 18도 우리나라 막걸리 중 최초로 10만 원대의 가격으로 판매되고 있는 '해창 18도' 막걸리

가격을 두고 설왕설래하기 시작했다. 가격 자체가 그동안 존재하지 않았던 수준이기 때문이다. 여기에 불을 지핀 것은 모 재벌 부회장의 사회관계망서비스였다. 자신의 '인생막걸리'라고 사랑 고백을 하면서 이 술에 더 많은 관심이 모아졌다. 모두가 한 번쯤은 시음해보고 싶은 로망의 막걸리가 되었던 것이다. 그런데 관심은 여기서 끝나지 않았다. 방송을 통해 일부 연예인들이 '11만 원' 하는 막걸리에 대한 시음평을 내놓자, 전국의 주당들이 이 술 앞에 줄을 서기 시작했다. 결국 '해창 18도' 막걸리는 한동안 품귀현상이 빚어지기까지 했다.

  줄을 선 사람들은 대략 전국의 식품 및 주류 관련 학과의 교수들과 와인 동호인들, 그리고 술에 일가견이 있다고 생각하는 기업인들이었다. 여기에 일반인까지 가세하면서 이 술은 수요가 폭증하여 한때 생산을

해창주조장 아름다운 정원을 가지고 있는 전남 해남의 해창주조장 입구

오병인 대표 방문객들과 담소를 나누며 웃고 있는 오병인 대표

중지하기도 했다. '해창 18도'를 생산하는 양조장은 전남 해남에 있는 해창주조장이다. 아름다운 정원을 가지고 있어서, 지난 2014년 농림부로부터 '찾아가는 양조장'으로 지정되었다. 그래서인지 방문객들이 수시로 몰리는 지역의 관광명소로 자리 잡은 곳이기도 하다. 이곳을 찾는 사람들은 사계절 푸르게 가꾸어진 정원을 즐기기도 하고, 이 술도가의 막걸리를 시음도 하면서 오병인 대표와 막걸리 담론을 즐긴다.

'해창 18도'가 갖는 우리 술의 자존감

현재 해창주조장에서 생산하는 막걸리는 알코올 도수 6도와 9도 12도, 3종이다. 이와 함께 18도와 15도의 막걸리를 개발해 막걸리 명품마케팅을 펼치고 있다. 해창 18도 막걸리는 4번의 덧술을 더해 5양주로 만드는 데다 비싼 가격이 관심을 불러일으켜 신세계, 롯데, 현대 등의 백화점에서도 유통에 나서고 있다. 당연하게도 일반인들의 주문도 밀려 이 술은 만들기 바쁘게 팔려나가는 술이 되었다고 오병인 대표는 말한다. 하지만 모두가 좋은 반응을 보이는 것은 아니다. "비료 포대에 막걸리를 넣어 파느냐?"는 말부터 "왜 롤스로이스라는 이름을 붙였냐, 사대주의 아닌가?"라는 반응까지 다양한 악플에도 시달렸다고 했다.

그리고 현재는 사용하지 않고 있지만, 처음에 '롤스로이스'라는 상표를 막걸리에 붙였던 것은 제조업 최고의 상징물이었기 때문이라고 부연한다. 물론 상표 분쟁으로 더는 이 이름을 사용하지 않는다고 한다. 대신 국내 막걸리 최고의 가격을 책정한 막걸리답게 오 대표는 이 술의 레이블에 황금색을 사용하고 있다. 이와 함께 '해창 15도'라는 출고가 5만 5천 원의 막걸리도 출시한 상태다. 이 술은 한 유명 위스키가 가지고 있는 '블루'의 이미지를 차용해 파란색 레이블을 사용했다.

해창주조장의 '해창 18도'가 갖는 의미는 우리 술의 자존감을 높여주었다는 데 있다. 아무도 11만 원의 출고가를 가진 막걸리를 생각하지 않았을 때 이 술을 만들어 명품마케팅을 진행했고, 시장은 여기에 반응하며 수요를 창출했다. '르상티망' 마케팅이 주효한 것이다. 주질에 대해서는 다양한 평가가 가능하지만, 그리고 가격에 비해 초라한 주병에 대한 문제 제기도 있지만, 그럼에도 이 술은 시장에 파문을 일으켰고, 심지어 소비를 자극했다. 그리고 결정적인 것은 가격이라는 측면에서 소비자들의 심리적인 저항선을 무너뜨려 주었다는 점이다. 이러한 해창주조장의 공격적인 가격정책은 다른 양조장에게 좀 더 자유롭게 가격정책을 펼칠 수 있도록 운신의 폭을 넓혀주었다. 또한 자연스럽게 우리 술에 대한 주질과 라벨 그리고 주병 등 다양한 측면에서 고급화에 대한 고민을 이끌어 내기도 했다. 술의 다양성은 미식의 다양성으로 연결된다. 이 다양성은 우리 술을 더욱 풍부하게 만들어 줄 것이다. 르상티망에는 한계가 없다. 주질과 스토리가 담겨 있다면 더 많은 르상티망을 이용한 마케팅도 가능해진다. 명품 시장의 특징이 그렇기 때문이다.

다양하고 풍요로워지는 우리 술의 신세계를 찾아서

　최근 해창주조장은 110만 원짜리 도자기 버전의 막걸리를 새롭게 출시했다. 브랜드명은 '아폴로(알코올 도수 21도)'이다. 무형문화재 장인의 도자기에 해창 브랜드를 순금 1돈으로 만들어 주병 자체를 명품으로 만들었다. 이와 함께 서울양조장에서는 설화곡을 넣어 빚은 막걸리 '서울 골드(알코올 도수 15도)'를 출시했다. 소비자 가격은 '해창 18도'보다 더 비싼 19만 원이다. 이들은 모두 르상티망 마케팅을 펼치는 술들이다. 물론 모든 르상티망 마케팅이 성공하는 것은 아니다. 고가의 모든 제품이 명품이 되지 않는 것과 같은 이치다. 특히 유사한 성격의 제품이 여럿 등장하였을 때 살아남는 제품은 고객의 선택을 받은 술들이다. 즉 소비가 지속되는 제품이 결국 살아남게 된다는 뜻이다.

　그리고 우리가 소비하는 막걸리의 위상이 더욱 높아지길 원한다면 10만 원짜리 막걸리가 나오든 100만 원짜리 막걸리가 나오든, 그 자체를 문제 삼지 말아야 한다. 어차피 이 술을 찾아 마시는 사람들은 따로 있다. 수억 원 하는 페라리를 타고 수천만 원 하는 로마네 꽁티를 마시는 사람들이 따로 있듯이 말이다.

도자기버전 100만원대에 팔리고 있는 해창 18도의 도자기 버전

그리고 이런 종류의 마케팅이 싫다면, 르상티망의 원인이 된 가치 판단을 자신이 뒤집으면 된다. 이것이 명품 마케팅에 휘둘리지 않는 방법이다. 예컨대 '해창 18도'나 '해창 아폴로'의 가격에 시비를 걸지 말고 이 술을 무시하면 된다. 이 논란에 마음이 흔들렸다면, 르상티망에 자신이 빠졌다고 자각하면 된다. 그리고 탈출할 수 있는 지름길은 '해창 18도'나 '서울 골드'보다 저렴하면서 비슷한 맛을 내는 막걸리를 소비하는 것이다. 두 양조장 모두 그런 술을 생산하고 있다. 중요한 것은 각자 자신의 형편에 맞게 좋은 술을 찾아 마시는 것이다. 그리고 눈을 돌려 다른 양조장들을 살펴 또 다른 막걸리를 발견하면 될 것이다. 자신의 취향에 맞는 막걸리들을 말이다. 이런 과정을 거치면서 풍요로워지는 우리 술의 신세계를 만나게 된다. 우리 농산물로 만들고 여기에 생산자의 스토리와 브랜드 스토리텔링까지 보태진 그런 품격 있는 술들을 말이다.

서울골드와 해창 18도 '해창18도(사진 왼쪽)'에 이어 10만원대의 가격으로 출시된 서울양조장의 '서울골드'

1. 페트릭 E. 맥거번,《술의 세계사》글항아리, 2016, 76~79쪽

2. 심준보, 〈도취제로서의 소마 연구의 의의〉《인도철학》제24집, 2008, 167~197, 논문에 따르면 〈리그베다〉에는 소마를 마시고 하늘과 광대한 대지를 뛰어넘고, 구름으로 날아가고 자신의 내면을 관통하고 심지어 불사의 존재가 되었다고 기록하고 있다.

3. 피터 왓슨,《거대한 단절》글항아리, 2017, 239쪽

4. 피터 왓슨, 위의 책, 2016, 252쪽, 신석기 초기와 청동기 초기에 스위스 주변에서 처음 이용되기 시작한 아편은 주석, 호박, 금이 교역될 때 동남쪽으로 전파되었다고 한다.

5. 북유럽 신화에 등장하는 최고의 신 '오딘'과 관계가 있으며, 신의 타액으로 창조된 크바시르라는 현인의 피로 양조되었다고 한다. 패트릭 E.맥거번, 위의 책, 261~262쪽

6. 진 쿠퍼,《그림으로 보는 세계 문화 상징 사전》도서출판 까치, 29쪽

7. 마리클레르 프레데리크,《날 것도 아니고 익힌 것도 아닌》[전자책] 생각정거장, 2018, 55/252쪽

8. 패트릭 E. 맥거번, 위의 책, 201쪽

9. 마리클레르 프레데리크, 위의 책, 41/252쪽

10. 고대 그리스에서는 한 주제를 가지고 술을 마시면서 토론하는 것을 즐겼는데, 이를 '심포지엄'이라고 했다. 토론에 방해되지 않도록 포도주에 물을 타서 마셨다. 그리고 원액 그대로 마시는 것을 야만적이라고 생각하기도 했다.

11. 진 쿠퍼, 위의 책, 42쪽

12. 조너선 실버타운,《먹고 마시는 것들의 자연사》[전자책] 서해문집, 2019, 172/240쪽, 마리클레르 프레데리크, 위의 책, 121/252쪽

13. 강인욱,《테라 인코 그니타:고고학자 강인욱이 들여주는 미지의 역사》창비, 2021, 32쪽

14. 허원,《지적이고 과학적인 음주탐구생활》[전자책] 2019, 더숲 15/124쪽

15. 사마천,《사기》, 현대지성, 2016, 765쪽, 사마천이 이 술의 이름을 마유주라고 구체적으로 기록하고 있지는 않다. 다만 말의 젖 이외에 발효주를 만들 수 있는 재료가 없는 상황에서의 술이라면 당연히 마유주가 아니었을까 추정하는 것이다. 물론 한나라에서 유입된 술일 수도 있지만, 항상 준비되어 공훈을 세

운 장수나 병사들에 하사할 정도라면, 보관 및 이동방법이 여의치 않았을 것이다.(허만즈, 《중국의 술문화》, 에디터, 2004, 209~210쪽 참고)

16. 에이미 스튜어트, 《술에 취한 식물학자》 문학동네, 2016, 27쪽

17. 허원, 위의 책, 16/124쪽

18. 르네 레드제피 외, 《노마 발효 가이드》 한스미디어, 2019, 32쪽

19. 최낙언, 《물성의 원리》 예문당, 2018, 190쪽

20. 에이미 스튜어트, 위의 책, 60쪽. 에이미 스튜어트는 보리가 담긴 통에 밤새 이슬이 내려앉아 젖은 보리에 공기 중의 야생효모가 번식하면서 발효가 되었다고 적고 있다.

21. 야콥 블루메, 《맥주, 세상을 들이켜다》 따비, 2010, 55쪽, 야콥 블루메는 발효 중인 죽에 누군가 꿀을 넣어 발효 조건을 더욱 강화시켰을 것이라고 추측한다. 허원, 위의 책, 17/124쪽, 허원은 발아 보리를 가루 내어 빵을 만들고 이 빵을 물에 넣어 효모가 자라게 해서 발효시켰을 것이라고 말한다. 두 방법 모두 당시 인류가 범할 수 있는 실수들이다.

22. 왕런샹 저(주영하 역), 《중국음식문화사》 민음사, 2010, 61~62쪽

23. 패트릭 E.맥거번, 《술의 세계사》 글항아리, 2016, 359쪽.

24. 허원, 위의 책, 77/124쪽

25. 완런샹, 주영하 역, 위의 책, 64쪽

26. 이가환, '못말리는 동이족의 술사랑' 《경향신문》 2011. 8.24.

27. 주영하 공저, 《한국인의 문화유전자,한국문화유전자총서》 1권, 아모르문디, 2012, 35쪽

28. 《매일신문》 1998. 5.20.

29. 《독립신문》 1899. 6.21. '위생론'

30. 《문화일보》 2016년 1월25일 "막걸리, '막'은 '함부로' 아닌 '바로', '방금' 뜻"

31. 하등 멥쌀은 싸라기처럼 깨진 쌀 등을 말한다. 좋은 재료로 술을 만드는 것이 우리의 전통이었는데, 일제강점기가 되면서 그렇지 못한 쌀로 빚는 방법도 등장하게 된 것이다.

32. 혼돈주라는 단어는 정희량이 무오사화로 탄핵을 당하여 유배지에서 지은 시 '혼돈주가'에 등장한다. 대략 1500년경에 지은 것으로 보인다. 유배된 혼돈의

시절, 술을 마셔도 어지럽고, 마시지 않아도 혼란스러운 시절, 청주도 탁주도 아닌 술을 혼돈주라 칭하며 시를 지은 듯하다.

33. 에릭 홉스봄, 테렌스 레인저, 《만들어진 전통》, 휴머니스트, 2004, 19~20쪽
34. 《영남일보》, 2022. 7. 5. 역사의 뒤안길로 사라진 1천 100년 전통 대구 '하향주'
35. 일부 연예인들이 자신의 이름을 내걸고 전통주 시장에 참여하면서 전통주의 개념 및 지위를 두고 일고 있는 논란을 말한다.
36. 서동욱, 〈생활의 사상〉 민음사, 2016, 227쪽
37. 줄리언 바지니, 《철학이 있는 식탁》 이마, 2015, 148쪽
38. 서동욱, 위의 책, 228쪽
39. 허원, 위의 책, 75/124쪽
40. 서긍, 〈고려도경〉 권32 생활용기 3, '한국사데이터베이스' 참조
41. 서긍, 위의 책, 권32 생활용기 3, '한국사데이터베이스' 참조
42. 장지현, 《한국음식대관》 한림출판사, 2001, 460쪽
43. 와카모리 타로, 《술로 풀어보는 일본사》 이상, 2017, 34쪽
44. 명욱, '일 사케의 신은 백제 출신'《세계일보》2019년 3월8일
45. 국립해양문화재연구소, 《태안마도2호선 수중발굴조사 보고서》, 2011, 282쪽
46. 김용빈, 《나는 미생물과 산다》 을유문화사, 2018, 235쪽
47. 허원, 위의 책, 80/124쪽
48. 《조선왕조실록》〈중종실록〉 96권, 중종 36년 11월13일
49. 《한국의식주생활사전》 '식생활편' 207쪽, 배상면, 《조선주조사》 우곡출판사, 1997, 277쪽
50. 배상면, 위의 책, 278쪽
51. 《한국의식주생활사전》 '식생활편' 207쪽
52. 독일의 심리학자 카를 둔커가 한 이야기다. 심란 세티, 《빵 와인 초콜릿:사라진 맛과 잃어버린 풍미에 관한 기록》동녘출판사, 2017, 64쪽
53. 헤럴드 맥기, 《음식과 요리》 이데아, 2017, 1021쪽
54. 최낙언, 《맛의 원리 》, 예문당, 2015, 78/376쪽
55. 헤럴드 맥기는 《음식과 요리》에서 약간의 단맛과 알싸하면서 뜨거운 느낌이 있

다고 말했고, 아담 로저스는《프루프:술의 과학》에서 쓴맛과 단맛이라고 설명 했으며, 강석기는《캠페니언 사이언스》에서 쓴맛과 단맛, 그리고 뜨거운 맛이 라고 정의했다.

56. 아담 로저스,《프루프:술의 과학》MiD, 2015, 222쪽

57. 허원, 위의 책, 79/124쪽

58. 허원, 위의 책, 83/124쪽

59. 이형태 외 편저,《고시조대전》, 고려대학교민족문화연구원, 2867쪽

60. 주류업조합중앙회,《양원》1958. 11. '창간호' 40~41쪽

61. 배상면, 위의 책, 85쪽

62. 삼해주는 서울시 무형문화재 제8호로 1993년에 지정되었다. 삼해약주가 8-1 호, 삼해소주가 8-2호이다. 한편 삼해소주의 김택상 명인은 지난 2021년 8월 5일 사망하여 기능보유자를 새로 선정해야 하는 상황이다.

63. http://koreansool.kr/ktw/php/recipe.php?book=%40&liq=%EC%8 2%BC%ED%95%B4%EC%A3%BC&dup=%40&_method=simple&_ action=go&

64. 안대회,《조선일보》2016.6.11., '[가슴으로 읽는 한시] 술을 조금 마시고'

65. 남유용, 〈유서호기〉, 안대회 외,《매일 읽는 우리 옛글》[전자책] 47권, 민음사, 2014, 22/39쪽

66. 남유용이 이의숙 형제와 서호 유람을 가기로 하고 도화동에서 술 두 병을 산다. 서호는 서강 앞을 말하며, 도화동은 지금의 마포역 인근을 말하며 독막도 도화 동 안에 들어 있다. 현재도 이 지명은 존재한다.

67. 한식재단,《화폭에 담긴 한식》2014, 89쪽

68. 《세조실록》7권 세조 3년(1457년) 4월22일

69. 김매순,《조선대세시기》3권 〈열양세시기〉, 2003, 127쪽

70. 유득공,《조선대세시기》3권 〈경도잡지〉, 2003, 55쪽

71. 이덕일,《정약용과 그의 형제들》2권, 다산초당, 172쪽

72. 이 시의 제목은 "팔월 십구일 꿈에 시 한 수를 읊었는데, 일곱째 여덟째 구가 아슴푸레하여 꿈을 깨고 나서 채워 넣었다(八月十九日 夢得一詩 唯第七第八 句未瑩 覺而足之)"이다.

73. 정민, 《미쳐야 미친다》 푸른역사, 2004, 187쪽

74. 허시명, 《오마이뉴스》 2019. 11.12., '술 싫어한 정약용, 정조가 따라준 술 마시고…'

75. 박록담, 《우리술 빚는 법:술빚는 법의 기초》 오상, 2002, 289쪽

76. 《영조실록》 10권, 1726년(영조2년) 10월13일

77. 신명호, 위의 책, 《조선왕조스캔들》[전자책], 2016, 생각정거장, 105/278쪽

78. 《영조실록》 92권, 1758년(영조34년) 9월16일

79. 《승정원일기》 1763. 6.26., 정병설 《권력과 인간:사도세자의 죽음과 조선왕실》 문학동네, 2012, 155쪽 재인용

80. 《영조실록》 108권, 영조43년 1월15일

81. 주영하 교수는 《장수한 영조의 식생활》에서 영조 임금이 송절주를 마시면서 신하들에게 송절차라고 했다고 적고 있다.

82. 《영조실록》 114권, 영조46년 1월26일

83. 안대회, 《18세기의도시》, 2018, 문학동네, 315쪽

84. 《홍재전서》 제178권, 김준태, 《왕의 경영》[전자책], 다산초당, 2012, 127/170쪽 개인용

85. 《정조실록》 34권, 정조16년 3월2일

86. 《일성록》 18, 서울대도서관, 1990년, 544쪽, 강명관, 《조선의 뒷골목 풍경》 144쪽 재인용

87. 1800년경에 발간된 것으로 보이는 유득공의 《경도잡지》에는 봄에 빚는 소곡주와 두견주, 도화주가 이름난 술이라고 기록하고 있다. 또한 1849년에 쓰인 홍석모의 《동국세시기》에는 3월편에 한양에서는 삼해주가 유명하다는 기사와 함께 "술집에서는 과하주를 빚어 팔고, 소곡주, 두견주, 도화주, 송순주 등 봄에 빚은 좋은 술들이 있다"고 기록하고 있다. 이와 함께 《정조실록》(정조 18년)에는 금주령을 언급한 기사에서 여전히 삼해주를 핑계로 내세우고 있는 것을 확인할 수 있다.

88. 안대회, 위의 책, 303쪽

89. 영조가 11년의 술과의 전쟁을 끝내기 바로 1년 전이다. 즉 금주령 하에서도 버젓이 영업을 하는 술집이었다는 이야기가 된다.

90. 안대회, 위의 책, 304쪽

91. 성호 이익의 《성호사설》에 나오는 내용이다. 안대회의 위의 책(308~309쪽)에는 이 밖에도 당시 분위기를 전하는 시 몇 편이 수록되어 있다. 그 중 일부를 인용한다. "홍등은 후란교를 뒤덮고/잘 익은 새술은 맑고도 맛이 좋네"(서유구), "오리 거위 한가롭게 제멋대로 쪼아대는/물가 주막에는 술 지게미 산더미일세"(박제가).

92. 이상화 역, 한국고전번역원, 《성호전집》 제2권, '제석에 우자를 얻다' 한국고전종합 DB 참조

93. 이덕무, '정월 초사흘날 운관에 모여', 《국역 청장관전서》 3권, 민족문화추진회, 1978, 96쪽

94. 이덕무, '세시잡영', 위의 책 1권, 215쪽

95. 권덕주 역, 《서경》 올재, 2013, 303쪽

96. 국사편찬위원회, 《한민족독립운동사:3.1운동 이후의 민족운동 2》 1987, 474쪽

97. 《보성신문》 2013. 9.29., '한국 땅이름학회 안재순 이사, 의병사적지순례기'

98. 국립민속박물관, 《우리 술문화의 발효공간, 양조장》, 2020, 42쪽

99. 주영하, 《한국인은 왜 이렇게 먹을까? 식사방식으로 본 한국음식문화사》, 휴머니스트, 2018, 319쪽

100. 박지원, 《연암집》, 〈마장전〉, 한국고전번역원, 한국고전종합DB

101. 한정주, 《조선 최고의 문장 이덕무를 읽다》[전자책] 다산초당, 2016, 498/761

102. 안대회 역, 한국고전번역원, 《백곡집》 권6 〈사배설(沙杯說)〉

103. 신용개 외, 《속동문선》 제9권, 손순효, '개준애월', 한국고전종합DB 참조

104. 이덕무, 《국역 청장관전서》 4권, 민족문화추진회, 1978, 18~19쪽

105. 박숙희, 《뜻을 모르고 자주 쓰는 우리말 500가지》, 서운관, 1994, 155쪽

106. 국립민속발물관, 《우리 술 문화의 발효공간, 양조장》 43쪽

107. 배상면 역, 조선주조협회 《조선주조사》, 우곡출판사, 2007, 108쪽

108. 국립민속박물관, 위의 책, 44쪽

109. 이재은, 《일제강점기 조선지방재정사 연구》, 한국지방세연구원, 2015, 32쪽, 97쪽, 175쪽 참조

110. 《동아일보》 1929년 1월31일, '과세율과중등으로 약주양조계공황'

111. 《조선일보》1934년 1월20일 '『주객경성』 경음상'

112. 《동아일보》1935년 11월13일, '향락도시 대경성 주세 칠십칠만원 사만이천 석음파'

113. 국립민속박물관,《우리 술 문화의 발효공간, 양조장》2019, 54~55쪽

114. 아직 재무부의 외청으로 분리독립하기 전의 국세청기술연구소는 재무부 소속의 '양조시험소'라는 이름으로 불리던 시절이다. 양조시험소는 1909년 주세법 시행에 따라 당시 경성(지금의 서울)에 세워진다. 1923년 총독부의 재무국 산하로 이관되었다가 해방 이후 1949년 재무부 양조시험소로 재출발한다. 그리고 1966년 국세청이 재무부의 외청으로 독립하면서 국세청 양조시험소로 개편되었다가 1970년 지금의 이름인 국세청기술연구소가 된다.

115. 국세청기술연구소,《국세청기술연구소일백년사》2009, 152쪽

116. 주영하,《식탁 위의 한국사》휴머니스트, 2013, 332~333쪽

117. 국세청기술연구소, 위의 책, 152쪽

118. 1961년 12월30일 주세법 시행령 개정으로 막걸리 양조장에서의 입국 사용이 가능해졌다. 그리고 1965년 밀막걸리를 만들면서 전국의 양조장이 입국을 사용하게 된다.

119. 주영하, 위의 책, 333~334쪽

120. 국립민속박물관, 위의 책, 55~56쪽

121. 《동아일보》, 1975. 5.16

122. 1974년 막걸리 출고량은 1,686,177㎘로 전체 주류 출고량의 74.2%를 차지하였다. 그러나 지금은 전체 주류 출고량의 10% 안팎에 지나지 않는다. 막걸리의 위상 변화를 피부로 느낄 수 있는 수치의 변화이다.

123. 《경향신문》1977년 12월2일 기사에서는 양조장 시세가 2배로 뛰었다고 보도하고 있다.

124. 국립민속박물관, 위의 책, 59쪽

125. 주영하,《음식을 공부합니다》휴머니스트, 2021, 65쪽

126. 《동아일보》2008. 12.8 [책갈피 속의 오늘] 1977년 쌀막걸리 시판 재개'

127. 《경향신문》1969. 11.1 '술에도 사이클라메이트'

128. 이대형,〈오마이뉴스〉2022. 1.5., '젊은 세대들이 좋아한다는 '막사', 알고보니'

129. 이대형, 위의 기사,

130. 최낙언, 〈맛이야기〉 행성B, 2016, 73쪽, 단맛을 가진 음식은 생존을 위한 에너지원이므로 계속해서 먹을 수 있어야 한다. 그래서 천연의 단맛은 입안에서 길게 머물지 않고 깨끗하게 사라지는 것이다.

131. 윤덕노, 《음식으로 읽는 로마사》 더난출판, 2020

132. 이언 게이틀리, 《출퇴근의 역사》 책세상, 2016, 294~295쪽

133. 정희량, 〈혼돈주가〉 《동문선》 한국고전번역원, 조선시대 문헌에서 '혼돈주'는 두 종류가 등장한다. 정희량의 혼돈주와 조선 후기 조리서인 《양주방》에 나타나는 '혼돈주'다. 후자는 지금의 폭탄주 스타일로서 막걸리에 소주를 넣은 술이다.

134. 지난 2022년 1월초 서울양조장에서 출시한 '서울 골드'가 출시되기 전까지 '해창 18도'는 가장 비싼 막걸리였다. 서울 골드의 가격은 500ml 한병의 가격이 19만원이다.

제3편 응답하라 우리술 소주

소주는 불을 이용해 증류하는 술로, 희소성에 의한 신성성과 권위로 조선시대에는
왕가와 일부 사대부 가문에서 왕의 기(氣)를 보하고 가문의 제사와 손님맞이
접대주로 술을 빚었다.
서울의 대표소주인 '삼해소주'와 조선 왕가의 술인 '향온주', 왕가의 술이자 평양의
술인 '홍소주'가 전통과 풍미를 대표하는 술로 조선시대 왕과 선비가 즐겨 마셨다.
쌀의 향을 마시는 술인 소주는 감미로운 향과 맛으로 애주가들을 사로잡은
전통주조 양식인 증류소주를 거쳐 일제강점기의 흑국수주와 신식소주를 지나
지금은 누구나 즐길 수 있는 서민의 술인 희석식 소주에 이르고 있다.

18

권력의 상징물, 소주

술과 권력은 같은 시선을 가지고 있다. 권력의 목표는 사람들의 관계를 장악하는 데 있다. 술도 사회적 관계의 매개체가 되어 사람들을 장악한다. 권력은 자신에게 부여된 권위를 인간이 어떻게 해볼 수 없는 초자연적 현상 내지는 물질에서 부여받는다. 그리고 권력은 권위를 강화하기 위해 술과 고기로 관계를 포장한다. 먹고 마시는 것만큼 관계에 대한 충성을 보여주는 행위가 없기 때문이다. 여기서 출발한 것이 하늘에 제사를 지내는 제천의식이다. 우리가 잘 알고 있는 부여의 '영고', 고구려의 '동맹', 동예의 '무천', 삼한의 '시월제' 등이 바로 그것이다. 어디 우리만 그런가. 고대 그리스 신화에도 빠짐없이 제사는 등장한다. 그들이 지내는 제사의 이름은 '헤카톰베'. 소 100마리를 잡아 넓적다리의 기름을 태우며 술을 바치는 행사다. 게다가 제우스 신과 거래하며 인간이 더 좋은 부위의 소고기를 취하는 이야기까지 만들어내기도 했다. 중국도 마찬가지로 술과 고기를 올리며 하늘에 제사를 지냈는데 그 흔적을 한자에서 확인할 수 있다. 제사 제(祭) 자는 손에 핏방울이 떨어지는 고깃덩어리를 들고 있는 모습을 형상화한 글자다. 떨어지는 액체의 형상이 피냐 술이냐 하는 해석을 두고 의견은 분분하지만 말이다.[1]

소주, 불을 이용해 증류하는 술

제사에서 사용한 술은 그 자체가 권위였다. 쉽게 구할 수 없었고, 더욱이 쉽게 만들 수도 없었다. 공급량이 적다는 것은 권력자에겐 사회적 관계를 유지하는데 유리한 제약조건이 되어 주었다. 구하기 힘든 만큼 술은 신에게만 올리는 신성한 음식으로 대우받았고 그러면서 자연스레 신성성을 확보하게 된다. 또한 이러한 신성성은 술을 권력집단만이 나누는 배타적 음식으로 만들었다. 그런 까닭에 일부 학자들은 인류가 수렵채집생활을 포기하고 정착을 선택한 핵심적인 이유가 술이라고 주장한다.[2] 결국 술에 권위를 부여한 것은 희소성이었다.

오늘날 즐겨 마시는 소주도 처음에는 희소성에 의해 신성성과 권위를 갖게 되었다. 소주를 만드는 증류 기술은 서남아시아의 이슬람 문명에서 만들어진다. 황금을 만들려는 연금술이 증류로 이어졌고, 이 기술은 교역 루트를 통해 동서양으로 전파된다. 당시에 만들어진 증류주는 초기 인류가 발견했던 발효주보다 더 귀한 대접을 받았을 것이다. 상온에서 오래 보관할 수 없는 발효주와 달리 증류한 술은 유통기한이 따로 없을 정도로 영구 보관이 가능하다. 그 자체가 마법과도 같은 일이었다. 기온이 어떻든 간에, 지역이 어디든 간에 증류주는 사람이 가는 곳이면 어디든 갈 수 있었다. 발효주는 꿈꿀 수 없는 세상이었다. 여전히 좋은 술은 아무나 마실 수 없었던 시절이니 증류주는 더욱 귀히 여겨져 약으로 취급받기도 했다.[3] 그런 흔적은 우리나라에도 남아있다. 17세기 초 이수광(1563~1628)은 《지봉유설》에서 "소주는 원나라 때 생긴 술로 오직 약으로만 쓸 뿐 함부로 마구 먹지는 않았다"고 적고 있다.[4] 함부로 먹을 수 있을 만큼 충분하지 않았고, 알코올 도수가 높은 술이어서 삼가는 의미도 함께 담겨 있는 것이다. 목은 이색(1328~1396)이 55세(1382년,

우왕 8년)에 쓴 시에 당시의 소주를 느낄 수 있는 대목이 등장한다. 시의 제목은 〈서린의 조판사가 아랄길을 가지고 왔다. 그 이름을 '천길'이라고 했다〉이다. 이 시에서 이색은 "반 잔 술 겨우 넘기자마자 훈기가 뼛속까지 퍼지니, 표범 가죽 보료 위에 앉아 금으로 만든 병풍에 기댄 기분이네"[5]라고 적고 있다. 반 잔 술에 취기가 뼛속에 다가오고 금으로 만든 병풍에 기댄 기분이라고 할 정도로 술맛이 그윽하고 좋았다는 것을 알 수 있다.

소주가 흔하지 않았다는 사실은 《조선왕조실록》의 기록에서도 엿볼 수 있다. 세종 15년의 기록을 보면 이조판서 허조(1369~1439)는 세종에게 "신이 벼슬에 오른 처음에는 소주를 보지 못하였는데, 지금은 집집마다 있으니 그 호화롭고 사치함이 극하여 소주로써 목숨을 잃은 자가 흔히 있으니, 신은 심히 염려하옵니다"[6]라고 말하고 있다. 허조가 소주를 예로 들어 술을 경계하자는 취지의 이야기를 세종에게 전한 것이다. 어찌 되었든 허조가 식년시 문과에 급제한 것은 고려 말인 1390년(공양왕 2년)의 일이다. 따라서 고려 말까지 소주는 많이 생산되지 않았다는 것을 알 수 있다.

소주, 불을 이용해 증류하는 술

소주가 귀한 대접을 받은 이유는 우리가 주식으로 먹는 쌀로 만들기 때문이다. 주곡은 귀하디귀한 목숨과도 같은 식량이다. 한 해 동안 농사를 지어 다음 해를 견뎌내야 하는 식량이었으며, 교환경제에서 필요한 물건을 얻기 위해 사용하는 화폐이기도 했다. 모든 것은 우리가 먹는 쌀을 매개로 거래되었다. 포도나 보리, 사탕수수 등을 발효시키는 유럽이나 중남미와 달리 우리는 주곡인 쌀을 발효시키고, 이를 증류한다. 그래서 쌀을 주식으로 하는 우리나라와 일본에서 쌀은 신성한 존재이다. 제사에 올라가는 신찬도 하얀 백미로 지은 밥이 올라갈 정도로 귀한 대접을 받고 있다.[7] 보통 쌀 한 되가 소주 한 되가 되는데 이 쌀도 귀하지만, 정성과 시간이 들어가는 소주는 더욱 귀할 수밖에 없다. 그래서 증류 기술이 들어올 때부터 소주는 왕가의 술이자 일부 귀족의 술이었다.

증류 기술이 처음 한반도에 유입된 시기는 몽골과의 전쟁을 치른 고려 말이다. 그리고 이것을 문화로 꽃피운 시기는 조선이라고 볼 수 있다. 조선은 향온곡으로 빚는 술을 어용주, 즉 임금이 마시고 쓰는 술로 삼았다.[8] 각종 제사는 물론 외빈(중국 사행단) 맞이 및 왕족과 공신들에 대한 선물 등으로 사용하기 위해 사온서와 내의원에서[9] 소주를 내렸다. 당연히 일반에서 소주를 구경하기란 무척 어려운 일이었을 것이다. 그나마 정치적 안정기인 세종대에 접어들어 농업 생산성이 높아지면서 서울의 양반들도 소주를 빚기 시작한다. 이렇게 소주는 권력자를 중심으로 유통되던 술이다. 재미있는 사실은 소주가 군사시설과 관련이 많다는 점이다. 제주도의 성읍마을에서 빚는 오메기술을 증류한 고소리술이나 전남 강진의 병영성에서 빚던 병영소주, 그리고 조선 선조 때 축성한 경기도의 남한산성에서 양조한 남한산성소주 등 군사시설에서 소주를 빚어 지역의 명물이 된 사례들이 많다. 소주가 점점 일반과 가까워졌지만, 여전히 권력 혹은 권위를 지닌 집단에서만 유통되는 술임을 확인할 수 있는 대목이기도 하다.

고소리술, 병영소주 남한산성소주 술은 군대와 불가분의 관계다. 군대가 주둔했던 지역에서 시작된 술들에서 그 관계를 확인할 수 있다. 왼쪽부터 '고소리술', '남한산성소주', '병영소주' ⓒ제주샘주 ⓒ경기문화재단 ⓒ병영주조장

19

소주(燒酒)인가,
소주(燒酎)인가

허리가 뭉뚝한 짙은 갈색의 투박한 질항아리가 있다. 예전엔 농가에서도 간혹 볼 수 있었지만, 지금은 술박물관에 가야 겨우 볼 수 있는 물건이 된 이 소줏고리에서 우리 소주의 역사는 시작한다. 부뚜막 위에 놓인 소줏고리의 머리에는 차가운 냉각수가 찰랑거리고, 땔나무의 화력에 소줏고리 아래짝에 들어 있는 술덧이 끓기 시작하면 기화된 알코올은 위짝 머리에 있는 냉각수의 찬 기운을 만나 주둥이처럼 생긴 귓대를 따라 이슬처럼 모여 방울방울 떨어진다. 처음에는 약하게 그리고 이내 졸졸거리며 뽀얀 김을 내며 술 단지에 이슬들이 모인다. 이렇게 증류한 우리 소주의 알코올 도수는 40~50도 사이 정도가 나온다. 발효 과정에서 얻을 수 있는 알코올 도수가 15~18도라는 것을 생각하면 고농축 알코올이라고 할 수 있다. 그래서 증류는 우리 술 청주의 고갱이를 모으는 과정이기도 하다.

소줏고리 경기도 포천에 위치한 '상사원'에 전시된 소줏고리

소주, 불을 이용해 증류하는 술

이렇게 불을 이용해 증류하는 술을 우리는 소주(燒酒)라고 부른다. 증류 과정에서 보이는 대표적인 이미지를 가져와 불태울 소(燒) 자에 술 주(酒) 자를 사용한 것이다. 같은 의미에서 화주(火酒)라고도 부른다. 이처럼 불에서 연유한 술의 이름이 유럽에도 존재한다. '불에 탄 와인(burnt wine)'을 뜻하는 브랜디가 그것인데, 이 단어는 17세기에 네덜란드어

브란데베인(brandewijn)'에서 만들어졌다고 한다.[10] 소주의 또 다른 이름은 땀이 나듯 송골송골 맺힌다고 해서 '한주(汗酒)'라고도 한다. 또한 소줏고리에서 내려오는 모양이 이슬 같다고 하여 '이슬 로(露)' 자를 술 이름으로 사용하여 '로주(露酒)' 혹은 술 이름의 끝에 '로' 자를 붙이기도 한다. 이런 이름이 《춘향전》에도 나온다. 한양에 과거 보러 가는 이몽룡의 발길을 한 번 더 잡기 위해 춘향이가 마지막에 내놓는 술이 있는데 그 술 이름이 '감홍로(甘紅露)'다. 달 감(甘) 자에 붉을 홍(紅) 자를 쓰는 평양을 대표하는 술이다. 이 밖에도 증류 과정에서 다양한 약재를 넣어 고아내듯이 술을 만든다고 하여 기름 고(膏) 자를 쓰는 소주의 이름도 여럿 존재한다. 조선의 세 가지 유명한 술이라고 일컬어지는 전라도의 죽력고(竹瀝膏)와 이강고(梨薑膏) 등이 여기에 해당된다.

그런데 소주는 맑게 거른 귀한 전통 청주 3~4병을 증류해야 고작 한 병을 얻을 수 있었으므로 앞장에서 말했듯 아무나 마실 수 있는 술은 아니었다. 귀한 만큼 왕가와 양반가에서만 마실 수 있었다. 조선의 임금들은 자신의 권력을 공고히 하는 수단으로 사온서와 내의원에서 빚은 소주와 홍소주 등을 공신과 자신의 인척들에게 한 해에 몇 차례 선물로 보내

감홍로 죽력고 이강고 이슬처럼 내리거나 푹 고아내듯이 술을 만든다고 해서 붙어진 소주의 별칭이 '로(이슬 로)'와 '고(고을 고)'가 붙여진 술들이다. 왼쪽부터 감홍로, 죽력고, 이강고(주) 순이다.

기도 했다. 또한 가장 귀한 손님인 중국의 사행단을 맞거나 각종 제사 및 행사에서 양온서의 소주는 필수품이었다. 물론 궁궐에서만 소주를 소비한 것은 아니다. 임금의 술은 모두가 한 번쯤은 마시고 싶은 선망의 대상이었으므로 양반가에서도 궁에서 마셨던 소주를 추억하며 소주를 증류하였다. 또한 마포 나루 인근 독막골 언저리에서도 상당한 숫자의 소주가(소주양조장)가 자리해 양반들의 부족한 술을 채워주었으며, 종로(당시 운종가)의 시전상인과 조선 후기, 한강을 배경으로 상업에 종사한 경강상인, 그리고 조운으로 움직이는 뱃사람들의 고단함도 풀어주었으리라.

요즘은 국민주라 불릴 만큼 소주를 지천으로 만날 수 있는 시대다. 1965년 양곡관리법이 개정되어 쌀을 이용한 소주 증류가 전면 금지되면서 증류식 소주는 시장에서 공식적으로 사라진다. 그 자리를 일제강점기 때 도입된 연속식 증류기를 이용해서 만드는 희석식 소주가 대신한다. 일본은 1895년경 영국으로부터 연속식 증류기를 도입했으며 2차 세계대전을 치르면서 부족한 군수물자를 얻기 위해 연속식 증류기를 대폭 확충했다. 연속식 증류장치는 1820년대 말 아일랜드에서 처음 개발되었다.[11] 증류탑 내부를 다단식 구조로 만들어 알코올을 담은 증기가 증류되고 동시에 환류도 된다. 증류탑의 상부에선 고농도의 알코올을 얻을 수 있고, 하부에서는 증류 과정에서 넘어온 불순물 등을 포함한 알코올과 물을 회수하게 된다. 즉 연속식 증류법은 단식 증류기보다 알코올 손실도 적고 생산성도 높았다. 따라서 일제는 이 기술을 이용해 값싸게 소주를 만들 수 있다는 것을 알고 증류주 생산시설에 적용하였다. 그리고 자본을 앞세운 소주 업체들은 가격경쟁력을 무기로 희석식 소주를 소주 시장의 대세로 만들었다.

연속식 증류가 장점만 있는 것은 아니다. 시간과 정성을 들여 소주를 내렸던 증류식 소주는 원주가 가진 향기를 고스란히 응집시킬 수 있지만, 연속식 증류를 통해 얻은 95%의 주정은 향기를 담아내지 못한다. 다단식 증류탑에서 향기 성분을 담은 퓨젤 오일을 선택적으로 제거할 수 있기 때문이다.[12] 원료가 가지고 있는 좋고 나쁜 향기 성분 모두를 제거하면서 주정을 만들기 때문에 희석식 소주는 원칙적으로 무색무취의 술이 된다. 따라서 소주 회사에선 이 주정을 받아다 각종 감미료를 넣어 자신들만의 독특한 술을 만들어낸다. 감미료의 역할은 알코올의 쓴맛을 잡기 위한 것으로, 단맛을 내는 사카린이나 스테비오사이드, 아스파탐, 아세설팜칼륨 등이 주로 사용된다. 하지만 증류 소주와 희석식 소주의 높은 가격 차이는 희석식 소주의 단점을 가리기에 충분했다. 그리고 그 결과는 희석식 소주가 우리 술 문화의 중심이 되도록 만들었으며, 세계에서 가장 많이 팔리는 증류주 타이틀까지 거머쥐게 된다.[13] 이처럼 희석식 소주는 우리 소주의 원류인 증류식 소주를 시장에서 밀어내고 국민주로 자리 잡았다.

소주(燒酒)에서 우리 술의 자존감을 회복해야 하는 이유

그런데 여기서 한 가지 꼭 짚고 넘어가야 할 문제가 있다. 우리 술 청주가 약주라는 이름으로 불리는 것처럼 현재 우리가 사용하고 있는 소주의 한자는 예전에 조상들이 사용하는 한자와 다르다는 점이다. 《조선왕조실록》에는 모두 176번에 걸쳐 소주(燒酒)라는 단어가 나온다. 또한 각종 고조리서와 문집 등에서도 이 표현을 사용하고 있다. 그런데 요즘 가장 많이 마시는 희석식 소주의 한자는 소주(燒酎)라고 쓰고 있다. '진한 술 주(酎)' 자인 이 한자어는 일본의 소주 표기를 그대로 답습한 것이다. 당연히 일제강점기에 만들어진 주세법의 표기를 따르다 보니 관행처럼 사용하여 오늘에 이르고 있다. 심지어 희석식이 아닌 증류식 소주를 만들고 있는 안동소주에서도 '진한 술 주(酎)' 자로 소주를 표기하고 있다.

한자어 하나가 술맛을 좌우하거나 술의 의미를 바꿔놓지는 않는다. 하지만, 그 술의 출발지점이 어디인지 그 정체성을 규정하는데 이름만큼 중요한 도구는 없다. 그리고 최근 여러 양조장에서 생산하고 있는 증류식 소주를 통해 '진한 술 주(酎)'와 '술 주(酒)'의 맛이 어떻게 다른지 우리는 쉽게 확인할 수 있다. 맛의 차이만큼 이름은 그 술의 정체성을 대변한다. 우리 술의 문화적 정체성은 물론 자존감을 소주(燒酒)에서도 회복해야 하는 이유가 바로 이것이다. 그렇다고 국민주인 희석식 소주를 타박하는 것은 아니다. 희석식 소주는 그 나름의 존재의 의미가 있고 지금까지도 그 역할을 잘 해왔다. 주머니 사정이 녹록치 않은 서민들에게 소주는 온갖 희로애락을 같이 나눈 술이다. 시인 공광규의 '소주병'이라는 시가 있다. 이 시에 담긴 정서는 이 땅을 살아가고 있는 사람들에게 크고 작은 공감을 일으킬 만하다. 희석식 소주는 그래서 또 그 의미를 가지고 소비되는 것이다.

　술병은 잔에다
　자기를 계속 따라 주면서
　속을 비워 간다

　빈 병을 아무렇게나 버려져
　길거리나
　쓰레기장에서 굴러다닌다

　바람이 세게 불던 밤 나는
　문밖에서
　아버지가 흐느끼는 소리를 들었다

　나가보니
　마루 끝에 쪼그려 앉은
　빈 소주병이었다.

　2004년 《실천문학》에 실린 시다. 소주는 누가 뭐라 해도 오랫동안 아버지의 술이었다. 직장에서의 애환과 집안의 대소사를 치러가는 무게가 아버지의 소주잔에 담겨 있다. 찬바람이 옷깃을 여미게 하는 촉촉하게 젖은 겨울날, 소주는 그래서 그 쨍한 맛으로 아버지를 추억하게 한다.

20

향으로 즐기는 술 소주

"나의 증류기 그대 두 눈은 나의 알코올 / 그대 목소리는 화주처럼 나를 취하게 합니다."

'미라보 다리'로 유명한 시인 기욤 아폴리네르가 그의 시집 《알코올》을 화가인 마리 로랑생에게 보낼 때 헌사에 담은 글이다. 아폴리네르는 술의 핵심 성분인 '알코올'을 포장하지 않고 노골적으로 시에 담아 전달한다. 마시면 취하고 감정이 고양되고 잠자고 있던 감각마저 하나하나 일깨워 살아나게 하는 알코올에 그는 자신의 문학적 감수성을 담아냈다. 시집 《알코올》에 첫 번째로 실린 시 '변두리'의 마지막 연에도 '알코올'은 등장한다. 그 알코올의 정체는 포도주나 사이다 같은 발효주가 아닌, 헌사에 등장했던 화주(火酒)다.

"그리고 너는 네 삶처럼 타오르는 이 알코올을 마신다 / 화주처럼 네가 마시는 너의 삶"[14]

아폴리네르 알코올 열린책들에서
번역 출간한 아폴리네르의 '알코올'

아폴리네르는 《알코올》이 아닌 '화주'라는 단어와 생명수를 뜻하는 '오드비(Eau-du-vie)'를 같이 사용한 제목으로 시집을 출간하려고 했다.[15] 화주와 오드비는 모두 우리의 소주처럼 증류기를 거쳐 나오는 알코올이다. 증류는 발효주의 '알코올'을 엑기스로 모아내는 과정이다. 시인은 술의 핵심을 담아내는 이 부분에 초점을 맞춰, 알코올을 사랑의 고갱이에 비유한 것이다.

소주는 쌀의 향을 마시는 술

이렇게 불을 피워 더욱 순수한 알코올을 얻는 과정은 초기 인류가 우연히 발견한 발효주만큼 신비했을 것이다. 불로 태워 만들어낸 술은 발효주의 알코올 도수 한계선인 19도를 훌쩍 넘긴다. 알코올 도수가 높다는 것은 적은 양으로도 취할 수 있다는 것을 의미하고, 또 상온에서 더 오래 보관할 수 있다는 뜻도 가지고 있다. 특히 발효주의 엑기스를 모아내다 보니 원재료가 가진 각종 향미 성분도 농축하게 된다. 그래서 증류주를 향기의 술이라고 말한다.

맥즙을 증류한 위스키는 맥아의 향기를, 포도주를 증류한 브랜디는 포도의 향을 가진다. 당연하게도 쌀로 빚은 전통 청주를 증류한 소주는 쌀의 향기를 보듬고 있는 술이다. 그렇다면 우리의 주곡인 쌀은 어떤 향기와 특징을 갖고 있을까. 음식과 먹거리의 백과사전이라 할 수 있는 해럴드 맥기의 《음식과 요리》에는 우리 밥상에 매일 오르는 쌀과 관련, "풀 냄새, 버섯 향, 오이 향, 지방 성분과 더불어 약한 팝콘 냄새와 꽃 냄새, 옥수수 냄새, 건초

헤럴드 맥기의 《음식과 요리》

냄새, 동물 냄새 등"이 난다고 적고 있다. 또한 "현미는 여기에 더해 소량의 바닐린과 메이플 시럽의 소톨론이 포함된다"고 설명한다.[16] 그래서 우리 술을 마시면 누룩 특유의 향과 함께 풀 혹은 건초 향을 느낄 수 있다. 그리고 술에 남은 곡물의 단맛과 함께 참외 향 등을 맡곤 한다. 시간과 함께 잘 숙성된 술에선 꽃향기도 맛볼 수 있는 것이 쌀로 빚은 우리 술의 특징이다. 이런 향미 성분은 증류 과정을 거치면서 알코올이 모여 농축되듯, 향기도 응축되어 소주로 넘어오게 된다. 특히 누룩으로 빚은 술을 증류하면 술맛이 무거우며 풍부한 맛을 지니고 쓴 맛과 기름 맛이 느껴지고, 입국을 넣어 만든 술을 증류하면 맛이 가볍고, 깨끗하고 상큼한 맛이 특징이라고 한다. 또한 술의 향기는 누룩소주가 더 농후하지만, 탄내가 나는 반면 입국소주는 소주의 향이 약하고 주정취가 강하다고 한다.[17]

우리 소주는 위스키나 브랜디처럼 향으로 마시는 술이다. 술을 목으로 넘기고 나면 입에 남아있는 향이 코로 넘어오는데, 이때 알코올이 주는 즐거움만큼 향기가 주는 기쁨이 큰 술이라는 뜻이다. 그렇다면 우리는 왜 향기를 좋아하는 것일까. 자연에서 느낄 수 있는 다양한 냄새는 인류의 진화 과정에서 무척 중요한 역할을 해왔다. 먹을 수 있는 음식인지 확인하기 위해 인류는 가장 먼저 눈으로 그 여부를 따졌고, 그리고 코로 냄새를 맡아 구분했으며, 마지막에 입으로 넣어 맛을 보고 확인했다. 물론 냄새가 생존을 위해 필수적인 것은 아니었지만, 생존을 위해 구분해야 할 중요한 정보 중 하나였다. 그리고 그것이 없으면 우리는 상실과 고립을 느낀다고 한다.[18] 특히 냄새는 요리법을 익힌 인류에게 다섯 가지 맛의 한계를 넘어서는 다양한 맛을 볼 수 있게 만들어 주었다. 이것이 지금까지 인류가 미식의 역사를 쓸 수 있게 해준 원동력이다.

혀로 느낄 수 있는 맛은 단맛과 신맛, 짠맛, 감칠맛, 쓴맛 이렇게 다섯 가지다. 그런데 사람들은 음식을 먹을 때마다 다양한 맛을 느낀다고 말을 한다. 과일을 먹을 때는 각각의 과일 맛을 이야기한다. 그런데 과일의 맛 성분은 따로 없다고 한다. 오로지 그런 맛을 느끼게 하는 향이 있을 뿐이다. 특히 음식을 먹을 때 입 안쪽에서 코와 연결된 작은 통로를 통해 냄새 물질이 휘발되어 느끼는 향이 수만 가지 맛의 실체라고 한다.[19] 소주에서 느끼는 맛도 마찬가지다. 코로 느낀 향기 성분을 뇌에서 맛으로 해석한다. 무겁고 가볍다는 느낌도 혀에서 느껴지는 것으로 생각하지만, 뇌가 판단한다. 소주의 매운 맛도 그렇고 곡물의 단 맛도 그렇다. 탄수화물의 단 맛과 달리 고유한 곡물이 지닌 단 맛은 향에서 비롯된다.

"증류는 아름답다. 무엇보다 느리고 철학적이며 조용한 작업이기 때문이다."

아우슈비츠의 생존자이자 《이것이 인간인가》라는 책의 저자로 널리 알려진 프리모 레비가 자신의 저서 《주기율표》에 쓴 증류에 대한 표현이다. 그가 증류에 주목한 이유는 액체에서 증기로, 그리고 증

프리모 레비의 《주기율표》

기에서 다시 액체로 아름다운 변신을 하는 과정 때문이다. 순수한 결정을 만들어내는 증류의 여정은 지극히 느리고 조용하며, 그리고 철학적으로까지 그의 눈에 비쳤던 것이다. 그래서 수백 년간 신성시해왔던 의식과 같다고 그는 적고 있다.

감미로운 향과 맛으로 애주가들을 사로잡은 증류소주

마시는 순간, '영혼'을 북돋우며, 지친 몸에 활기를 불러일으켜 주는 증류주. 그래서 프리모 레비는 증류를 불완전한 물질에서 정수를 뽑아내는 과정이라고 말하고 있다. 우리 술 시장도 증류소주를 찾아가는 애주가들의 발길이 잦아지고 있다. 작은 규모의 증류기지만 자신이 빚은 술을 증류하여 소주를 만드는 술도가들이 최근 5년 사이에 급증하였다. 알코올 도수 95%의 주정에 물과 향과 감미료를 넣는 희석식 소주와는

무작53, 고운달, 풍정사계, 진맥소주 최근 품질을 우선으로 내세운 증류소주의 출시가 늘고 있다. 왼쪽부터 '고운달', '무작53' '안동진맥소주', '풍정사계' 순이다. ⓒ오미나라 ⓒ예술주조 ⓒ맹개술도가 ⓒ김승호

달리 증류 과정에서 알코올에 녹아든 다양한 향을 섬세한 애주가들이 느끼기 시작한 것이다. 우리와 비슷한 환경의 일본에서도 2003년을 기점으로 증류소주가 희석식 소주를 압도한 바 있다. 우리도 자신의 취향에 따라 소비하려는 애주가들이 늘어나면서 비로소 증류주 시장이 조금씩 열리고 있다. 이를 민감하게 읽어낸 양조장들이 최근 관련 투자를 늘리고 있다.

특히 2~3년 이상을 항아리에서 숙성시킨 고급 증류주들도 여럿 등장했다. 홍천에서 자체적으로 누룩을 빚어 막걸리와 전통 청주를 만들고 있는 '전통주조 예술'이 '무작 53'이라는 이름의 고급 증류주를 냈으며, 국내 처음으로 오미자 와인을 생산하고 있는 '오미나라'에서도 항아리와 오크통 숙성, 두 가지 버전으로 '고운달'이라는 증류주를 발표했다. 법주 스타일로 빚어 소주를 증류하는 풍정사계, 그리고 생쌀 발효로 막걸리를 빚어 증류주를 생산하고 있는 배혜정도가, 율무로 만든 막걸리를 증류한 연천양조, 5양주를 만들어 증류하고 있는 평택 좋은술의 '화주', 안동에서 밀로 소주를 내려 만든 '진맥소주' 등 나열하기 어려울 만큼 다양한 우리 증류 소주들이 시장에 얼굴을 비치고 있다. 그 덕분에 대형 소주 회사들과 힘겹게 경쟁해왔던 '화요'도 더는 외롭지 않게 되었다. 그리고 한산소곡주와 안동소주, 제주의 고소리술 등도 다채로워진 증류주들과 함께 새로운 시장 트렌드를 형성하길 기대해본다.

조선의 대표 소주

소주는 부의 상징이었다. 지금이야 값싼 재료와 대형 증류기로 대량 생산하고 있어 값싸게 소주를 마실 수 있지만, 조선시대 소주는 쌀로 술을 빚어 소줏고리로 내렸던 만큼 생산량이 극히 적었고, 그래서 가격은 비쌌다. 좋은 청주를 걸러 증류해야 했던 그 시절의 소주는 경제적 여유가 있어야만 만들 수 있는 술이었다. 그래서 조선 초기에는 최고의 권력자인 왕과 일부 귀족만이 마실 수 있는 술이었다. 물론 일부 권문세가에서도 증류기를 갖추고 소주를 증류했지만, 궁에서 빚는 소주의 양과 비교할 수 없는 수준이었다.

조선시대 사대부라면 누구나 제사를 모시고 손님을 맞이하는 예법(봉제사접빈객, 奉祭祀接賓客)을 지키기 위해 술을 빚었다. 궁에선 특히 더 많은 제사를 지내야 했고, 손님을 맞이해야 했다. 그래서 솜씨 좋은 장인의 손길에서 청주와 소주가 빚어졌으리라. 그 중 대표적인 소주는 향온주와 홍소주, 그리고 서울 술이라고 알려진 삼해소주 등이다. 그렇게 궁을 중심으로 소비되던 소주도 결국 사가로 제조법이 넘어가게 된다. 굳이 궁과 사가의 차이가 있다면 누룩 딛는 법이라고 해야 할 것 같다. 전란을 겪은 뒤라서 쌀 생산량이 느는 것은 아니지만, 조선 후기로 갈수록 부의 편중이 심해지면서 돈 많은 사대부들은 궁을 흉내내어 소주를 빚었고, 제사에 올리기도 했다.

이렇게 사가로 제조법이 넘어가면서 더욱 유명해진 소주가 삼해주와 향온주, 홍소주다. 삼해주는 삼해약주를 증류해서 만들었고 향온주는 향온곡으로 술을 빚어 소주로 내렸고, 홍소주는 그 소주를 지초에 통과시켜 붉은색을 얻었다. 이 술들은 귀했던 만큼 많은 이야기를 담고 있기도 하다. 그 이야기들을 하나씩 풀어보도록 하겠다.

서울의 대표 술 '삼해소주'

갓 증류한 술은 입술에 닿자마자 알코올의 강렬한 존재감을 드러낸다. 혀에 닿자마자 뿌리까지 느껴지는 강한 알코올 맛 때문이다. 그래서 목넘김이 수월한 술을 만들기 위해 위스키와 브랜디를 생산하는 서양의 양조장에서는 증류한 술을 참나무 오크통에 담아 십수 년에서 수십 년까지 오랜 시간 숙성시킨다. 그런데 경복궁을 끼고 오른쪽 길로 접어들어 십여 분 정도 걸어가면 만날 수 있는 동네, 북촌 한가운데에 있는 '삼해소주 공방'에서는 갓 증류한 술을 목 편하게 넘기면서 술맛을 즐길 수 있다.[20]

"세계 어느 술도 금방 증류한 술을 이 술처럼 편하게 마실 수는 없어요."

삼해소주 서울의 대표적인 술 '삼해소주' ⓒ삼해소주가

어머니 이동복 씨에 이어 지난 2018년 서울시로부터 무형문화재 기능보유자로 지정된 삼해소주 공방의 지킴이 김택상 명인이 필자에게 하얀 소주잔을 건네면서 한 말이다. 받은 술잔을 입술에 대자마자 아직 식지 않은 알코올의 온기가 혀에 닿으며 기화되듯 입안으로 퍼져나간다. 순식간이다. 이내 목을 타고 넘어가는 소주의 온기는 여전하고, 짙은 향내는 장향과 함께 입안에서 코로 넘어온다. 다채로운 향기다. 알싸한 알코올의 존재감을 부인할 수는 없지만, 도수를 고려하면 그리 강하다고 말할 수도 없다. 삼해소주의 알코올은 특유의 쓴맛으로 미각세포 하나하나를 일으켜 세웠지만, 쌀 소주답게 단맛을 공글리고 사라진다.

김택상 명인 서울시 무형문화재 제8호로 지정된 삼해소주 고 김택상 명인 ⓒ삼해소주가

조선 후기의 학자 홍석모(1781~1857)는 《동국세시기》에서 독막(지금의 서울 마포구 공덕동에서 대흥동 사이)에서 만들던 삼해소주가 가장 좋은 맛을 냈다고 말한다.[21] 생산 규모도 엄청나다. 수백에서 수천 독씩 빚었으니 한양의 양반가에서는 분명 독막에서 만든 소주를 즐겼을 것이다. 특히 조선 후기로 넘어와서는 소주의 수요가 부쩍 늘었기 때문에 양반가는 물론 상인들도 즐겨 찾지 않았을까 싶다.

조선 후기 한양 사람들이 즐겨 마셨던 삼해소주

하지만 삼해소주는 다른 가양주처럼 일제강점기에 사라지고 만다. 조선을 병탄한 일제는 주세법과 주세령을 반포하여 5,000년 동안 지켜온 우리의 가양주문화를 역사에서 하나씩 지워나갔다. 그렇게 사라진 술이 우리 앞에 다시 모습을 드러낸 것은 20세기 후반이 되어서다. 그것도 전통이라는 이름으로 겨우 되살아났다. 서울시의 무형문화재 제8호로 지정되면서 삼해소주가 일반에 얼굴을 내밀 수 있게 된 것이다. 삼해소주는 통천 김씨 집안의 이동복 명인에 의해 술이 만들어진다. 삼해소주는 약주보다 증류라는 과정이 하나 더 있다. 같은 새해 첫 해일 때부터 매달 세 번 술을 빚어 발효시킨 뒤 증류하여 소주를 내린다.

삼해약주가 고조리서에 자주 등장하는 것에 비해 삼해소주의 기록은 인색하다. 특히 조선 중기까지의 고조리서에서는 삼해소주가 등장하지 않는다. 처음 등장하는 책이 《증보산림경제》(유중림, 1766년)이다. 이 책에는 삼해약주와 삼해소주의 주방문이 같이 소개되어 있다. 삼해소주의 제조법은 삼양을 해서 약주를 얻어 증류하는 소주로 '고아서 노주를 만들면 맛이 좋고 독하다'고 적혀 있다.[22] 삼해소주를 소개하는 또 다른 책은 《임원십육지》(서유구, 1827)와 《농정회요》(최한기, 1830년) 등이 있다. 여기서도 약주 주방문에 이어, 이 술을 증류하면 맛이 좋고 독하다고 쓰여 있다. 조리서는 아니지만, 조선 후기의 문인인 유만공(1793~1869)은 1843년에 쓴 《세시풍요》에 삼해소주를 주제로 당시의 문화상을 담은 귀한 한시를 하나 담았다. 《세시풍요》는 유만공이 세시 풍속에 맞추어 그 시절의 풍경과 소회를 시로 적은 책이다. 이 책에 등장하는 삼해주는 다음과 같다.

붉은 능금 검붉은 마늘 병든 비장 낫게 하고(丹檎紫蒜病脾痊)
불볕더위에는 소주잔 기울이는 것이 제격이네(火酒宜傾火熱天)

오강五江의 무한한 물로 빚은 삼해주는(無限五江三亥釀)

도성 안 많은 사람들 돈을 쓰게 만드네(賕消都萬人錢)

능금과 마늘 소주는 더윗병을 치료한다. '삼해'는 소주의 이름이다.[23)]

이 시는 유만공이 '복날'과 관련하여 남긴 세 편의 한시 중 하나다. 한여름에 소주를 마시고 있다. 더윗병에 지친 사람들이 능금과 마늘, 그리고 소주로 치료를 하고 있다. 그런데 그 소주가 삼해주다. 도성 안의 많은 사람이 삼해소주를 마시는데 돈을 많이 쓰고 있다는 내용도 담겨 있다. 이 시에 나오는 오강은 한강의 나루터 중 경제적·군사적·교통상의 요충으로 여겨지는 다섯 곳을 말하는데 용산강, 마포강, 서강, 뚝섬강, 노량강 등을 말한다. 유만공이 이 책을 쓴 시기가 1843년, 철종 연간이다. 이 시절 한양에서는 삼해약주만큼 삼해소주도 많이 즐긴 듯하다. 게다가 더운 여름에는 막걸리와 청주가 쉽게 상할 수 있지만, 소주는 그럴 일이 없다. 우리는 유만공의 이 시를 통해 소주가 여름술이라는 사실을 다시 한 번 확인하게 된다.

다양한 삼해소주 오늘날의 삼해소주는 포도, 귤, 국화, 상황버섯 등을 이용해서 만들어지고 있다. ⓒ삼해소주가

국화꽃, 상황버섯 등 재료 본연의 향이 나는 삼해소주

그렇다면 현재 서울의 무형문화재로 지정된 삼해소주는 어떻게 만들

어지는 것일까. 고 김택상 명인의 양조법은 어머니 이동복 명인의 주방문을 따르고 있다. 첫 번째 해일 이전에 멥쌀로 가루를 내어 만든 죽으로 밑술을 담고, 해일마다 세 번의 술을 빚는다. 밑술을 포함하면 사양주(四釀酒)가 되는데, 한달에 한번 오는 해일에 덧술을 하므로, '큰 삼해주' 방식이다. 그리고 다른 삼해주 양조법과 달리 매번 덧술을 할 때마다 누룩을 사용한다. 들어가는 쌀의 양과 비교하면 보통의 청주를 빚을 때보다 많은 누룩량이다. 추운 겨울 동안 발효되는 술이라서 효모를 충분히 공급하는 목적도 있지만, 소주의 맛을 위해서라고 김택상 명인은 설명한다. 김 명인은 전통의 삼해주 이외에 포도, 귤, 국화꽃 그리고 상황버섯으로 빚은 누룩을 사용한 삼해주도 빚는다. 그렇게 빚은 술을 증류한 소주는 모두가 제각각 자신의 존재감을 향으로 드러낸다. 상황버섯 누룩으로 만든 소주 한잔이 내는 향은 방을 가득 채우고도 남는다. 중국의 명주인 마오타이가 장향형의 술이라는데, 김 명인의 술이 바로 그런 경우다. 그런데 각각의 버전별로 술의 향이 다르다. 포도와 귤, 그리고 국화와 상황버섯이 술에 응축된 듯 향을 발산하고 있기 때문이다. 특히 삼해소주를 두 번 증류해서 얻는 '귀주'는 알코올 도수 71.6도의 술이다. 입안에 술이 닿자마자 혀의 미뢰를 따라 달큰한 알코올 감이 순식간에 휘발되듯 퍼져나가는 술이다. 중국의 유명한 백주와 비교해도 손색이 없다.

전통은 박물관의 진열장에 갇혀 문화유산으로 있을 때보다 거리로 나와 문화로 소비될 때 더 의미 있게 가치를 드러낸다. 고답적인 태도로

'전통'이라는 이름에 머물러 있는 순간 새로움은 사라지고 낡은 이미지만 남은 '전통'은 그때부터 박물관의 시계에 지배당한다. 그래서 더 생기있게 문화 속에 살아남기 위해서 '전통'은 '팔다리'를 걷어붙이고 거리로 나와 시민들과 함께 호흡해야 한다.

그런 측면에서 삼해소주는 무형문화재로 지정된 술 중 거의 유일하게 문화로써의 자존감을 유지하면서 시민들과 함께 즐기는 '전통'으로 자리 잡은 술이라고 할 수 있다. 제법 큰 시설을 갖추고 상업 양조에 나서는 지방의 무형문화재와 달리, 최소한의 범위에서 상업 양조를 하면서 시민들이 참여하는 양조아카데미 과정을 통해 가양주의 전통을 알리고 있기 때문이다. 현재까지 양조아카데미를 거쳐 간 시민들은 대략 400명 안팎 정도라고 한다. 삼해소주의 특성상 3양주로 발효주를 만들고 이를 증류해야 하므로 전체 공정은 약 3개월 정도가 걸린다. 그리고 가양주 형식의 양조 프로그램이라는 점을 고려하면, 상당한 숫자가 삼해소주공방을 통해 서울의 전통술을 체험했다고 볼 수 있다. 양조아카데미를 시작한 것은 지난 2015년부터다. 고 김택상 명인이 시작하고 '삼해소주'의 김현종 대표가 더 많은 사람에게 삼해소주를 알리기 위해 적극적으로 SNS 마케팅을 펼치면서 활성화한 프로그램이다. 북촌을 찾는 시민과 관광객을 대상으로 한 시음프로그램보다 삼해소주를 더 알릴 수 있었고, 체험한 시민들의 만족도

삼해소주 아카데미 고 김택상 명인이 지도했던 삼해소주 양조 아카데미 과정

도 높아 최근 1년 동안은 수시로 대기자가 생길 정도로 큰 인기를 끌고 있다.

삼해소주는 2021년 북촌시대를 마감하고 마포시대를 새롭게 열었다. 조선시대 삼해주의 본고장인 마포로 공방과 양조장을 모두 옮겨온 것이다. 서울 북촌은 문화적 의미로서 충분한 가치를 갖고 있지만, 양조장 허가를 낼 수 없는 공간의 한계가 있었다고 한다. 그래서 삼해주의 역사적 의미를 찾아 마포에 새로운 둥지를 틀고 오늘도 삼해소주를 내리고 있다.

조선 왕가의 술, 향온주

우리 술을 빚는 누룩 중 녹두를 넣어서 띄우는 누룩을 향온곡이라 한다. 녹두는 해독 기능을 가진 곡물이다. 따라서 녹두가 들어간 누룩은 다른 누룩보다 더 귀히 여겼다. 그리고 통밀을 분쇄해서 만드는 일반 조곡(밀누룩)보다 훨씬 만들기도 까다롭다. 이유는 다른 곡물보다 단백질 함량이 높아서 잘못 띄우면 쉰내가 나는 등 재료 자체가 민감한 성격을 갖고 있기 때문이다. 그런데 제대로 띄운 향온곡으로 빚은 술은 이름 자체에서 드러나듯 향기가 그윽한 술이 나온다. 그런데 이 술이 '서울 술'이라는 사실을 아는 사람은 많지 않다. 안동 하면 '안동소주'가 떠오르고 서천 하면 '한산소곡주'가 생각나지만, 인구 1,000만이 넘는 메가폴리스 서울의 술을 아는 사람은 거의 없다. 이유는 여러 가지가 있겠지만, 문화로서 술을 바라보지 않은 까닭이 가장 크다. 그리고 20세기 중후반 식량의 자급자족을 위해 쌀로 빚는 술을 금지한 탓도 있고, 전통주로 되살아났지만 상업 양조를 하지 않아 시중에서 만날 수 없는 것도 그 이유 중 하나이다. 하지만 향온곡으로 빚는 향온주는 고려 때부터 만들어 왔던 오랜 역사를 지닌 술이며, 조

향온곡과 향온주 재료 서울시 무형문화재인 향온소주는 녹두를 넣어 빚은 향온곡을 사용해서 술을 빚으며 진피와 계피 등을 넣어 향을 북돋는다

선 500년 왕조의 궁궐 술로 자존감을 유지해온 최고의 술이었다. 지금은 서울시의 무형문화재(제9호)로 지정되어 보존되고 있는 술이기도 하다. 현재 이 술은 2대째 무형문화재를 이어 오고 있는 박현숙 장인의 손에서 명맥이 이어지고 있다.

향온주, 조선 궁궐에서 빚었던 왕의 술

향온주는 다양한 고조리서에 등장한다. 주방문이 기록된 책들은 《고사촬요》(어숙권, 1554년), 《규곤시의방》(안동 장씨, 1670년) 등 13개 정도이다. 다른 술들도 그렇지만 향온주도 기록에 따라 제조법이 조금씩 다르다. 궁궐의 술이어서 민간에 전달되는 과정에서 내용이 다르게 전해졌을 가능성이 크다. 앞서 말했듯이 향온주는 조선왕조의 술이다. 서울시 무형문화재로 지정되어 있는 이성자 향토주장의 이야기에 따르면 궁

에서 사용하는 술은 외부에서 사들이지 않는다고 한다. 연회는 물론 각종 제례 의식 등에서 상당량의 술을 사용하지만, 왕의 술이기 때문에 직접 궁에서 양조하고 관리한다는 것이다. 임금의 수라는 기미상궁이 독의 유무를 확인했지만, 술은 직접 따라 마셨기 때문에 기미를 할 수 없는 한계가 있었다. 따라서 독살 등의 위험 요소를 사전에 차단하기 위해 외부의 술은 일절 금했다는 것이 이성자 향토주장의 설명이다. 그런 까닭에 왕의 술은 술을 빚을 당시 임금의 건강 상태에 따라 만드는 방식과 들어가는 재료가 달랐다. 술의 성격이 왕의 부족한 기운을 돋우거나 병을 다스리기 위한 약주로 빚어졌기 때문이다. 마치 처방전에 따라 약을 먹듯 술도 빚을 때마다 왕의 건강에 도움이 되도록 양조한 것이다. 그래서 술의 이름은 '향온주' 하나이지만, 제조법은 매번 달랐고, 민간에 전해져 기록으로 남은 고조리서의 주방문 내용도 그렇게 차이를 보였다.

향온주장 이성자 서울시 무형문화재 제9호인 향온소주를 빚는 이성자 향온주장이 태권소년 파비앙에게 향온소주를 설명하고 있다. 사진은 지난 2021년 남산한옥마을에서 가진 '서울시 무형문화축제' 때의 모습이다.

궁궐의 술은 사온서와 내의원에서 관리했는데 그중에서 내의원은 내시 중 서열 3위인 상온(尙醞)이 그 책임을 맡는다. 상온이 관리하는 사람은 주인(酒人)과 주모(酒母)들이며, 모두 술을 빚는 남자와 여자를 일컫는 말이다. 또한 좋은 술을 빚고 싶은 마음에 궁에선 해마다 새로운 누룩을 빚을 때 방을 부쳐 민간에서의 누룩제조를 금지시켰다고 이성자 향토주장은 말한다. 좋은 균들이 궁궐의 향온곡에 내려앉아 궁에서 빚는 술들이 다 잘 빚어지길 바라는 마음에 그리한 것이다.

이렇게 만든 향온주는 어주(御酒)였다. 즉 임금이 마시는 술이기도 했지만, 임금이 왕실 종친들과 공신 등에게 하사품으로 보낸 술이기도 했다. 게다가 중국 사신이 방문했을 때 사용하던 환영 만찬주이기도 했으며, 북경으로 가는 사신단에 딸려 보내는 진헌품이기도 했다. 따라서 어느 술보다도 품질 관리에 신경을 많이 쓴 술이다.

임금이 하사한 향온주에 감동하여 남긴 시 한 편이 있다. 숙종 때 대제학과 병조판서 등을 지낸 오도일(1645~1703)의 시다. 이 시에서 향온주는 '궁온(宮醞)'으로 표현되어 있다. 궁궐에서는 향온주라는 술 이름보다는 '궁온'이라는 단어를 더 선호한 듯하다. 《조선왕조실록》에 향온주(향온 포함) 기사는 모두 75번 나온다. 이에 비해 '궁온'은 모두 104차례 등장한다. 뜻을 풀이하자면 '궁에서 빚은 향온주'가 되겠지만, 기사에는 어주 개념으로 주로 등장한다. 그리고 오도일의 시에도 어주라는 개념에서 '궁온'을 시어로 사용하고 있다.

> 세 해 동안 새긴 경계 가슴에 늘 간직해 왔으니(三年銘鏤戒常存)
> 국화를 마주해도 술잔은 마주하지 않는다오(縱對黃花不對樽)
> 서성의 달빛 아래 어주(御酒)를 특별히 내리시니(宮醞特宣西省月)
> 이 몸 취하고 깨는 건 다 임금님 은혜라네(此身醒醉摠君恩)[24]

숙종 임금에게 향온주를 받은 뒤 쓴 시라고 한다. 그런데 이 시는 그 배경을 알고 읽어야 시를 쓴 오도일의 마음을 헤아릴 수 있다. 사연은 이렇다. 숙종 23년(1677) 긴 가뭄으로 기우제를 지내는데 그날 오도일은 임금의 술을 단 위에 올리는 작주관 임무를 맡았다. 그런데 각질을 앓고 있어 걷는 데 많은 불편이 있었다고 한다. 몇 차례 술을 올리고 잠시 앉아 쉬는데 승지가 잘못 건드려 술잔을 엎고 말았다. 당연히 제사는 지체되었는데, 이 일을 두고 사헌부에서 '술에 취해 제사에 불경한 죄'를 지었다고 그를 탄핵한다. 음주 여부를 두고 갑론을박을 하다 결국 그를 파직하는 것으로 사건은 일단락된다. 이때 숙종은 오도일에게 술을 경계하라는 비망기를 전했고, 그는 3년간 금주한다. 그리고 이 시를 쓸 당시 오도일은 56세에 병조판서의 일을 보고 있었다. 그날 궁궐에 입직하여 국왕을 호위하는 어영청 일을 보는데, 이를 안쓰럽게 생각했는지 숙종이 향온주를 하사했다. 금주 중이었던 오도일은 임금이 내린 궁온에 감동하여 술 3잔을 마시고 이 시를 남겼다. 그러니 "이 몸 취하고 깨는 건 다 임금님 은혜라네"라는 구절이 안 나올 수 있겠는가.

어주의 사연을 더 알아보자. 우리에게는 국어 교과서에 나오는 '어부사시사'로 유명한 고산 윤선도(1587~1671). 그는 조선 17대 임금 효종에게 글을 깨우쳐준 스승이다. 그래서 효종은 고산을 "항상 마음으로 잊지 못한" 사람이라고 말한 바 있다.[25] 해남 윤씨의 종택인 녹우당에는 왕실에서 받은 선물 목록인 은사장이 수북하다. 이 은사장에는 인조와 효종이 얼마나 윤선도를 사랑했는지 확인할 수 있는 선물들로 가득 채

워져 있다. 각종 명절과 행사에 맞춰 보낸 임
금의 하사품은 제철 식재료와 향신료 및 각
종 생활용품 등이다. 그런데 매번 빠지지 않
고 보낸 물건이 있으니 그것이 바로 술이다.
녹우당 기록에 따르면 윤선도가 받은 술은 소
주와 향온주, 그리고 홍소주 3종류다. 소주와

녹우당 전남 해남에 있는 녹우당 전경

향온주가 각각의 이름으로 적혀 있지만, 하나의 술을 두고 다르게 적었
을 가능성이 높다. 궁궐의 술은 향온곡을 기본으로 사용한다. 따라서 소
주는 향온곡으로 빚은 술을 증류한 향온소주일 가능성이 높다. 이와 함
께 많이 받아 자주 이름이 등장하는 홍소주는 향온주를 내리면서 뿌리
가 붉은 약재인 지초를 통과시켜 술의 빛깔을 붉게 만든 술이다. 평양의
감홍로도 같은 계열의 술이며, 현재 전라남도 무형문화재로 지정된 진
도의 민속주인 '홍주'도 같은 방식으로 만들어지는 술이다.

궁궐의 술 향온주가 한양의 민가로 전해진 사연

그렇다면 궁궐의 술인 향온주가 한양의 민가로 전해진 사연은 무엇일
까. 이 이야기는 숙종 임금과 장희빈, 그리고 인현왕후의 관계에서 시작
된다. 궁궐 내의 권력 다툼에서 노론이 집권에 실패하였던 시절, 인현왕
후는 폐위되어 사가에 8년간 유폐된다. 이 시기 인현왕후의 외가인 하
동 정씨 집안에 이 술이 전파되어 인현왕후의 외할머니를 통해 집안의

향온주 주안상 향온소주는 갈비 등의 고기 안주와 잘 맞는다고 한다. 사진은 향온소주를 곁들인 주안상

술로 정착하게 된다. 이렇게 하동 정씨 집안의 술로 내려왔던 술은 일제강점기 때 크게 위축되었다가 1993년 서울시 무형문화재 9호로 지정되면서 되살아난다. 1대 장인은 고 정해정 씨. 그리고 2대째 향온주장은 박현숙 씨가 이어가고 있다. 박현숙 장인은 멥쌀로 3양주를 빚어 알코올 도수 42도의 소주로 내려 술로 사용하고 있다.

하지만 서울시 무형문화재인 향온주는 상업 양조를 하지 않는다. 문화재로서 명맥만 유지하고 있다. 그런데 향온주와 홍소주 등의 우리 술은 100년 전 이 땅에서 빚어 마셨던 술들이다. 특히 한양 도성을 중심으로 생산되고 소비되었던 술이다. 지난 20세기, 거의 100년 동안 이 술들은 사라졌다. 일제강점기의 탄압과 식량부족을 이유로 한 쌀발효주 금지 정책의 결과이다. 덕분에 쌀은 오랜 기간 금기의 대상이었다. 금기는 우리 기억에서 이 술들의 이름을 지웠고, 결국 문화까지 소멸시켰다. 그러다 20세기 말 이 술들이 무형문화재로 지정되면서 되살아나기 시작했다.

문화는 소비되어야 원형을 확장할 수 있다. 그리고 새로운 세대와의 만남과 헤어짐을 반복하면서 진화한다. 재현된 이 술들도 진화하면서 새로운 세대를 만날 것이다. 하지만 소비되지 않으면 기억은 불가능하다. 맛이 추억에 기억돼 나오듯이 술도 기억되기 위해서 소비되어야 한다. 하지만 향온주는 상업 양조를 하지 않아 소비의 기회가 사실상 차단되어 있다. 홍소주는 진도홍주와 감홍로를 통해 소비되며 기억되고 있다. 그나마 다행한 일이다. 하지만 향온곡을 빚어 홍소주로 내린 술은 아직 시장에 나오지 않았다. 그래서 100년 전 이 땅의 술은 여전히 되살아나지 않았다고 보아야 한다.

여러 차례 강조한 바 있지만, 우리 술맛의 뿌리는 누룩이다. 누룩의 재료로 어떤 곡물을 사용했는지에 따라 술맛은 달라진다. 즉 다채로운 맛을 누룩이 가져다주는 것이다. 소주도 마찬가지다. 100년 전 우리 조상들은 그중 으뜸으로 향온곡을 치켜세웠고, 이 누룩으로 빚은 술을 왕실에서 소비하였다. 그런데 지금 우리 술은 어떠한가. 가양주가 복원되어 전통에 입각한 술들이 되살아나고 있다. 그런 점에서 우리 술의 지평이 넓어지고 있는 것은 사실이다. 하지만 누룩까지 빚으며 술을 양조하는 술도가는 별로 없다. 최근 '우리 술 품평회'에서 대통령상을 포함해 여러 번 상을 받은 화양양조장이 그나마 향온곡을 만들어 술을 빚고 있다. 경상북도 김천의 배금도가도 향온곡을 빚어 술을 만들고 있다. 정읍에서 우리 누룩을 연구하고 있는 한영석누룩연구소의 한영석 소장도 향온곡에 많은 관심을 두고 누룩을 딛고 있다. 반가운 일이다. 이런 분위기가 더욱 늘어나 향온곡으로 빚은 우리 술이 더 많아지고, 홍소주도 상품으로 출시될 날을 기원해 본다. 윤선도의 어부사시사의 후렴구 '지국총 지국총 어사와'를 추임새 삼아 홍소주 한 잔의 주향을 즐길 날을 고대해 본다.

조선 시대의 술 '홍소주' – 왕가의 술이자 평양의 술

영롱한 붉은 빛을 내는 매혹적인 빛깔의 소주가 있다. 소줏고리에서 내려지는 소주를 약초인 지초 뿌리를 통과시켜서 붉은 빛을 얻은 술이다. 붉은색을 내서 술의 관능미를 높인 홍주(홍소주)는 원래 향온주와 함께 조선왕조의 술이었다. 궁궐에서 술을 관리하는 내의원의 도제조가 "은솥이 아니고서는 그 색과 맛을 낼 수 없다"고 말한 것이나 내의원에 보관 중인 홍소주를 전연사의 노비가 훔쳐 마시고 사형이 선고된 사건이 《조선왕조실록》의 기사로 등장하는 것을 보면 알 수 있다. 이와 함께 홍소주의 주방문을 기록한 고조리서의 술 이름을 살펴보더라도 궁궐에서 빚은 술이라는 증거를 곳곳에서 찾을 수 있다. 《산림경제》에 나오는 내국홍로주, 《임원십육지》의 내국홍로방 등의 술 이름에는 내의원을 뜻하는 '내국'이라는 단어가 들어 있다. 또 구체적인 주방문에 녹두로 빚은 향온곡이나 향온주 등의 설명을 같이 곁들이고 있다. 이처럼 홍소주의 출신에 대한 근거를 내세워서 궁궐의 술임을 강조하는 까닭은 이 술의 출발은 기억하지 못하고 민간에서 빚고 있는 홍주를 홍소주로 알고 있는 사람들이 많기 때문이다.

홍소주의 주방문을 정리하면, 이 술은 향온곡으로 술을 빚어서 다 익

지초 홍소주는 '지초'의 뿌리를 통과시켜 붉은 색의 소주를 얻는다.
홍소주 지초 증류과정 소줏고리에서 내려 온 증류액이 지초뿌리를 담은 그릇으로 통과하고 있는 장면

으면 소주로 내리는데, 그때 지초를 담은 그릇으로 증류액을 통과시켜서 붉은색이 배어 나오도록 만든 술이다. 내리는 과정도 은솥을 사용해 거친 맛까지 잡으려 했으니 얼마나 귀한 대접을 받은 술이겠는가. 그러니 왕족과 공신들에게 선물로 하사하는 어주 목록에서도 빠지지 않았을 뿐 아니라 중국 사신에게 보내는 선물에도 홍소주는 들어가 있었다.

은솥 제조 과정 논란 빚은 궁중 명주 홍소주

《조선왕조실록》에는 홍소주와 관련, 모두 12차례의 기사가 소개되어 있다. 《성종실록》에 7회, 《중종실록》에 1회, 《인조실록》에 3회 등장한다. 그리고 《영조실록》에 사가에서 만든 홍로주라는 이름이 한차례 나온다. 궁중의 술인 향온주(향온 포함)는 모두 71차례 언급되는 것과 비교하면 홍소주의 기록은 초라하다. 하지만 《실록》에는 다른 명주들의 이름들은 등장하지 않는다. 이를 고려하면 홍소주의 위상은 결코 낮은 것이 아니다. 서울의 대표 술인 삼해주도 두 차례밖에 등장하지 않는다.

앞서 소개했던 내의원 도제조의 사연은 《인조실록》에 등장하는 기사다. 전연사의 노비가 홍소주를 훔쳐 마신 사건은 성종 때 발생했다. 먼저 《인조실록》에 실린 도제조의 사연부터 살펴보자. 병자호란이 끝난 바로 그 해, 사헌부에서 임금에게 주청한다. 내의원에서 홍소주를 빚을 때 사용하는 은으로 만든 증류기를 없애라는 것이 주된 내용이다. 전란이 끝난 뒤 왕실이 사치하는 모습으로 비추어지는 것을 문제 삼은 것이다. 등 돌린 백성들의 민심을 돌리기 위해서라도 쇄신은 필요했다. 하지만 인조는 소독을 위한 이유라고 말하며 사헌부의 간언을 물리친다. 사헌부의 결기도 대단했다. 물러서지 않고 또 주청을 올린다. 내의원의 도제조까지 나서서 사헌부의 주장을 물리치지만 소용없었다. 도제조는 명예직이긴 하지만 삼정승 중 한 사람이 맡는다. 내의원의 도제조가 내의원의 의견을 받아 "홍소주는 은솥을 쓰지 않으면 색깔과 맛이 제대로 나지 않습니다. 시험 삼아 구리 솥으로 끓여 보게 했더니 과연 진어할 수 없었습니다"라고 말하였는데도 막무가내였다. 결국 인조는 은솥을 폐기한다. 수습해야 할 국정과제가 산적한 가운데 사헌부의 집요한 문제 제기를 물리칠 자신이 없었기 때문이다.[26]

홍소주에 쓰이는 지초는 뿌리가 붉은 보랏빛을 띠며 해열과 해독은 물론 염증 치료에도 효과가 있어서 민간에서는 오랫동안 소화제와 부인병 치료제 등으로 쓰였다고 한다. 또한 내의원에서 은솥을 사용해서 홍소주를 내리는 까닭은 은솥이 독을 제거하기 때문이다. 또한 은의 성질이 평하고 오장을 편하게 해주고 인체에 해롭지 않은 것도 궁에서 은솥으로 소주를 증류하는 이유이기도 하다.[27]

민간에서 구전·제조되었던 홍소주와 감홍로

하지만 홍소주를 궁궐에서만 빚어 마신 것은 아니다. 허준(1539~1615)

이 쓴 《동의보감》의 주방문을 살펴보면 다음의 내용이 나온다.

"소주를 달일 때 자초를 얇게 썰어 항아리에 넣되, 소주 1병에 자초 5 돈이나 7돈을 기준으로 한다. 뜨거운 소주를 자초에 있는 항아리에 넣고 오래 두면 먹음직스럽게 선홍색이 된다."[28]

이렇게 적은 주방문 뒤에는 '속방', 즉 민간에서 행해지는 방법이라고 적고 있다. 허균이 왕가의 술 제조법을 알아서 적었다기보다는 민간에서 구전을 통해 오래전부터 내려오던 제조법을 기록했을 것이다. 이렇게 빚어진 술들이 남쪽으로는 진도의 홍주가, 그리고 북쪽으로는 평양의 감홍로(甘紅露)가 되었을 것이다. 물론 허준의 《동의보감》 집필 이전부터 이 술들이 양조 되었을 수도 있다. 문화적 경로는 단선적이라기보다는 다층적으로 이뤄졌을 가능성이 더 크기 때문이다. 홍소주도 그럴 것이다. 참고로 홍소주와 감홍로는 빚는 방식은 같다. 다만 이름에 나왔듯이 감홍로는 단맛을 내도록 꿀을 넣은 것이다.

홍소주와 감홍로는 색에서 가장 사람의 눈길을 많이 끈 술일 듯싶다. 그러니 사람들의 호기심도 많이 자극했을 것이다. 이는 두 술의 이름이 조선시대의 문학작품이나 판소리에 자주 등장하는 것에서 알 수 있다. 우선 홍소주는 작자와 연대가 미상인 고전소설 〈삼선기〉에 등장한다. 이

감홍로 문배주와 감홍로를 빚었던 고 이경찬 씨가 직접 빚은 '감홍로'

소설은 명문대가 출신의 선비가 도덕군자인양 위선적 생활을 하는 모습을 풍자한 글이다. 소설에선 결국 두 사람의 기생들에게 유혹되어 평양에 기생집을 열고 산다는 내용으로 전개된다. 소설 속 홍소주는 주인공 이춘풍이 홍제원 근처에서 무관 등의 왈패들에게 둘러싸여 온갖 비방과 곤욕을 치르며 술 고문을 당하는 대목에서 등장한다.

"백옥 잔에 홍소주를 가득 부어 드리며 왈 "주불쌍배(酒不雙杯)라 하니 살아서도 석 잔이오, 죽어서도 석 잔이라, 반 남아 늙었으니 다시 젊든 못 하리라. 이 술 한 잔 잡수시면 춘풍화기하고 안 먹으면 주먹당상이요. 한 잔 술에 눈물이오. 살아생전 일배주라."

이 밖에도 판소리 《별주부전》과 《춘향전》에도 감홍로가 등장한다. 용궁으로 토끼를 꾀어가기 위해 거북이가 건넨 말이 용궁에는 감홍로가 있다는 것이었고, 한양으로 떠나는 이몽룡과의 이별주를 나누기 위해 춘향이 향단에게 내오라고 한 술이 감홍로다. 그것도 마지막에 꺼내오라고 한 술이다. 그만큼 일반 백성들에게 홍소주와 감홍로는 맛있는 술의 대명사로 받아들여졌다.

지금도 홍소주와 감홍로는 빚어지고 있다. 홍소주는 전라남도 무형문화재로 지정된 진도홍주를 통해서 이어지고 있고, 감홍로는 이기찬 명인이 평양에서 빚던 방식을 그대로 가지고 와 현재는 그의 딸인 이기숙 명인이 파주에서 빚는다. 우선 진도홍주를 살펴보자. 홍주는 녹두를 넣은 향온곡을 사용하지 않는다. 즉 조선 왕가의 누룩을 쓰지 않는다는 것이다. 보리와 밀로 누룩을 만들어 사용하고 술덧도 쌀과 보리로 만든다. 향온주를 만들어 홍소주를 만드는 궁궐의 술과는 많은 차이가 있다. 진도에서 홍소주를 빚는 유래는 세 개 정도가 전해지고 있다. 하나는 몽골에 대항하던 삼별초를 평정하기 위해 진도에 몽골군이 내려와 홍주 빚는 법을 전했다는 것이고, 둘째는 연산군 때 귀양을 온 이주(李胄, 1468~1504)를 통해서 홍주가 전래되었다는 것이다. 그리고 셋째는 양천 허씨 집안의 가양주로 진도에 들어와 13대째인 허화자 씨를 통해 오늘에 이르렀다는 것이다. 몽골군의 홍주 빚는 내용과 유배를 온 이주를 통해 들어왔다는 설은 다른 사료로 증명할 수 없어서 단순히 추정할 뿐이다. 그리고 양천 허씨 집안의 가양주도 문헌으로는 남아있지 않다. 다만 양천 허씨 집안에 내려오는 이야기 하나가 이를 방증하고 있는데 내용은 다음과 같다.

허화자 무형문화재로 진도홍주를 빚었던 허화자 씨 ⓒ국가문화유산포털

세조 때 이시애의 난을 평정했던 재상 중에 허종(1434~1494)이라고 있는데, 성종 때 윤비 폐출을 두고 어전회의가 소집되었다. 그런데 부인 한 씨는 남편을 참석시키지 않기 위해 집안의 술인 홍주를 권했고, 이 술에 취해 회의에 참석하지 않아, 나중에 연산군이 윤비 폐출 문제를 두고 일으킨 갑자사화에서 화를 면했다는 이야기다. 경우

이기숙 명인 '감홍로' 양조장에서 자신의 술을 설명하는 이기숙 명인

가 어떻게 되었든 홍주는 서울에서 빚어지던 홍소주가 진도에 내려와 토착화한 술이다. 지역에서 쉽게 구할 수 있는 보리를 누룩과 술덧에 사용한다는 점에서 차이가 있을 뿐이다. 지금은 전라남도 무형문화재 제26호로 지정되어 있으며, 현재는 진도대북 영농조합법인, 대대로 영농조합법인 등에서 생산하고 있다.

감홍로는 평양의 명주로 이름을 날리던 술이다. 우리나라는 남쪽은 막걸리와 청주가 강세이고, 북쪽은 높은 도수의 소주가 술문화의 중심이다. 고려 때 몽골을 통해 증류주 내리는 방법이 전달된 이후 평안도와 함경도 등 북쪽 지방은 거의 막걸리보다 소주를 내려 마셨다고 한다. 게다가 홍소주는 궁궐에서 양조해서 중국 사신 접대를 위해 주로 사용한 술이기도 하다. 평양은 사행단이 한양으로 가는 길목이다. 자연스럽게 홍소주와 감홍로 등의 술이 발전할 수 있는 분위기가 일찍이 조성되어 있었다.

평양의 명주 감홍로에 대한 흔적은 유득공(1478~1807)이 쓴 애련정(愛蓮亭)이라는 시에도 그윽하게 채워져 있다. 애련정은 평양의 대동문에서 종로로 통하는 길 한복판에 있던 연못 '애련담'에 있던 누각이다. 애련정 앞에서 연못에 있는 연잎에 후드득거리며 떨어지는 빗소리를 '연당청우(蓮塘聽雨)'라고 하는데, 이를 평양 8경 중 하나로 꼽는다고 한다. 유득공은 애련정에서 "곳곳마다 감홍로니, 이 마을이 곧 취한 마을일세"라고 노래를 한 것이다.[29] 연못 앞에 서 있는 정자에서 평양 시내의 붉은 주등을 깃대에 매단 집마다 감홍로를 빚어 파는 모습을 보며 '마을이 취한 마을'이라고 말하고 있을 정도이니, 가히 평양 술이라 불러 모자람이 없을 듯하다. 안타까운 사실은 원래의 애련정은 일제가 뜯어가 일본에서 화재로 소실되었고, 지금 있는 애련정은 모란봉 기슭에 새로 지어진 것이라고 한다.

평양의 대표 술이었던 감홍로가 지금은 파주에서 나오고 있다. 평양에서 평천양조장을 하던 이경찬(1993년 작고) 씨의 딸 이기숙 명인(전통식품명인 제43호)의 손에서 다시 태어나 조선 3대 명주의 명맥을 잇고 있다. 감홍로는 생산 중인 전통주 가운데 가장 긴 슬로푸드 주기를 가진 술이다. 물 누룩을 내려 멥쌀과 메조(7대3)를 섞어 고두밥을 지어 세 번 술을 빚어 발효시킨다. 이 과정은 대략 15일 정도면 끝난다. 멥쌀과 메조를 사용해 신맛 도는 원주를 만들고 이를 소주로 증류시키는데 이 과정이 복잡하다. 1차 소주를 내려 숙성을 시키는 데 몇 개월이 걸린다. 안정화된 술을 다시 증류해서 용안육과 계피, 진피, 생강, 감초 등의 약초를 넣어 2개월 정도 침출시킨다. 그리고 또 1년 6개월을 숙성시켜 병입한 것이 시판되고 있는 '감홍로'다. 그 덕분에 이 술은 2014년 이탈리아에 있는 '생물다양성재단'이 선정하고 있는 슬로푸드 '맛의 방주'에 등재되어 있다.

빼앗긴 들에 봄은 오지 않고,
우리 소주도 사라졌다

일본이 조선을 강제 병탄한 지 16년 만에 경복궁 근정전 앞에 조선총독부 건물이 들어섰다. 1926년, 매국노 이완용이 죽었고 창덕궁에 유폐된 듯 살아온 순종도 세상을 떠났다. 일제의 식민통치는 강화되었고, 조선의 백성들은 끝 모를 식민지 생활에 지쳐가고 있던 시절, 시인 이상화(901~1943)는 그해 6월《개벽》지를 통해 '빼앗긴 들에도 봄은 오는가'라는 시를 발표했다.

"지금은 남의 땅-빼앗긴 들에도 봄은 오는가?"로 시작된 이 시는 잘 자란 보리밭과 마른 논에 물들어가는 착한 도랑, 그리고 온몸에 풋내를 띠고 푸른 웃음과 푸른 설움을 안고 있는 내가 땅에 내려온 봄을 만나고 있다. 하지만 그의 마음의 봄은 멀기만 하다. 그래서 시인은 "지금은-들을 빼앗겨 봄조차 빼앗기겠네"라며 민족의 비통한 마음을 피를 토하는 심정으로 써 내려갔다. 결국 이 시는 참을 수 없는 민족적 울분을 감성의 언어로 채워 넣어 '춘래불사춘(春來不似春)'을 뛰어넘는 시로 우리 마음에 자리하게 되었다.

우리 술의 개념을 흔들던 소주의 흑역사, 신식 소주

그런데 빼앗긴 들에만 봄이 오지 않은 것은 아니다. 우리 소주는 아예 그 빼앗긴 들에서 서서히 사라지고 있었다. 소주의 흑역사가 시작된 것이다. 당시 판매되던 소주는 누룩으로 빚던 '곡자 소주'와 1924년 등장하여 빠르게 늘어가던 '흑국 소주'[30], 그리고 1919년 인천의 조일양조가 국내 처음으로 들여온 '신식 소주'[31] 등이었다. 곡자와 흑국은 발효제를 말한다. 곡자는 전통 누룩을, 흑국은 오키나와의 아와모리 소주를 만들 때 사용하던 검은 곰팡이를 입힌 입국을 말한다. 발효제로 구분되는 이전의 소주와 달리 신식 소주는 이름부터 남달랐다. 당시 유행하던 '모던'만큼 세련되게 느껴졌고, 이전의 것들과 차별하여 질적으로 더 뛰어나다는 의미를 남모르게 지닌 다소 불손한 단어였다. 과거의 것은 낡은 것이고, 신식은 새로움을 뜻하니 자연스럽게 편가름을 할 수 있는 마법의 단어이기도 했다.

그렇다면 신식 소주는 어떤 술이었을까. 당시로서는 획기적인 기술을 이용해서 만든 술이다. 다단식 증류탑을 갖춘 연속식 증류기를 이용하여 짧은 시간에 알코올 도수 95% 이상의 주정을 대량으로 생산하고, 이 주정에 마실 수 있는 적정 알코올 도수까지 물을 타서 만든 술이다. 요즘 말로 희석식 소주를 의미한다. 하지만 이 기술은 당시로서는 최신의 기술이었다. 연속식 증류기 자체가 1895년경 일본에 소개되었고, 1919년에 국내에 들어오게 된다. 그리고 이 기술은 당시 일본에서도 대장성의 양조연구소에서만 가지고 있을 정도로 귀한 양조법이었다. 특히 신식 소주는 소주의 생산단가를 획기적으로 낮출 수 있었다. 쌀이나 보리 등 귀한 식량을 쓰지 않고 값싼 재료로 주정을 만들 수 있기 때문이다. 게다가 95%의 알코올은 휘발유를 대체할 수 있고, 화약 등의 폭발물의 재료로도 사용할 수 있는 전략물자였기 때문에 조선총독부로서는 적극적으로 신식 소주를 권장해야 할 형국이었다.

　신식 소주는 1926년 이후 빠르게 성장한다. 부산에 노동자 100여 명을 고용한 대형양조장이 들어선 데 이어 1922년 설립되어 곡자와 흑국으로 소주를 만들던 평양의 태평양조도 신식 소주 생산설비를 갖추고 대량 생산에 나선다.[32] 1929년에도 두 개의 공장이 신설 또는 설비 전환을 통해 신식 소주 생산대열에 합류한다. 이들은 모두 대만에서 당밀을 가져다가 소주를 만들었다.[33] 이러한 신식 소주에서의 원재료 변화는 우리 술에 대한 개념을 흔들기 시작했다. 그동안 우리 술은 지역에서 나는 곡물로 빚어왔다. 하지만 총독부는 서서히 군사적 목적으로 식량자원을 관리하기 위해 자본의 논리에 맞춰 값싼 해외농산물을 수입하기 시작한다. 총동원령에 앞서 우리 술은 서서히 반도에서 생산하는 농산물과 이별을 하게 된다.

1930년대 소주 업계는 신식 소주와 흑국 소주 전성기

　그런데 우리 술 시장의 변화가 재료와 증류 기술에만 한정된 것은 아니었다. 소주 양조업계도 질적, 양적인 변화가 이뤄지고 있었다. 1916년 전국의 소주 양조장은 28,404개소였으며 87,527석[34]의 소주를 생산했는데 10년 뒤인 1926년에는 1,303개소의 양조장에서 237,124석의 소주를 양조해낸다. 양조장은 파격적으로 줄었는데, 생산량은 2.7배

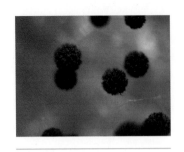

흑국균 ⓒ수원발효

나 성장한 것이다.[35] 여기에 소주 시장의 구조까지 변하는 일이 발생한다. 절간고구마(썰어 말린 고구마)와 대만산 당밀 등을 이용해서 저렴하게 생산하는 신식 소주와 비교할 때 우리 쌀로 빚는 누룩 소주는 가격경쟁력에서 크게 밀릴 수밖에 없었다. 이때 누룩 소주를 빚는 양조장들에 한 줄기 희망이 비친다. 흑국 소주였다. 대자본을 들여서 다단식 연속 증류기를 갖추지 않고도 발효제 하나만으로 생산비를 낮출 수 있었던 것이다. 앞서 인용한 김승의 논문에 따르면 1931년 유통되던 소주는 신식 소주, 흑국 소주, 누룩(맥국) 소주 등 3종류였으며, 그 해 소주 생산량은 약 37만석이었다고 한다. 이중 신식 소주가 약 20%를 차지하고, 흑국 소주가 50%, 누룩 소주가 나머지 30%였다. 생산단가는 흑국 소주가 1석당 42원이었는데, 누룩 소주는 52원 50전이었으니 생산비에서만 10원 50전의 차이가 있었다. 여기에 실제 이윤을 붙여 판매하면 30원의 차이가 발생한다.[36]

생산비 및 판매이윤에서 이처럼 큰 격차가 발생하자 조선의 누룩 소주 양조장들은 빠르게 흑국 소주로 이행하게 된다. 대표적인 양조장이 두꺼비로 유명한 '진로'다. 진로의 창업자인 장학엽은 1924년 진천양조상회를 설립하고 소주를 생산했으나 계속 적자를 보았다. 대형양조장과의 치열한 경쟁에서 살아남지 못하고 1927년 파산하게 되는데, 이때 새로운 파트너를 만나 재기하면서 흑국 소주 제조법을 익히게 된다. 이 소

주가 결국 오늘의 '하이트진로'까지 이어져 오게 된다.[37]

　이처럼 누룩으로 빚던 소주는 흑국을 선택하면서 빠르게 시장에서 퇴장하였다. 1931년까지 30퍼센트 정도 남아있던 누룩 소주는 1934년에는 아예 자취를 감추고 말았다. 더 이상 가격 경쟁에서 버텨낼 수 없었기 때문이다. 1927년 발표한 이상화의 시에서처럼 당시 우리의 빼앗긴 들에는 봄이 오지 않았다. 게다가 우리의 누룩 소주마저 제자리를 빼앗기고 소줏고리는 허름한 창고 한편으로 쫓겨나 천덕꾸러기가 되고 말았다. 고작 30년 정도의 시간이 흘렀을 뿐인데 쌀과 누룩으로 빚던 우리 소주는 한반도에서 사라지고 희석식 소주와 흑국 소주가 주인 노릇을 하게 된다.

백석의 '나와 나타샤와
흰 당나귀' 그리고 소주

1938년은 백석이 '나와 나타샤와 흰 당나귀'를 통해 현대시의 시어로 '소주'라는 단어를 처음 등장시킨 해라고 한다.[38]

가난한 내가

아름다운 나타샤를 사랑해서

오늘밤은 푹푹 눈이 나린다

나타샤를 사랑은 하고

눈은 푹푹 나리고

나는 혼자 쓸쓸히 앉아 소주를 마신다

소주를 마시며 생각한다

나타샤와 나는

눈이 푹푹 쌓이는 밤 흰 당나귀 타고

산골로 가자 출출이 우는 깊은 산골로 가 마가리에 살자

눈은 푹푹 나리고

나는 나타샤를 생각하고

나타샤가 아니 올 리 없다

언제 벌써 내 속에 고조곤히 와 이야기한다

산골로 가는 것은 세상한테 지는 것이 아니다

세상 같은 건 더러워 버리는 것이다

백석 백석의 1937년 사진으로 함흥 영생보고 재직시절의 모습이다. 출처 : 위키미디어

눈은 푹푹 나리고
아름다운 나타샤는 나를 사랑하고
어데서 흰 당나귀도 오늘밤이 좋아서 응앙응앙 울을 것이다
- 백석 〈나와 나타샤와 흰 당나귀〉 전문

나타샤를 사랑해서 내리는 눈을 바라보며 쓸쓸히 앉아 소주를 마시는 백석, 그는 무슨 생각을 하고 있었을까. 시는 나타샤를 바라보고 있지만, 산골로 가는 것은 세상에 지는 것이 아니라고 주장하는 백석의 눈에 비친 세상은 어떤 모습이었을까. 지는 것이 아니었으니, "세상 같은 건 더러워 버리는 것"이라고 말한 그다. 그리고 눈은 푹푹 내리는 어느 추운 겨울날, 어디에서인가 '흰 당나귀'가 나타나 밤이 좋아서 응앙응앙 울고 있다. 그래서 가난한 시인은 그 당나귀를 타고, 깊은 산속의 마가리(오두막)로 가자고 나타샤에게 말한다. 마치 옆에 앉아 있는 사람에게 말하듯이. 가난하면 사랑하기 힘든 것은 그때나 지금이나 마찬가지인가 보다.

1938년 전쟁으로 곡물로 술 빚기가 금지되던 시절

1938년은 일본이 중국과 전쟁을 벌인 지 1년이 된 해이다. 제국주의의 팽창 야욕을 채우기 위해 총독부는 식민지 조선 민중들의 눈을 가릴 목적으로 '황국신민의 서사'를 제정한다. 그리고 바로 신사참배를 강요

했다. 우상을 금지하는 개신교 단체들마저 변절하여 신사참배를 국가 의식으로 인정하던 시기에 평양에 있는 숭의여학교와 숭실학교는 신사참배를 거부하다 폐교를 당한다. 식민지 조선에서의 삶은 이처럼 날이 갈수록 퍽퍽해져만 간다. 그런 탓에 사회 분위기는 백석의 시처럼 눈이 푹푹 내리는 추운 겨울과도 같다. 게다가 독일은 오스트리아를 합병하며 나치즘의 숨은 얼굴을 들춰내던 그해에 일제는 '국가총동원법'을 공포한다. 당연한 이야기겠지만 식민지 조선도 그 영향을 받아 일본의 대륙 침략을 위한 인적, 물적 자원 동원에 협력하는 '국민정신총동원조선동맹'이라는 단체를 만든다.

전쟁에서 가장 중요한 동원의 대상은 쌀과 같은 식량이다. 그런데 식량만큼 중요한 통제 대상이 하나 더 있다. 바로 술이다. 언제 끝날지 알수 없는 전쟁이기에 국가는 군량미와 민간인들의 식량을 우선 확보하여야 한다. 따라서 식량으로 사용할 곡물로 술을 빚는 행위는 엄격하게 통제될 수밖에 없다. 그것은 식민지 조선을 통치하던 총독부도 마찬가지였다. 1938년은 한반도에서 생산되는 곡물로 술을 빚는 게 사실상 어려워진 첫해라고 할 수 있다. 물론 중일전쟁을 벌인 1937년부터 총독부는 군량미 조달을 목적으로 쌀을 통제하였다. 즉 배급제를 시행한 것이다. 당연히 부족한 술의 원료를 수입에 의존하게 되었다. 1919년부터 적은 양을 수입하다가 1926년 이후 대형 신식 소주 공장들의 수요로 인해 대만산 당밀 수입은 빠르게 증가하였다. 비록 흑국 소주와 누룩 소주는 여전히 반도에서 생산하는 곡물과 고구마로 술을 빚을 수는 있었지만,

1938년을 기점으로 총독부는 곡물을 더욱 엄격하게 관리하게 된다. 이제는 더 이상 양조장들이 주도해서 원료를 선택할 수 없는 세상이 된 것이다.

식민지시대의 아픔을 술로 삭혔던 서민의 술, 흑국 소주

백석은 자신의 시에서 눈이 푹푹 내리는 날 '소주'를 마셨다고 한다. 이 소주는 그럼 어떤 소주였을까. 이상화의 시 '빼앗긴 들에도 봄은 오는가'가 발표되었던 1926년까지는 식민지 조선의 백성들은 누룩 소주를 즐겨 마셔왔다. 하지만 그해를 기점으로 대만산 당밀과 절간고구마로 만든 신식 소주가 두각을 나타내기 시작한다. 대자본의 마케팅과 저렴한 생산비 등으로 시장에서 압도적인 경쟁력을 갖게 되었기 때문이다. 그리고 10년의 세월이 흐른 1935년경이 되면 한반도에는 5가지 종류의 소주가 팔리고 있었다. 이들을 살펴보면 다음과 같다. 첫 번째는 크게 줄어 명맥만 유지하고 있던 누룩 소주, 두 번째는 일본의 오키나와와 가고시마 등에서 생산비를 줄이기 위해서 누룩 대신 거무스름한 종국을 사용한 흑국 소주, 세 번째는 당밀 또는 절간고구마 같은 전분 함유물을 원료로 사용하여 정교한 연속식 증류기로 증류한 신식 소주, 네 번째는 청주를 제조하고 남은 지게미를 증류하여 만드는 박취 소주, 마지막으로 청주와 술덧을 증류하거나 술의 제조과정에서 부패하여 술맛이 변한 술을 증류한 소주다.[39]

이처럼 다양한 소주가 있었지만, 증류한 것을 원형 그대로 판매하지는 않은 듯하다. 특히 신식 소주는 이름은 한몫했지만, 맛에서는 이름값을 하지 못했다. 화학적으로는 순수한 신식 소주였지만, 향미 성분이 부족해 애주가들의 입맛을 충족시키지 못하였기 때문이다. 그래서 누룩 소주와 흑국 소주를 10~20% 정도 혼합하여 판매하였다고 한다.[40] 또한 저렴한 제조 비용 덕분에 누룩 소주를 대체하며 빠르게 성장한 흑국 소주도 처음에는 애주가들의 사랑을 받지 못하였다고 한다. 흑국 자체의 독특한 향을 소비자들이 꺼렸기 때문이다. 그러다 점차 일반인들에게 익숙해지면서 소주 시장의 대세로 성장하게 된다. 상황이 이렇게 변하자 1927년부터 서북 5도를 중심으로 한 조선인 소주 업자들의 90%가 흑국 소주를 생산하기에 이른다.[41] 이처럼 흑국 소주가 빠르게 소주 시장의 주류로 부상하게 되자, 신식 소주에게도 기회가 생기기 시작하였다. 신식 소주의 부족한 맛을 채우기 위해 넣었던 흑국 소주가 징검다

1920년대의 선술집 풍경 선술집은 이름에서 알 수 있듯이 서서 술을 마시는 술집이다. 일제강점기의 대중잡지 《별건곤》(1929년 9월)에는 선술집의 장점을 "제1은 시간이 경제되고 제2는 단돈 5전만 가져도 누구나 들어갈 수 있고 제3은 계급이 없이 누구나 똑같은 처소에서 서서 먹게 되고 제4는 안주는 자기 마음대로 먹는 중에도 당장에 굽던지 익혀 먹을 수 있다"고 쓰고 있다. 사진은 1924년 11월24일자 《동아일보》와 1924년 12월28일자 《조선일보》의 선술집 관련기사

리가 되어 준 것이다. 가격에서 월등한 경쟁력을 갖고 있던 신식 소주는 흑국 소주로 맛을 내면서 소비자에게 더욱 가깝게 다가갈 수 있었다.

한편 식민지 조선을 둘러싼 정치적 환경은 잔뜩 찌푸린 하늘처럼 전운을 가득 머금고 있었다. 게다가 일제는 신사참배(1938년)는 물론 창씨개명(1939년)까지 요구하며 식민지 백성을 옥죄고 있었다. 하지만 모든 사람이 같은 마음으로 아파한 것 같지는 않다. 어쩌면 억압에 대한 일탈을 술에서 찾은 것일 수도 있지만, 백석이 등지고 싶었던 세상에서는 '어중이떠중이'들이 선술집에 모여들어 왁자지껄하게 한바탕 술잔치를 벌이고 있었다. 1938년 2월에 발표한 유행가 '선술집풍경'을 살펴보자.

1920년대 선술집 풍경 만평 1924년 3월11일자 《동아일보》의 만평기사. 술값이 올라 서민들이 힘들어 한다는 내용을 담고 있다.

"모여든다 모여들어 어중이떠중이 모여들어/홀태바지 두루마기 온갖 잡탕이 모여든다/애 산월아 술 한 잔 더 부어라/ 술 한 잔 붓되 곱빼기로 붓고/곱창 회깟 너버니 등속 있는 대로 다 구웠다 (후렴) 어 술맛 좋다 좋아 선술집은 우리들의 파라다이스

모여든다 모여들어 어중이떠중이 모여들어/당코바지 방갓쟁이 닥치는 대로 모여든다/애 일선아 술 한 잔 더 내라/술 한 잔 내되 찹쌀막걸리로 내고/추탕 선지국 뼈다귀국 기타 있는대로 다 뜨렸다

모여든다 모여들어 어중이떠중이 모여들어/고야꾸패 조방군이 박박
긁어 모여든다/애 연화야 술 한 잔 더 내라/술 한 잔 내되 네분 손님으
로 내고/열다섯 잔 안주로다 매운탕을 끓이렸다."

곱창에 회깟(간 천엽으로 만든 회), 너비아니, 추어탕, 선짓국, 뼈다귓국
등 익숙한 안주와 지금은 낯선 안주가 함께 선술집 술상에 차려졌다. 여
기에 귀한 찹쌀막걸리까지 등장한다. 총독부는 막걸리 재료로 쌀을 점
점 통제하는 마당에 경성의 선술집에는 찹쌀막걸리가 오르고 이를 노래
부르고 있다. 식민지 경성 뒷골목의 묘한 풍경이 머릿속에 그려진다. 술
을 마시지 않으면 견딜 수 없는 그 시절, 백석이 고뇌하는 일상이 겹쳐
그려진다.

24

조선어학회

총동원령 시대와
영화 '말모이'

일제강점기, 말과 마음을 모은 우리말 사전

말모이

2019. 01. 09

유해진 윤계상 김홍파 우현 김태훈 김선영 민진웅 송영창 허성태

지난 2019년에 개봉한 '말모이'는 일제가 말살하려 했던 '우리 말과 글'을 지켜내고자 한 '조선어학회 사건'과 '우리말대사전' 편찬작업을 다루고 있는 영화다. 만주사변과 중일전쟁에 이어 태평양전쟁까지 일으키며 전선을 확장하던 일제는 부족한 자원으로 전시체제를 유지하기 위해 총동원령을 내려 각종 자원을 수탈한다. 수탈에 대한 반발을 억누르면서 식민지 체제를 유지하기 위해 일제는 각종 민족단체를 폐쇄했다. 또한 우리말로 된 신문과 잡지를 폐간하는 한편 창씨개명과 함께 우리말 사용까지 전면 금지한다. 영화 '말모이'는 바로 우리의 정신을 이루고 있는 말과 글을 지우려 했던 일제의 만행을 고발한 작품이다.

　　오늘의 우리는 우리 말과 글을 쓰지도 읽지도 말하지도 못하는 세상을 상상하지 못한다. 하지만 나라 잃은 식민지 백성들은 눈과 귀와 입까지 일제에 의해 봉쇄된 삶을 살아야 했다. '주정꾼' 말고는 할 수 있는 일이 없다고 말한 현진건의 소설 〈술 권하는 사회〉에서처럼 술이라도 있어야 버틸 수 있는 세상이었다. 그래서 그 시절의 술은 아픔을 치유하고 슬픔을 달래는 술이었다. 그렇다고 모든 술이 아픔을 치유하거나 완화하는 용도는 아니었다. 일자무식이었던 김판수(유해진 분)가 한글을 깨우치고 성냥개비로 한글 자모를 써나가는 장면이나 일본 경찰이 조선어학회 사무실을 습격하던 날, 김판수와 류정완(윤계상 분) 등이 막걸리를 마시는 장면은 조선어학회에 대한 탄압 등을 보여주기 위한 영화적 장치들이다. 이 장면에서 마신 술은 그래서 푸념의 술이나 위로의 술이 아니었다. 탄식의 술은 더욱 아니었다. 여기에서의 술은 자각의 술이었다.

영화 속 술이 어떤 의미를 갖던 총동원령은 고달프기 그지없는 고난의 시절을 살게 했다. 식량과 주요 생필품을 배급받아 생활해야 하는 삶은 상상하기조차 힘든 삶이다. 그래서 그 시절을 살아낸 사람들에게 술이 더욱 간절하지 않았을까 싶다. 그런데 이 시절의 술을 읽어낼 수 있는 자료가 별로 없다. 총동원령 이후 신문과 잡지들이 폐간되어 당시를 읽어낼 수 있는 텍스트가 없기 때문이다.. 그나마 전시 동원체제를 연구해 온 일부 역사학자의 자료와 1940년 폐간 이전까지의 신문기사를 통해 유추하듯 당시의 분위기를 찾아보았다.

일제강점기 시절, 우리 민족이 가장 많이 마신 술은 막걸리였다. 1939년 총독부 세무과의 통계에 따르면 직전 회계연도(1937.9~1938. 8) 동안 한반도에서 소비한 술은 308만석이 넘는다. 1석은 180ℓ이다. 요즘 도량형으로 환산하면 55만5750㎘에 해당한다. 이 중 막걸리와 약주가 219만8107만석(394.355㎘)으로 전체 주류 소비의 71.2퍼센트를 차지하고 있다. 이 밖의 소주 등의 증류주는 66만8280석, 청주와 맥주 등의 양조주는 21만860석을 소비했다.[42] 이를 당시 인구 1인당으로 환산하면 약 1.5말(27ℓ) 정도가 된다. 세계보건기구가 발표한 지난 2015~17년 연평균 대한민국

영화 '말모이' 조선어학회사건'과 '조선말 큰사전' 편찬과정을 다룬 영화〈말모이〉의 포스터

의 1인당 알코올 섭취량(10.2ℓ)보다 1.5배가량 많은 수치다. 그런데 이를 단순 비교할 수는 없다. 당시의 통계는 주종별 소비량을 합산해 이를 인구로 나눈 수치다. 그리고 최근 통계는 순수 알코올의 소비를 뜻한다. 따라서 어쩌면 현재의 우리가 더 많은 알코올을 소비하고 있을지도 모른다. 어찌 되었든 이 기사의 말미에는 양조장 수가 117개 줄었는데도 이전 회계연도보다 27만1344석 더 소비했다면서 '경음당(鯨飮堂)'을 거론하기까지 한다. 전시하에서도 끊임없이 술 소비량이 늘고 있는 것을 술고래에 빗대 비판하고 있는 것이다. 전년도에도 조선에서는 막걸리 190만6586석과 소주 58만7016석을 각각 소비했다. 당시 부과된 주세의 75퍼센트가 막걸리와 소주에서 발생했다. 그런데도 일제는 전비 확충을 위해 당시 주세령을 개정하여 더 많은 주세를 부과할 예정이라고 기사는 보도하고 있다.[43]

전쟁의 수렁에 빠진 일본은 부족한 자원을 최대한 확보하기 위해 전시 동원체제를 술에도 적용한다. 눈에 띄는 변화는 배급제의 시행이다. 탁주를 제외한 청주와 소주는 1940년부터 조선총독부의 분배정책에 따라 생산이 제한되기 시작한다. 술이 귀해지면 시장에는 다양한 불법적 행위들이 나타나기 마련이다. 1940년에 들어 신문에는 "술이 귀해지면서 물을 타거나 부패를 막기 위해 인체에 해로운 부패방지제 등을 넣는 행위가 있는데 이를 엄벌하겠다"[44]는 기사는 물론 "주류 품귀에 따라 밀조주 생산이 증가한다"는 기사도 자주 등장하였다. 밀조주 관련 기사는 1939년 《동아일보》와 《조선일보》에 15건이 보였지만, 1940년이 되면

두 신문 모두에 21건의 기사가 게재된다. 그중 상당수는 추석과 설, 단오 등 명절에 빚어진 술의 단속 기사다. 여전히 집에서 몰래 빚어 마셨던 가양주를 혹독하게 단속했다는 것을 알 수 있다. 이와 함께 한잔에 3전 하던 탁주를 5전으로 판매한 술집 주인을 조사한다는 1단짜리 기사까지 등장할 정도로 술은 귀한 존재가 되어 가고 있었다.

원료의 배급 상황도 갈수록 나빠졌다. 쌀을 써야 하는 탁주도 전체 생산량을 20퍼센트 정도 줄여야 했다. 원료 또한 40% 정도의 잡곡(조, 수수, 쌀보리 등)을 혼용해야 했다. 이처럼 재료가 바뀌자 술의 품질은 자연스럽게 나빠졌다. 하지만 술 소비량은 줄지 않았다. 고난의 시기를 이겨낼 수 있는 유일한 수단이 술이었기 때문이다. 생산량은 줄었는데, 소비는 그대로이니 시장에선 술 구하기가 더욱 어려워졌다. 일제 말기에는 막걸리를 공급받기 위한 중간도매상들의 경쟁이 치열해져 배급을 위한 전표제도까지 등장했다.

咸平서密造酒買入
暴利로販賣타發覺
木浦當局嚴罰方針

酒質不良機會로
激增하는密造酒
仁川稅務署에서嚴探

曙光

舊正前後에
密造酒를嚴調
仁川稅務署內에서

밀조주 성행 기사 봇물 총동원령은 술의 품질을 떨어뜨렸고, 게다가 밀조주까지 증가하게 했다. 사진은 1939년과 40년 《동아》와 《조선》에 실린 밀조주 단속기사다.

영화 '말모이'로 돌아가 보자. 김판수가 한글 자모를 성냥개비로 만들면서 'ㅇ' 자리에 소주잔을 올려놓는다. 이때 김판수는 어떤 소주를 마셨을까. 그는 값싸게 만들어진 희석식 소주를 마셨을 것이다. 그리고 탁주는 쌀에 잡곡을 40퍼센트 정도 넣어 빚은 술일 것이다.

영화 '말모이'는 일제에 굴복하지 않고 말과 글을 지켜낸 자랑스러운 역사를 담고 있다. 그래서 여전히 우리는 고운 우리 말과 글을 쓰고 있다. 하지만 일제강점기를 거치면서 우리 술은 원형을 상실하고 일본에 의해 왜곡된 술을 가지게 되었다. 그리고 해방 이후에도 오랫동안 그 형태는 변하지 않았다. 그나마 1995년 가양주를 빚을 수 있도록 주세법이 개정되면서 우리 술은 조금씩 제자리를 찾을 수 있게 되었다. 그리고 21세기에 접어들어 가양주를 빚던 우리 술을 양조하는 소형 양조장이 늘고 있다. 바람직한 변화다. 문화는 지키는 데도 큰 힘이 필요하지만, 사라진 것을 복원하는 데는 더 많은 시간과 힘이 필요하다. 영화 '말모이' 속 우리 말처럼 우리 술도 원형을 되찾으면서 더 사랑받는 술이 되길 기원한다.

1950년 전쟁과 막소주

1950년, 한반도를 나눠 가진 남북한 상잔의 공간에서도 술은 필요하였다. 일상이 파괴된 공간은 술도 부족하기 마련이다. 당시의 상황을 담고 있는 기사 하나를 살펴보면 술이 얼마나 절실했는지 한눈에 확인할 수 있다. 내용은 이렇다. 6.25 전쟁이 일어나고 얼마 안 되어 미국 텍사스의 한 육군병원에서 갓 인턴을 마친 하비 펠프스가 전쟁에 참전하게 된다. 새로운 배속을 받고 도착한 곳에서 의약품 등을 확인하고 무엇인가를 더 찾는 그의 눈에 들어온 것이 있었다. 반가운 얼굴로 맞은 것은 95%의 에틸알코올과 주사용 포도당액이었다. 세계 2차대전 참전 경험이 있던 그는 이 물질의 진정한 가치를 부산에 상륙한 뒤에 바로 확인시켜준다. 이것으로 만든 물질은 하비가 원하는 물건을 누구보다도 더 먼저 확보하게 해주었다. 이 두 물질을 반씩 섞고 가루를 낸 비타민 2~3알을 넣으면 훌륭한 술 대용품이 되어 주었던 것이다. 물론 전쟁이 끝나고 난 뒤에 조잡하게 만든 이 술을 찾는 사람은 없었지만 말이다.[45]

전후(戰後) 노동자들의 시름을 달래주던 막소주

하지만 자원이 부족했던 우리에게는 여전히 이런 비정상적인 물질이 일상이었던 시절이었다. 심지어 목숨을 앗아갈 수 있는 메틸알코올까지 시장을 넘보면서 '가짜 양주 사건'으로 수십 명씩 목숨을 잃기도 했다. 전쟁이 끝나고 난 뒤에도 가짜 술은 여전히 기승을 부린다. 원하는 만큼의 술이 시장에 나오지 않는 데다 좋은 술은 더욱 만들 수 없는 상황이

낙동강 안동 하회마을을 감싸고 흐르는 낙동강

었다. 그나마 제대로 마실 수 있는 것은 '막소주'라는 이름으로 팔리던 술이었다. 영화감독 임권택 씨가 1951년 부산에서 보낸 자신의 20대를 회고한 한 인터뷰 기사에서 그는 자신을 '막소주' 인생이었다고 말하고 있다. 그러면서 거명한 술이 '낙동강'이라는 이름의 막소주였다. 아직 영화판으로 넘어가기 전 막노동판에서 마신 술은 이 막소주였다.[46] 당시 '낙동강'이라는 이름의 막소주는 피난 내려간 진로의 전신인 서광주조와 구포에 있던 낙동주조 두 곳에서 나온 듯하다.

막소주는 두 부류가 있었는데 하나는 주류면허를 내고 정식으로 판매하던 술이었고, 또 하나는 어둠의 경로에서 유통되던 밀조주 소주였다. 알코올 도수 30% 정도의 소주를 1.8리터들이 됫병에 담아 유통했던 술은 특히 막노동판에서 인기를 끌었다. 거친 노동에 지친 몸과 마음을 달래기 위해 여럿이 모여 됫병 소주를 맥주잔이나 양재기에 나누어 담아 마시기도 하고, 혼자 남은 자신을 위로하기 위해 잔술로 덜어 마시는 장면은 1970~80년대를 배경으로 한 우리 소설의 단골 메뉴였다.

60년대 시와 소설에 등장한 막소주 풍경

이문구의 소설 〈공산토월〉에서는 "큰 병에 받아다 놓은 막소주를 공기

만한 양재기에 따라" 새참으로 마셨고, 아직 주류면허를 내지 않았던 1980년대의 안동소주를 소개하는 기사에는 "코르크 마개를 꾹 질러 막은 '됫병 짜리' 밀주 안동소주에 애주가들은 아주 환장했다"[47]는 인터뷰 대목이 나오기도 한다. 경상북도 무형문화재 제12호인 조옥화 명인이 살아있을 때 그의 술을 받아 가기 위해 전국구 애주가들이 문전성시를 이루었다는 내용의 기사다. 그렇다면 이렇게 줄을 서서 밀주를 기다렸던 곳

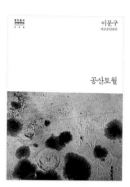

공산토월 이문구의 소설 '공산토월'

이 여기만 있었겠는가. 서천의 한산소곡주도 그렇고 조기 파시 때마다 전국의 돈이 모였다는 전남 영광의 '토종' 소주도 그랬다. 금제

토종소주 전남 영광에서 토종소주를 빚어왔던 대마주조의 고 이숙여 여사 ⓒ대마주조

조옥화 안동소주의 명맥을 이어왔던 고 조옥화 명인 ⓒ조옥화안동소주

는 편법을 희망하기 마련이다. 오히려 더 간절했기 때문에 금제의 선을 넘나드는 것 아니겠는가. 금기의 선악과에 손을 대는 심정처럼 말이다. 이런 야릇한 흥분을 느낄 수는 없지만, 일반 소주 공장에서 나오던 됫병들이 소주도 노동자들에게는 없어서는 안 될 귀한 친구였다. 1960년대 중후반쯤 산업화의 깃발이 막 들리던 시절, 간척지의 노동자들이 벌였던 쟁의를 소재로

황석영의 '객지'

쓴 황석영의 소설 《객지》에도 막소주는 등장한다. "목씨가 막소주 두병을 들고 왔다. 다섯 사람은 소주를 양은 그릇에 따라 돌렸다." 일과를 마치고 함바에서 저녁을 먹은 날품팔이 노동자들이 회식을 나눈다. 안주라고는 오징어다리가 전부다. 그러니 자연스레 진안주가 그리워진다. 그래서 "개장국 한 그릇 걸쳤으면 후련하겠는데"라는 푸념이 이어진다. 이렇게 마신 막소주는 노동주이자 하루의 피곤을 끊어내는 휴식의 술이 되어주었을 것이다. 그래서 막소주 냄새는 당대의 모든 아버지에게 맡을 수 있는 냄새이지 않았을까 싶다. 강지혜 시인의 '봄비'에서처럼 '몰래 속울음으로 감추고/비에 젖은 마음을 자꾸만 술로 여미신' 아버지들의 냄새 말이다.

봄비 내린 날 밤
아버지가 잔뜩 술에 취해 들어 오셨다
비에 젖은 채 쓰러져 누운
아버지의 작업복을 벗겨 낸다
종일 비 스며 묵직한
또 한 겹의 하루를 개켜 놓는다

비바람에 걷어 올린 소맷단에서 흙살이 떨어진다
고단했던 시간들이 진득하게 뭉쳐져 쏟아진다
거푸 뱉어내는 씁쓰름한 한숨 줄기
잠꼬대로 하루 일을 꿈속에서 풀어 놓으신다

휘청거리는 봄날이 늘어만 가는 봄날
행여 자식들 눈에 비쳐질까
몰래 속울음으로 감추고
비에 젖은 마음을 자꾸만 술로 여미신다

오십줄의 빗길
아버지에겐 오직 자식이 꿈이다
자식 농사에 툭 불거진 힘줄이
갈수록 녹슨 소리를 낸다
또 하루 삶의 돌턱을 건너 오신 아버지
막소주 두 병에 화한 열꽃을 재우고
봄날을 그리다 잠이 드셨다

머지않아 아버지의 가슴엔
봄꽃이 활짝 필 것이다
내일은 꼭 맑게 갠 하늘을 볼 수 있을 것이다
-강지혜 〈봄비〉 전문

당시에 마신 막소주의 알코올 도수는 30도였다. 마시면 자연스레 어른들의 소리 '크'가 나오는 도수 말이다. 이 소리를 위해 시간을 돌려 다시 1950년대로 돌아가 보자.

"검푸른 바다 바다 밑에서 줄지어 떼지어 (…) 어진 어부의 그물에 걸리어 살기 좋다는 원산 구경이나 한 후…외롭고 가난한 시인이 밤늦게 시를 쓰다가 쇠주를 마실 때…크으, 그의 안주가 되어도 좋다"

1952년 부산에서 열린 '한국 가곡의 밤'에서 초연된 양명문(1913~1985) 작사, 변훈(1926~2000) 작곡으로 바리톤 오현명(1924~2009)이 부른 '명태'의 일부분이다. 명태와 '쇠주'가 맛깔나게 등장하는 가곡 '명태'는 1946년 대구에서 활동하던 시인 양명문의 손에서 태어났다. 그리고 육군연락장교로 미8군 통역관으로 복무 중인 변훈을 만나서 곡이 부쳐져 피난 수도 부산에서 처음 발표된 가곡이다. 데뷔 무대에서는 파격적인 작곡이 낯설어 크게 주목받지 못한 작품이다. 하지만 시간이 흐를수록 '명태'는 리얼리티에 주목한 사람들의 사랑을 받으며 오늘에 이르고 있다. 양명문 시인의 '명태'에 등장하는 소주는 '쇠주'다. 경음 '쇠주'는 소주보다 알코올 도수가 1~2도쯤은 더 높아야 맛이 날 듯하다. 마시면 저절로 '크' 소리가 나올만한 그런 맛 말이다.

명태가 동해에 나타난 시기는 임진왜란 이후 전쟁 후유증에 시달리던 시기였다. 임진왜란 이후 한반도에는 기상이변이 잦았다고 한다. 흔히 말하는 소빙하기의 시대다. 기상이변은 동해의 수온을 낮아지게 했고, 결국 동해안은 명태 반 물 반이라고 해야 할 정도로 명태가 풍족해진다. 이에 대한 기록은 조선의 실학자 서유구로부터도 찾을 수 있다. "관북에서 잡은 명태는 모두 원산으로 실어 옮긴다. 원산은 사방의 장사꾼이 모여드는 곳이다. 배에 실어 동해로 운송하고, 말에 실어 철령을 넘는 것이 밤낮으로 이어져 팔도에 흘러넘친다. 대개 우리나라 팔도에 많이 나는 것으로는 명태와 청어가 으뜸이다."[48] 이렇게 원산에 모여든 명태는 양명문의 '명태'에도 "원산 구경이나 한 후"라는 대목으로 모습을 드러낸다. 그런데 철도가 깔리면서 명태 물류의 중심은 원산에서 부산으로 남하하게 된다. 물론 증기선의 도움도 필요하다. 원산에서 배에 실린 명태는 부산의 '남선창고'를 향하고 철도를 통해 전국으로 퍼져나간다. 그런데 재미있는 사실은 "짜악 짝 찢어지어 내 몸은 없어질지라도"라고 처절한 최후를 맞이하는 명태가 이북에서 내려와 부산에서 전국 유통의 기점을 찾은 것처럼, 찢어진 명태를 안주 삼아 마셨던 1950년대 전쟁 공간에서의 '쇠주'도 북쪽에서 내려온 피난민들에 의해 부산에서 새로운 생명을 얻는다. 비록 소주보다 '막소주'로 유명세를 날렸지만 말이다. 6.25 전쟁이 일어나기 전까지 소주는 한반도 북쪽의 술이었고 남쪽에선 여름에나 찾아 마시는 술이었다. 그런데 전쟁은 술의 정체성마저 사철 연중 마시는 술로 바꾸어 놓았다. 역시 공포와 불안은 술을 곁에 두기도 하지만, 때에 따라서는 술의 성격도 바꾸어 놓는 듯하다.

26

성북동 술이야기

성북동 술 이야기 1 – 최순우의 '개성 소주'

천생 선비였다. 성북동의 단아한 한옥, 최순우(1916~1984)의 옛집은 미수(米壽)의 나이쯤 된 근대한옥으로 모나거나 과하지 않았다. 소나무와 산사나무가 심어져 정갈하게 정리된 정원과 '문을 닫으면 이곳이 바로 깊은 산중(杜門卽是深山)'이라는 뜻의 사랑방 현판의 내용처럼 집은 고스란히 집주인을 닮아 있었다. 시인 조지훈(1920~1968)의 집(방우산장)과 평생의 스승이었던 간송 전형필(1906~1962)의 보문각(현 간송미술관)에서 몇 걸음 떨어지지 않은 옛집에서 최순우가 거처한 시기는 제4대 국립박물관장을 맡고 있었던 그의 말년(1976~1984)이었다. 개발과 근대화라는 가치가 세상을 살아가는 유일한 문법이 되어 우리를 지배했던 시절, 그의 집은 밤을 하얗게 밝히며 '우리 것'과 예술을 논했던 문필가와 화가들의 사랑방이었다. 주류사회가 옛것과 우리 것을 홀대하던 시절, 그는 남의 것이나 새것이 아닌 내 것과 옛것의 소중함을 나눌 수 있는 사람이라면 주종을 불문하고 옛집에서 밤을 보듬으며 술을 나눴다고 한다.

최순우 옛집 1970년대 문화예술인들의 사랑방이 되어 주었던 정갈한 마당과 소박한 가옥구조의 최순우 옛집

사람과 술을 가리지 않았던 혜곡. 그는 스승인 고유섭(1905~1944)과 개성 소주를 자주 나눴다고 한다. 안동소주와 한산의 소곡주 소주 등에 익숙한 사람들에게 개성 소주는 왠지 뜬금없어 보일 것이다. 하지만 개

성은 이 땅에서 만들어진 소주의 출발지점이다. 그래서 그 자존심 또한 강한 소주라고 말할 수 있다. 개성은 고려의 수도 '개경'이다. 우리나라에 소주가 전해진 것은 고려 후기, 몽골(원나라)의 침략, 간섭기다. 그리고 개경은 원나라의 주력부대가 주둔하였고 자연스레 그들의 증류문화가 우리 술문화에 접목되었다. 소주가 유명한 안동과 제주도도 같은 사연을 갖고 있다. 그래서 안동소주와 제주도 고소리술은 개성 소주와 함께 3대 소주로 불리기도 했다. 소주는 아라비아어로 '아락 arak'이라고 한다. 증류를 뜻하는 이 단어는 몽골에서는 '아라킬', 만주어로는 '알키', 중국어로는 '아랄길(阿剌吉)주', 힌두어로는 '알락'이라고 한다.[49] 이 단어는 우리에게도 영향을 미쳐 개성에서는 '아락주'라고 부르고 평안북도에서는 '아랑주'라고 불렸다.[50]

물론 오늘을 사는 우리가, 고려 때 마셨던 개성 소주의 원형을 찾아낼 방법은 없다. 다만 추측한다면, 고려가 망한 뒤 개성 소주의 제조법은 조선시대로 이어져 다양한 소주 증류법에 적용되지 않았을까 생각한다. 한편으로는 왕가의 술인 향온소주로, 또 한편으로는 민간에서 인기를 끌었던 삼해소주, 그리고 다른 이름의 명주로 개성 소주의 DNA를 넘겨주었을 것이다. 이와 함께 개성 소주의 문화는 소주를 즐겨 마셨던 북쪽의 평양과 의주, 그리고 함흥 등지에서 다양한 제조법으로 전수 되었을 것이다. 이처럼 개성 소주는

개성소주 1927년 8월25일자 《조선일보》에는 다양한 개성소주를 파는 '송래양조장'의 광고가 게재되어 있다.

이 땅의 주당들이 즐겼던 여러 소주와 맥을 잇고 있다. 그런데 혜곡이 마신 개성 소주는 그래도 그 형태를 찾아낼 수 있다. 특히 혜곡이 개성 박물관에 재직하고 있었던 1935년에 출간된 《조선주조사》나 당시 발행되던 신문을 통해서 말이다.

몇 차례 강조했지만, 일제는 우리나라의 가양주 소비문화를 없애기 위해 1909년 주세법과 1916년 주세령을 시행했다. 처음에는 양조장의 술을 사서 마시도록 유도하기 위해 자가 소비용 가양주에 높은 세금을 매겼다. 하지만 높은 세금을 감수하며 주류면허를 유지한 집들이 제법 많았던 것 같다. 개성도 마찬가지였다. 1927년의 기사를 보면 "시민들의 대다수가 소주를 애용하여 자가용 소주 제조 면허가 있어서 각자 기호대로 양조해 왔다"는 내용이 등장한다. 그런데 일제는 1925년 이 면허를 전부 회수했다고 한다. 즉 1925년까지 개성은 집안에서 내려오던 가양주 소주를 주로 마셨다는 이야기가 된다. 그리고 가양주가 금지된 그해(전국 전면 금지는 1931년)에 '개성양조주식회사'가 만들어진다. 그리고 옛 지명 '송도'답게 '송순주'와 '송로주', '송소주' 등 소나무를 이용한 술을 빚어 개성은 물론 전국 각지에 유통했다고 한다.[51] 물론 이 술들의 자세한 제조법은 나오지 않는다. 다만 기사에서 확인할 수 있는 것은 송순주(30도)와 송소주(25도)의 알코올 도수다.[52]

고조리서에 나오는 송순주는 소나무의 새순을 따서 술을 빚은 뒤 소주를 넣어 만든 과하주로 유명하다. 송로주는 소나무의 관솔을 넣어 발효시킨 뒤 증류한 술이다. 1925년에 만들어진 개성양조의 소주는 고조리서의 주방문에 나오는 술과 이름은 같지만 만드는 방식은 서로 달랐다. 조선시대의 개성 소주는 질그릇으로 만든 소줏고리로 내렸지만, 1925년의 개성 소주는 대형 증류기로 내렸다. 당연히 맛도 달랐을 것이다. 어찌 되었든 최순우는 개성양조에서 만든 소주를 즐겼으리라.

이렇게 만들어진 개성 소주는 개성만의 안주와 페어링된 듯하다. 당시 발간되던 대중잡지《별건곤》의 기사에 따르면 개성 소주는 보쌈김치와 편수(만두의 일종) 등과 단짝을 이루며 애주가의 입을 즐겁게 해주었다고 한다. 개성의 편수는 고기는 거의 넣지 않은 다른 지역의 편수와 달리 소, 돼지, 닭고기와 굴, 잣, 버섯, 숙주 등을 넣어 빚은 것으로 고급 요리에 속한다고 볼 수 있다. 이 같은 기사로 미루어보아 개성은 고려의 왕도였고, 조선시대에는 상업물류의 중심이었던 만큼 술과 안주가 한양에 버금갈 만큼 다채로웠던 것으로 보인다. 한편 지금 개성에선 도토리와 옥수수를 주원료로 한 송악소주가 생산되고 있다.[53] 최순우 선생이 즐겼던 소주와 어떤 차이가 있는지 모르지만, 이름으로 명맥을 잇고 있는 술의 존재는 반가운 일이다.

성북동 술 이야기 2 – 이태준의 민주(憫酒)

혜곡의 집에서 그리 멀리 떨어지지 않은 곳에 상허 이태준(1904~?)의

집이 있다. 이태준은 대한민국 대표 글쓰기 교본이라고 할 수 있는 《문장강화》라는 책으로 유명한 작가이다. 하지만 6.25 전쟁 중에 납북되어, 한동안 그의 글을 우리는 만날 수 없었다. 덕분에 우리에게 널리 알려지지 않은 작가이기도 하다. 그의 집은 성북동 길가에 있어 접근성이 좋다. 현재 '수연산방'이라는 이름의 찻집으로 운영되고 있다.

수연산방 이태준의 고택은 지금 '수연산방'이라는 이름의 찻집으로 운영되고 있다.

그런데 앞서 설명한 최순우와 달리 작가 이태준은 술을 잘 마시지 못했다. 오죽하면 1941년에 발표한 《무서록》이라는 수필집에 술을 고민하는 자신의 이야기를 '민주(憫酒)'라는 제목의 수필에 담았겠는가. 여기에서의 민은 '민망할 민' 자이다. 수필의 시작은 이렇다. "술을 먹지 마시오. 나를 아끼는 이들이 친절한 부탁이러라. 술을 배우시오. 이도 또한 나를 알아주는 친구들이 은근한 부탁이러라." 술을 배우라는 친구도 있고 마시지 말라는 친구도 있는데, 모두 자신을 위한 우정어린 충고라는 것이다. 그런데 자신은 '과맥전(過麥田, 보리밭을 지나도 취한다는 고사)'까지는 아니지만 적은 술을 마셔도 얼굴이 빨개져 벗들의 술맛까지 잃게 만드는 수준이라고 말한다. 그러니 술을 잘하지 못해 부끄러워하며 '민주'라는 단어를 떠올린 것이다. 지금도 그렇지만 이태준이 작가로

이태준의 '무서록'

활동하던 시절에도 상당수의 작가가 밤을 새워 통음할 정도로 서로 자신이 말술임을 자랑했다고 한다. 그의 문우들인 김상용(1902~1951), 정인택(1909~1953), 정지용(1902~1950) 같은 작가들도 그러했다고 이태준은 말한다. 그러면서 말하기를 이태백과 도연명이나 오마 캬얌(페르시아의 시인) 등은 술이 아니었다면 어떻게 시혼을 불태웠겠냐며 술을 통해 이들은 우주를 우러러보는 망원경 같은 문학을 일구었다고 말한다. 그리고 자신의 처지를 솔직히 고백하며 그나마 당대의 문학은 근시안적이어서 자신처럼 술을 잘하지 못하는 작가에게도 기회가 주어졌다고 스스로를 위로한다. 그러면서도 그는 술에 대한 따뜻한 마음을 드러낸다. "주료(주량)은 약하나 좋은 친구가 집에 오면 드리고 싶은 것은 내 텁텁한 정보다는 한 잔 술이요. 몸이 아픈 때 약 생각나듯이 마음이 고달플 때 생각나는 것은 그대로 술이라 이만만 해도 주맹은 아닌 듯싶어라"라고 속내를 드러낸다.

술에 대한 솔직한 자기 고백을 수필을 통해 펼쳐 놓아서일까. '수연산방'에서는 일절 술을 취급하지 않는다. 찻집을 운영하는 주인장이 이태준의 마음을 읽어서였을 듯싶다. 작가의 손녀이니 그럴만하다. 성북동 길은 이렇게 술과 한 두어 걸음 관계를 맺고 있는 곳이 많다. 그래서 걸을 만한 거리이기도 하다.

《서울, 1964년 겨울》과 《서울은 만원이다》

1960년대 서울의 소주

"1964년 겨울을 서울에서 지냈던 사람이라면 누구나 알고 있겠지만, 밤이 되면 거리에 나타나는 선술집…… 오뎅과 군참새와 세 가지 종류의 술 등을 팔고 있고, 얼어붙은 거리를 휩쓸며 부는 차가운 바람이 펄럭거리게 하는 포장을 들치고 안으로 들어서게 되어있고, 그 안에 들어서면 카바이드 불의 길쭉한 불꽃이 바람에 흔들리고 있고, 염색한 군용(軍用) 잠바를 입고 있는 중년 사내가 술을 따르고 안주를 구워주고 있는 그러한 선술집에서, 그날 밤, 우리 세 사람은 우연히 만났다. 우리 세 사람이란 나와 도수 높은 안경을 쓴 안(安)이라는 대학원 학생과 정체를 알 수 없었지만, 요컨대 가난뱅이라는 것만은 분명하여……"

20대 김승옥(1941~)을 당대 최고의 문인으로 등극시켰던 소설 《서울, 1964년 겨울》의 글머리이다. 세브란스에서 신촌으로 난 좁은 도로 어느 즈음에 있었을 포장마차에서 세 사람은 이렇게 술을 마시고 있었다. 요즘 젊은 세대들은 본 적도 없겠지만, 카바이드는 1980년대까지만 해도 밤이 내린 도시의 뒷골목, 큰길과 만나는 어귀쯤에는 반드시 자리하고 있던 포장마차의 어둠을 걷어내어 준 해이자 달이자 별이었다. 물이 담긴 깡통에 생석회를 넣는 순간부터 가스가 올라오면서 매캐하게 풍겼던 기분 나쁜 이취는 그 시절의 추억으로 남아 있지만, 여전히 그 냄새를 떠올리면 불쾌함을 떨칠 수 없는 것도 사실이다.

그 카바이드 불을 밝히고 있던 소설 속 포장마차에
서는 세 종류의 술을 팔고 있었다. 아마도 막걸리와 소
주, 그리고 맥주가 아니었을까 싶다. 지금은 소주와 맥
주의 종류도 많아 이마저도 골라야 하고, '청하' 류의
청주까지 갖추고 있으니 포장마차에서 파는 술도 다채
로워진 세상이다. 그렇다면 당시 포장마차에서 팔던
소주는 어떤 모습과 내용을 하고 있었을까? 답을 먼저
말하면, 오늘날처럼 100퍼센트 희석식 소주는 아니었

서울 1964 겨울 김승옥의 '서
울 1964년 겨울'

다. 쌀술을 빚지 못하게 법률로 규제한 양곡관리법은 이듬해인 1965년
에 개정되지만, 그렇다고 쌀소주를 빚는 것은 언감생심, 기대도 할 수
없는 시절이었다. 그래서 대안으로 고구마와 당밀 등을 증류한 소주가
시장의 주류를 형성했다. 그리고 1965년 양곡관리법 개정으로 쌀소주
는 사망선고를 받게 된다. 그렇다면 그 시절 서울의 밤거리를 채우고 있
던 소주는 어떤 것일까. 주머니 사정이 가벼운 노동자와 도시 서민들이
즐겨 마신 소주는 증류소주와 희석식 소주를 혼합한 소주였다. 증류주
의 향을 유지하면서도 값싼 주정을 넣으면 가격을 조금이라도 낮출 수
있었기 때문이다.

1960년대 전국 소주 시장의 열악한 현황

1964년 당시의 전국 소주 시장은 지금과 완전히 다른 구조의 시장이

었다. 전국에는 555개의 소주 양조장이 있었고 그중 10곳 정도의 대형 양조장이 시장의 주도권을 다투고 있었던 시절이다.[54] 지금과 비교하면 무척 많은 소주 술도가가 있었던 셈이다. 요즘 말로 굳이 표현하자면 상당수의 양조장이 '크래프트'에 해당하지만, 그렇다고 '수제'라는 단어를 사용할 수 있을 만큼 낭만이 깃들어 있던 시대는 아니었다.

제1차 경제개발계획(1962~1966)의 한가운데에 해당하는 해가 1964년이다. 성과를 내기 위한 정책의 조정이 가능한 시기였다. 당시 우리나라의 가장 큰 문제는 재정자립도가 너무 낮아 경제개발을 위한 자원을 자체적으로 충당할 수 없었다는 점이다. 일례로 1963년의 중앙정부 국세 수입은 311억 원이었다. 그리고 외국의 원조가 263억 원[55]에 이르렀다. 즉 외국의 원조로 겨우 국가가 운영되고 있었던 시절이었다. 그러니 정부는 재정자립도를 높이기 위해 세무 행정에 더 많은 관심을 가지게 된다. 결국 정부는 1966년 당시 재무부의 사세국을 독립시켜 재무부의 외청인 국세청으로 독립시킨다. 명분은 "조세 행정의 효율성 제고와 세정 개혁을 위한 조세 행정 전담 기구의 필요"였다.[56] 하지만 실질적인 이유는 탈루되는 세금을 놓치지 않고 다 거둬들여 재정을 충분히 확보하겠다는 것이었다. 그렇다면 재정 확충을 위해 국세청을 분리 독립한 사실과 우리 소주는 어떤 관계가 있는 것일까.

당시 박정희 정부의 관심사는 경제개발 5개년계획에 필요한 재정을 확보하는 것이었다. 그런데 이 과정에서 두 가지 사건이 우리 술을 왜곡시킨다. 하나는 효율적으로 세금을 걷을 수 있도록 양조장 통합작업을 벌인 것이다. 앞서 1963년 통계에서 인용한 국세 수입 311억 원(40.9%) 중 술에서 거둬들인 주세 수입이 34.8억 원(34.6%)이다. 전체 국세의 11.2퍼센트에 해당하는 금액이다.[57] 아직 산업화가 제대로 이뤄지지 않은 상태여서 법인도 많지 않았고 개인의 소득도 많지 않았다. 따라서 일제강점기 때처럼 소비세이자 간접세인 주세가 정부 재정에서 차지하는 비중이 클 수밖에 없었다. 사정이 이렇다 보니 정부는 밀조주 단속에 더 치중하게 된다. 이와 함께 작은 양조장들을 통합시켜 대형화를 유도했다. 수천 개의 양조장을 관리하려면 그만큼의 인력이 필요했으니 신설된 국세청으로서는 세무 행정의 효율성이 절실했다. 6.25 전쟁 이전까지 소주 양조장은 약 3,000개 정도였는데, 1964년까지 정비과정을 거치면서 555개로 줄었고, 이 숫자는 1973년 1도1주 정책, 즉 하나의 도에 하나의 소주를 지정하면서 더 줄었다. 둘째는 정부가 나서서 양조장의 시설 기준을 강화해 강력한 진입장벽을 마련해준 것이다. 당연하게도 진입장벽은 신규 사업자의 시장 진출을 원천적으로 막아주었다. 그 덕분에 주정회사와 소주 업체는 편안한 환경에서 영업을 할 수 있었고, 국세청은 적은 인력으로 안정적으로 주세를 거두어들일 수 있었다.

국세청 신설과 함께 정부는 1965년, 양곡관리법을 개정하여 쌀 등의 곡류를 이용한 발효주 및 증류주의 제조를 금지한다. 양곡관리법이 개정된 표면적인 이유는 부족한 식량을 안정적으로 관리하기 위해서였다. 그런데 이면에는 더 큰 그림이 숨겨져 있었다. 도시 노동자들의 저임금을 유지하기 위해 저곡가 정책을 펼쳐왔던 정부는 대중적으로 소비되는 막걸리와 소주를 우리 농산물로 만들어서는 정책의 실효성을 거둘 수 없다고 판단한다. 특히 두 주종은 물가지수 민감도가 매우 높아서 가격 인상을 최대한 막아야 했다. 이에 따라 정부는 식량 자급자족이 어렵다는 점을 명분으로 내세워 국산 농산물로 술을 빚는 것을 금지한 것이다. 결국 곡물을 이용한 증류소주는 정책 강화의 직접적 피해자가 된다. 그리고 고구마와 당밀 등의 재료가 그 자리를 차지한다.

식량을 자급자족할 수 없는 상황에서 추진된 이러한 정부의 정책은 충분히 이해될 수 있다. 하지만 당시에 한 번만이라도 우리 술을 문화로 바라보았으면 어떠했을까 하는 아쉬움을 떨칠 수는 없다. 쌀을 양조 재료로써 전면 금지함에 따라 순곡주의 전통은 완전히 사라졌으니 하는 말이다. 술은 마시면 취하는 향정신성 식품이지만, 민족의 정서와 역사가 담긴 문화이기도 하다. 정책결정자의 시선이 중요한 이유도 바로 여기에 있다. 물론 전통주들은 금제가 풀리면서 하나둘씩 복원되어 시장에 모습을 드러내고 있지만, 단절된 기간만큼 우리 전통주의 문화적 DNA는 끊어져 있었다. 한번 잃어버린 문화적 코드를 되살리는 일은 새롭게 문화를 만드는 것보다 몇 배의 에너지가 들어간다. 당시 정책결정자들이 제도적 장치를 만들어 순곡주 생산을 일부라도 허용했다면 우리 술은 더욱 발전하고 개선될 수 있었을 것이다. 금제는 그 자체가 왜곡을 부를 뿐이다.

다시 김승옥의 소설 속 포장마차로 돌아가 보자. 그가 혜성처럼 문단에 등장하던 시절. 서울의 주당들은 오늘날 즐기는 소주보다는 좀 더 풍

미를 가진 소주를 마셨다. 소
주의 알코올 도수는 30도였
다. 1970~80년대에 대학을
입학했거나 사회에 나온 사람
들은 그래도 근접한 알코올 도
수(25%)를 경험했지만, 16.9
도짜리 소주로 술을 배운 젊

포장마차 지금은 그 의미가 많이 퇴색되었지만, 20세기 후반 '거리의 사랑방'은 '포장마차'였다. 사진은 포장마차를 다룬 《조선일보》의 1980년 7월16일자와 9월5일자 기사다.

은 층은 그 술맛을 알 수가 없다. 삶의 무게만큼 쓴 소주 맛을 느껴야 했던 그 시절, 서울 소주 시장의 강자는 누구였을까. 우리가 잘 알고 있는 진로는 1970년이 되어서야 1위에 올랐다. 그렇다면 진로 이전에 1등을 한 기업이 있었다는 이야기가 된다. 당시 야당 정치인인 고 김대중 전 대통령에게 정치자금을 줬다는 소문으로 호되게 세무조사를 받아야 했던, 그리고 결국에는 부도가 나야만 했던 삼학소주가 그 주인공이다. 목포를 본거지로 두고 증류식 소주와 희석식 소주를 혼합한 소주를 팔던 삼학은 시장에 대한 선견지명이 있었던지 1957년 서울에 희석식 소주 공장을 건립한다. 이러한 정책 결정은 1967년까지 삼학소주의 독주체제를 만들어낸다.

서울이 만원이던 시절의 술도가 사정

　김승옥 작가의 단편 소설《서울, 1964년 겨울》이 발표되고 난 뒤 2년 후 이호철(1932~2016) 작가는 동아일보에《서울은 만원이다》라는 제목의 소설을 연재하기 시작한다. 한창 서울이 팽창하던 시절, 작가는 구석빼기에서 밀려나는 서울과 기울어져 가는 서울, 그리고 구질구질한 서울을 소설 속에 담아낸다. 그 시절, 작가의 눈에 비친 서울은 만원이었다. 요즘의 시선으로 보면 인구 370만의 서울이 무슨 만원이냐고 따질 듯하지만 말이다. 작가는 당시의 서울을 "돈을 향하여 총동원된 삼백칠십만"이라고 표현하고 있다. 그로부터 50여 년이 흐른 지금의 서울은 '돈과 권력을 향하여 영혼까지 끌어모으고 있는 1,000만'이 사는 도시가 되었다. 인구가 늘어난 만큼 행정구역도 엄청난 변화를 겪었다. 당시의 서울은 "아홉 개의 구에 가와 동이 대충 삼백팔십"이라고 했는데 지금은 '25개의 자치구와 467개의 법정동(425개의 행정동)'을 거느린 메가폴리스가 되어있다. 더 큰 차이는 주거환경의 변화다. "썰렁 썰렁하게 '공견주의'라는 팻말이나 대문에 붙여놓고, 높은 담벼락 위에는 쇠꼬챙이에 삐죽삐죽한 사금파리나 해박았을" 고급 주택들을 대신해 서울은

서울은 만원이다 1966년《동아일보》에 연재된 '서울은 만원이다'의 첫 게재분

아파트 공화국이 되어 있다. 그래서 이제는 단독주택을 찾는 것이 더 어려운 일이 되어 버린 서울이다.

술도가의 상황도 비슷하다. 1962년 서울주조협회를 설립하면서 서울 지역 양조장은 통폐합되기 시작한다. 당시 서울에 있던 막걸리 양조장은 모두 51개였다. 이 양조장들은 이듬해 '서울탁주합동주조장'이라는 이름 아래 7개로 통폐합되었다. 그리고 우리가 잘 알고 있는 서울의 대표 막걸리 브랜드인 '장수'는 소설《서울은 만원이다》가 쓰인 1966년에 나왔다. 쌀로 술을 빚을 수 없도록 규정한 양곡관리법 개정 이후 발표되

서울에 등장한 소규모 막걸리 양조장 장수막걸리'가 대세였던 서울에도 손으로 직접 막걸리를 빚는 젊은 양조장이 빠르게 늘고 있다. 왼쪽부터 시간방향으로 '한강주조', '같이양조장', '날씨양조장', '온지술도가', '188도깨비 양조장' 순이다. '한강주조'는 서울쌀로 술을 빚어 네이버 광고를 통해 인지도가 형성되면서 최근 젊은 층으로부터 큰 호응을 얻고 있다. 합정동에 독립된 건물을 인수한 '같이양조장'은 양조는 물론 시음 체험 등을 할 수 있는 공간을 구비하고 고객을 맞고 있다. '날씨양조장'은 힙한 거리로 알려진 문래동에서 개성 강한 막걸리를 만들고 있고, '온지술도가'는 서촌주막에서 출발해 본격 양조를 위한 불광동에 최근 양조장을 열었으며, '188도깨비양조장'은 이화곡으로 술을 빚어 자신들만의 독특한 술맛을 내고 있다.

었으니 '장수'는 지금의 쌀막걸리가 아닌 밀막걸리로 출발한 브랜드다.

　그런데 최근 1~2년 사이에 서울에 막걸리 양조장이 여럿 등장했다. 여전히 장수막걸리가 대세인 세상이지만, 그래도 젊은 층이 자주 모이는 홍대 입구와 강남 등의 주점에서 서울의 다른 막걸리를 만나는 일은 그리 어렵지 않은 세상이 되었다. 성수동에만 두어 개의 양조장이 들어섰고 연희동과 문래동에도 양조장이 만들어졌다. '한강주조' '188도깨비' '날씨양조장' '같이양조장' '한아주조' '서울효모방' '온지술도가' 등이 그 주인공들이다. 아직 1963년 이전과 비교하기엔 턱없이 부족하지만, 크래프트 문화가 계속되는 한 서울의 양조장들도 더 늘어날 것으로 생각한다. 그리고 1964년 김승옥의 소설 속 신촌의 포장마차에서 팔던 술과 비교도 안 될 정도로 좋은 술들이 즐비한 세상이 될 것이다.

28

8.3조치와 함평고구마

함평 고구마 사건의 전말

　요즘은 눈을 씻고 찾으려 해도 찾을 수 없는 물고구마가 세상을 발칵 뒤집어놓은 사건이 하나 있었다. 엄혹함으로 따지면 둘째가라면 서러웠던 시절, 우리 현대사에서 가장 어두웠던 시공간에서 일어난 일이다. 대통령은 임기를 종신직으로 바꾸는 헌법 개정을 폭압적으로 진행하였다. 그리고 그렇게 얻어낸 무소불위의 권력을 그는 술 취한 망나니의 칼처럼 휘둘렀다. 그 덕분에 봄이 와도 봄을 느낄 수 없었던 암울함은 박정

함평고구마 사건 고구마 수매를 두고 농협과 갈등을 빚었던 함평고구마 사건은 결국 감사원 감사를 통해 일부 간부들이 농협의 자금을 유용한 것으로 드러났다. 사진은 당시 사건을 보도한 《경향신문》 1978년 2월 22일자 기사

희 정권의 대표적인 정서가 되었다. 그런데 박정희 권력의 몰락을 가져온 첫 번째 도미노가 되어준 사건이 1976년에 일어난다. 전라남도 함평에서 시작된 농민들의 시위는 광주까지 올라와 정부와 농협을 상대로 3년간의 투쟁으로 이어진다. 이름하여 '함평 고구마 사건'이다. 긴급조치를 포함한 초법적인 행정조치로 언론과 지식인의 입에는 재갈이 물려 있었다. 그래서 간혹 벌어진 대학가의 시위는 원천 봉쇄 수준으로 순식간에 정리되기 일쑤였다. 그런 엄혹함을 뚫고 남도 끝에서 민주화를 향한 훈풍이 불기 시작한다.

　사건의 개요는 다음과 같다. 1976년, 농협은 소주 주정용 재료인 고구마를 함평 농민들에게 구매

한다고 발표한다. 전라남도 함평군은 해남·무안과 함께 고구마의 대표
적인 산지로써 당시 연간 2만여 톤을 생산하고 있었다. 그런데 그해는
풍년이 들어 약 2만5,000톤 정도가 생산될 것으로 예상되었다. 수확량
이 늘면 가격이 걱정되는 것이 농민들의 심정인데 때마침 농협에서 전
량 수매를 약속하고 심지어 수매가격도 17.4퍼센트를 인상하겠다고 발
표한다. 지금에야 농협이 하는 이야기를 반신반의하며 듣는 농부들이지
만, 권위주의 정부 시절의 농협은 정부와 다름없다고 여겼기에 농민들
은 약속을 굳게 믿고 수매를 기다린다.[58] 그런데 약속한 시기가 되어도
농협은 움직임이 없었고 농민들의 요청은 썩은 고구마 취급을 받으며
무시되었다.

> 이름은 있어도 모습이 없는
> 너는 눈먼 백성
> 외쳐도 외쳐도 소리가 없이
> 불러도 불러도 대답이 없이
> 오늘은 어느 창고 구석에 처박혀
> 남도의 목마른 가을은 썩어가느냐"

시인 문병란(1935~2015)이 1979년에 남긴 〈함평고
구마〉의 한 구절이다. 시인의 언어처럼 당시 농민들은
이름은 있어도 모습이 없었고, 심지어 눈까지 먼 백성
취급을 받았다. 경제개발을 위해서라면 저곡가 정책을

고 문병란 시인

유지해야 한다고 굳게 믿었고, 그래야만 도시로 돈 벌러 나간 자기 자식들이 편히 살 것이라고 믿었던 사람들이 바로 농민들이었다. 그렇게 믿고 따랐는데, 기가 막히게 배신을 당하고 만다. 결국 농민들은 가톨릭농민회와 함께 집단행동에 나선다. 1976년 11월에 시작된 싸움은 1978년 5월까지 계속된다. 박정희 정권이 몰락하기 1년 전까지 진행된 싸움은 결국 농민들이 승리한다. 감사원의 감사 결과, 농협의 거짓말이 드러나게 되고 농민들은 손해를 보상받았다. 사건의 전말은 이랬다. 농협은 주정회사와 중간상인과 결탁해서 중간상인을 통해 산 고구마를 농민들에게 직접 수매한 것처럼 꾸몄고, 1976~77년 2년 동안 농협자금 80억 원을 유용한다. 이러한 비위 사실에 책임지고 농협 도지부장과 중앙회장, 단위단체장 등 모두 658명이 해임 또는 징계를 받게 된다.[59]

이렇게 끝난 함평 고구마 사건은 결국 주정 재료를 바꾸는 계기가 된다. 1950년대 말, 우리는 값싼 당밀도 수입하기 어려울 만큼 외환 사정이 좋지 않았다. 게다가 술을 만들기 위해 당밀을 수입해야 한다는 것은 정책결정자로서도 명분이 서지 않는 일이었다.[60] 결국 당밀의 수입보다는 고구마 농사 독려로 정책 방향이 바뀌어 1960년대는 고구마가 소주 주정의 핵심 재료가 되었다. 물론 작황에 따라 들쭉날쭉한 생산량을 고려하여 부족분은 농림부의 추천을 받아 당밀을 수입할 수 있었다. 우여곡절은 있었지만, 1960~70년대는 고구마와 당밀을 병용하며 주정을 만들었던 시기다.[61] 물론 1970년대에는 유연성이 생겨서 잡곡과 쌀, 보리 등도 정부 비축분의 경우 적정 저장연도가 지나면 주정의 원료로 사용하게 된다.

그러다가 '함평 고구마 사건'이 발생한 것이다. 농협의 고구마 수매는 1975년에 재개된 사업이다. 그런데 사업 1년 만에 농협 내의 비리로 인하여 이 제도는 1980년에 사라지게 된다. 그렇다고 국내산 고구마가 주정 원료로 전혀 들어가지 않은 것은 아니다. 제도를 보완해서 주정회사에서 직접 수매하는 형태를 취했지만, 1973년부터 본격 수입되었던 타피오카(열대돼지감자)가 주정의 핵심 재료가 되자 고구마는 무대에서 완전히 사라지게 된다.

그렇다면 수입에 의존해야 하는 타피오카는 어떻게 주정의 핵심 원료가 될 수 있었을까. 우리나라의 주정은 1970년대 중반까지 당밀과 고구마로 주로 만들어졌다. 1980년대 초반에는 국산 당밀까지 사용할 정도로 활용도가 높았다. 하지만 당밀은 다른 원료와 비교하여 수율이 탁월하게 높지 않은데다 환경문제까지 내재하고 있었다. 결국 1987년 이후에는 주정 원료에서도 제외된다.[62] 그리고 그 자리는 값싼 타피오카가 물려받는다. 타피오카는 2015년 통계에 따르면 발효 주정 원료의 47%를 차지하고 있다. 우리나라의 주정은 정부의 곡물 정책과 밀접하게 연동되어 만들어지는데, 우선 배정되는 재료는 보유기간이 오래된 비축미(나라미)와 곡물들이다. 그리고 모자란 부분을 수입산 타피오카가 채우게 된다. 2015년에 먼저 배정된 곡물은 나라미였으며 48%를 차지했다.[63] 우리 농산물을 빼면 거의 타피오카라고 할 정로도 이 수입품의 의존도는 높기만 하다.

소주 주정 타피오카 수입으로 소주 도수를 낮추다

그런데 여기서 살펴야 할 대목이 하나 있다. 소주의 역사에서 1973년 은 매우 의미 있는 해이다. 소주의 1도1주 정책이 시행되었고, 해방 이후 줄곧 유지되어온 30퍼센트의 알코올 도수가 25퍼센트로 대폭 낮아진 해이기도 하다. 게다가 1967년까지 국내 소주 시장에서 1위를 기록해온 삼학소주가 부도를 내고 역사의 뒤안길로 넘어간 해이기도 하다.

소주와 관련해서 일어난 일련의 사건들은 타피오카 수입과 어떤 관계에 있는 것일까. 우선 바로 직전 해인 1972년을 살펴봐야 73년을 읽어

타피오카와 절간고구마 다년생 뿌리 식물인 카사바(마니옥)의 녹말을 흔히 타피오카(위)라고 부른다. 절간고구마는 고구마를 잘라서 말린 고구마다. 타피오카와 절간고구마는 희석식 소주의 주정을 만드는 핵심재료이다. ⓒ한국주류산업협회

낼 수 있다. 언뜻 떠올려도 1972년에는 굵직한 사건이 자주 일어났다. 7.4 공동성명에 이어 10월17일 전국 비상계엄이 발효된다. 이어 10월27일에는 10월 유신헌법이 의결된다. 화룡점정은 그 해 세밑(12월23일)에 치러진 체육관 선거를 통해 박정희가 제8대 대통령으로 취임한 것이다. 영구 집권을 목적으로 짜여진 시나리오대로 빈틈없이 진행되었다. 여기서 하나 놓친 것이 있다. 사채 동결을 골자로 하는 긴급재정명령이 8월2일 밤 11시 40분에 발표되었다는 점이다. 이른바 8.3조치다. 이 행정조치의 목적은 경제안정에 있다. 10월 유신 등 영구

집권을 위해선 내치의 안정이 무엇보다 급선무였다. 그래서 정권은 물가상승률을 3퍼센트로 잡기 위해 기업들의 사채이자를 동결해준다. 많은 부채를 안고 있던 기업들에는 희소식이었다. 하지만 물가를 3퍼센트로 잡는다는 것은 무엇보다도 힘든 일이었다. 특히 수입품의 가격이 올라가면 가격 인상은 불가피했기 때문에 정부의 요구를 액면 그대로 받아들일 수 없었다. 그래서 편법이 등장하게 된다. 과자 가격을 인상하는 대신 과자의 함량을 줄이는 방식으로 말이다. 아니면 아예 다른 과자로 둔갑해서 새로 출시하는 제품도 있었다. 당시 주정의 원료인 타피오카의 수입 가격도 올라 주정 가격의 인상도 불가피했다. 하지만 정부의 물가정책을 어길 수는 없었다. 이때 나온 아이디어가 알코올 도수를 낮추는 것이었다. 알코올 도수를 낮추면 그만큼 가격 인상 부담이 사라진다.

하지만 30도의 알코올 도수를 오랫동안 유지해온 소주 업체들은 처음에는 난색을 표했다. 소비자들에게 익숙하지 않은 도수의 술을 공급하는 것 자체가 두려웠기 때문이다. 그런데 시장은 반대로 움직였다. 낮은 도수의 소주가 음용감이 좋아서 오히려 소주의 매출이 늘어난 것이다.[64] 소주 업체로서는 전화위복의 상황을 맞은 것이다.

증자한 고구마 고구마 소주는 고구마를 쪄서 발효주를 만들고 이를 증류해서 만든다. 사진은 경기도 여주 '술아원'에서 고구마 소주를 만들기 위해 고구마를 증자한 것이다. ⓒ술아원

타피오카를 도입한 이후 소주 업계는 이처럼 웃음을 띨 수 있었지만, 고구마 농가는 여전히 천덕꾸러기 신세였다. 그리고 고구마는 아주 오

고구마 소주 고구마로 만든 소주가 최근 다시 살아나고 있다. 사진은 국순당에서 생산하고 있는 '려'와 술아원에서 만들고 있는 '필'이다.

랫동안 소주 시장에서 잊혀져 있었다. 무려 40년 동안 술의 재료로 거들떠보는 사람이 없었다. 그런데 몇 해 전부터 국내 소주 시장에 고구마 소주가 등장했다. 쌀소주가 갖지 못한 고구마 특유의 풍미를 살려 증류식 소주로 시장에 출시한 것이다. 술아원의 '필'과 국순당의 '려'가 그 주인공이다. 두 소주 모두 고구마의 주산지인 경기도 여주에서 만들어지고 있다. 지금은 고구마의 풍미를 지닌 증류소주를 마실 수 있지만, 45년 전 남도에선 썩어가는 고구마를 한숨으로 보냈던 시절이 있었다. 물고구마에 담긴 사연 하나 정도 추억하며 잘 만들어진 증류소주 한 잔 들이켜면 어떨까 싶다.

남도의 툇마루에 놓여 있는
쓸쓸한 함평 고구마
못생긴 모습이
전라도 촌놈을 닮았다.

눈도 코도 없는 두루뭉수리,
못생긴 셋째 놈 이마빡 같은
아무렇게나 생겨 먹은
함평 황토 땅 물고구마.
미국산 밀가루 과자에 밀려나고

미국산 옥수수 가루 뽀빠이에 쫓겨나고
오늘은 남도의 툇마루에 놓여
시커먼 파리떼나 반기는
버림 받은 함평 고구마.

농협에서 전 생산량 수매한다 재배 권장하고
갑자기 사주지 않아
군청 앞 노상에서 썩어가는 고구마,
창고 멱서리에서 긴 낮잠이나 잔다.

싸구려 싸구려 목이 쉬어도
팔려갈 데도 없이
찾는 사람도 없이
농협 창고 앞에서 푹푹 썩어간다.

반기는 사람도 없이
촌놈의 주린 입이나 찾아가는
푸대접에 서러운 이땅의 얼굴이 아닌가.

이름은 있어도 모습이 없는
너는 눈 먼 백성,
외쳐도 외쳐도 소리가 없이

불러도 불러도 대답이 없이
오늘은 어느 창고 구석에 처박혀
남도의 목마른 가을을 썩어 가느냐.

보따리 싸버린 처녀 총각,
감자똥 방귀내음 역겹다고
고속버스 타버린 처녀 처녀총각들,
오늘은 남도의 툇마루에
우거지 쌍통의 고구마만 남았네.

이 가을 함평 땅에
또 고구마 대풍은 온다는데
전주 구치소 서 형의 안부는 궁금하고
어디선가 고구마의 절규가 들려 온다.

함평 고구마 만세
함평 고구마 만세
자꾸만 서 형의 목소리가 들려 온다.
[함평고구마, 1979] 전문

29

1980년 '노동의 새벽'과
25도 소주

박노해 시인, 노동자의 분노를 '소주'에 빗대 노래

　하루 평균 8.6시간. 월평균 25.6일의 강도 높은 노동을 견뎌야 했던
1980년대 초 당시 노동자들의 피곤한 삶은 박노해의 시 〈노동의 새벽〉
에 고스란히 담겨 있다.

전쟁 같은 밤일을 마치고 난
새벽 쓰린 가슴 위로
차거운 소주를 붓는다
아
이러다간 오래 못가지
이러다간 끝내 못가지

'노동의 새벽' 표지

설은 세 그릇 짬밥으로
기름투성이 체력전을
전력을 다 짜내어 바둥치는
이 전쟁 같은 노동일을
오래 못가도
끝내 못가도
어쩔 수 없지

탈출할 수만 있다면,

진이 빠져, 허깨비 같은

스물아홉의 내 운명을 날아 빠질 수만 있다면

아 그러나

어쩔 수 없지 어쩔 수 없지

죽음이 아니라면 어쩔 수 없지

이 질긴 목숨을,

가난의 멍에를,

이 운명을 어쩔 수 없지

늘어쳐진 육신에

또다시 다가올 내일의 노동을 위하여

새벽 쓰린 가슴 위로

차거운 소주를 붓는다

소주보다 독한 깡다구를 오기를

분노와 슬픔을 붓는다

어쩔 수 없는 이 절망의 벽을

기어코 깨뜨려 솟구칠

거치른 땀방울, 피눈물 속에

새근새근 숨쉬며 자라는

우리들의 사랑

우리들의 분노

우리들의 희망과 단결을 위해
새벽 쓰린 가슴 위로
차거운 소주잔을
돌리며 돌리며 붓는다
노동자의 햇새벽이
솟아오를 때까지

이 시가 발표된 것은 1984년의 일이다. 전두환, 노태우 등의 12.12쿠
데타 세력이 집권한 뒤 권위주의 정부에 의한 폭압적인 통치가 극에 달
했던 시기다. 당연히 자신들의 권력을 강화하기 위한 노력은 다양한 형
태로 문제를 노출하게 되었고, 대학가는 4월과 5월이면 4.19와 5.18 등
의 시절 요인을 동기 삼아서 민주화와 '광주항쟁'의 진상 규명을 요구하
는 시위가 끊이지 않았다. 하지만 노동 분야에서는 눈에 띄는 변화가 일
어나지 않았다. 좀 더 정확하게 말하자면 물 위에 떠 있는 오리의 발처
럼 수면 아래는 분주했지만, 겉으로 보이는 변화는 거의 없었다. 노동을
바라보는 시민들의 시선은 여전히 보수적이었고, 언론도 노동에 관한
관심은 크지 않았다. 다만 노동계 내부의 동력은 점점 커지고 있었고,
그리고 박노해는 극한에 다다른 분노를 '소주'에 빗대서 노래하기에 이
르렀다. 그래서 '이러다간 오래 못가지'라는 중의적 잠언이 담긴 이 시
는 그동안 문학에서 소외됐던 노동을 문학의 소재로 끌어 올린 당대의
문제작이 되어주었다.

이에 반해 대학에선 큰 변화가 일기 시작했다. 대학 내에 주재하고 있

는 경찰서 정보과 형사들의 공간이 사라졌으며 학교 공간의 절반쯤을 장악하고 있던 머리 짧은 전경들도 학교를 떠났다. 그렇게 1984년은 온전히 학교의 구성원들만 대학의 일상을 맛본 첫해가 되었다. 제한적이나마 학교 내에서 자유를 호흡할 수 있었던 그 시절, 서울의 소주는 초록색 병이 아니라 투명한 유리병에 두꺼비 그림이 선명한 알코올 도수 25도짜리 진로소주였다. 물론 강원도에 여행이라도 가면 독특한 단맛을 가진 경월소주를 마시곤 했지만 말이다. 1도1주 정책의 결과로 각 지역은 소주로 자신들의 정체성을 표현할 수 있을 만큼 분명한 경계를 긋고 있었다.

80년대 25도 희석식 소주의 진실

그렇다면 그 당시 마셨던 알코올 도수 25%의 소주는 어떤 소주였을까. 박노해 시인이 "늘어쳐진 육신에/또 다시 다가올 내일의 노동을 위하여/새벽 쓰린 가슴 위로/차거운 소주를 붓는다"고 노래하면서 마신 술은 우리 쌀로 빚지도 않았고, 고구마로 주정을 내려 희석한 술도 아니었다.

주정회사의 증류탑 희석식 소주는 알코올 도수 95%의 주정에 물을 넣어 희석해서 만든다. 사진은 한국알콜산업의 증류탑이다. ⓒ한국주류산업협회

1965년 양곡관리법이 시행되면서 우리 술의 핵심 재료인 쌀은 전통주 시장에서 사라진 지 오래

다. 그리고 1976년에 발생한 함평 고구마 사건은 고구마마저 우리 술의 재료에서 사라지게 했다. 앞장에서 설명했듯이 농협은 남쪽 지방에서 재배하는 고구마를 수매해 주정 회사에 넘겨 희석식 소주의 재료로 공급했는데, 그해 농협은 약속한 고구마를 수매하지 않는다. 결국 가톨릭농민회 등의 단체를 중심으로 투쟁을 벌였지만, 이미 정부는 주정 회사들에게 값싸게 소주의 원료를 만들 수 있는 열대감자, 즉 타피오카의 수입을 허가한 상황이었다. 즉 농협은 주정 재료를 만들기 위해 더 이상 고구마를 수매할 필요가 없어지게 됐다.

타피오카를 주재료로 만든 알코올 도수 95도의 주정을 25도로 희석해 만든 소주의 당시 공장도 가격은 210원이었다. 술집에선 800원이면 라면 한 그릇과 소주 한 병을, 구멍가게에선 400원이면 새우깡 한 봉지와 소주 한 병을 살 수 있던 가격이었다. 시중에서 유통되기 시작한 지 얼마 안 된 500원짜리 동전 하나면 소주와 새우깡, 그리고 환희 담배 한 갑을 살 수 있었던 그런 시절이다.

물론 지금의 화폐단위로 보면 당시의 소주 가격이 싼 것처럼 보인다. 인플레이션 등을 감안하면 전혀 그렇지 않은데 말이다. 한국은행이 발표한 1984년의 국민 1인당 GNP는 1,998달러였다. 지금은 3만 달러를 넘어서는 상황이니 현재의 시선으로 당시의 물가를 단순 비교를 할 수는 없다. 통계청 사이트에서 비교한 1984년의 물가를 고려한다면 360mL 한병의 가격인 210원은 현재 670원 정도의 가치로 환산된다.

요즘의 소주 가격이 1,280원이니 당시보다 2배 정도 비싸졌다고 볼 수 있다. 하지만 소득이 6배 정도 증가했으니, 실제 체감 가격은 1984년이 훨씬 더 비싼 것이다. 제대로 된 안주에 소주를 마시기엔 아직 주머니 사정이 좋다고 할 수 없었던 그 시절, 그래서 노동의 대명사는 '깡소주'였는지도 모른다.

그랬던 소주가 이제는 16.5도의 저도주가 되었고, 과일 원액을 넣어 더 달콤하게 만든 술까지 등장했다. 요즘은 젊은 소비자층의 기호에 맞춰 민트향과 아이스크림향을 가미한 소주가 나오기도 하고 메론향을 입혀서 소비자의 입맛에 더 가까이 가려 한다. 그래서 박노해 시인이 '내일의 노동을 위하여/새벽 쓰린 가슴 위로' 부었던 알코올 도수 25도의 소주와 비교하면 천양지차의 술맛이다. 게다가 가격도 많이 비싸져 이제는 5,000원을 내야 식당에서 소주 한 병을 마실 수 있는 시절이 되었다. 물론 늘어난 소득을 생각하면 이 정도 가격으로도 소주는 여전히 노동의 친구가 되어줄 것이다.

벚꽃처럼 떨어지는
소주의 알코올 도수

봄은 청춘을 상징한다. 그래서 청춘의 봄은 사랑으로 가득하다. 젊음 그 자체가 아름다움인 화양연화의 시절, 사랑만큼 아름답고 고귀하게 다가오는 미덕이 또 있겠는가. 시인 서정주(1915~2000)는 '다시 밝은 날에 – 춘향의 말2'라는 시에서 사랑에 빠진 것은 '미친 회오리바람'이 되었고, '쏟아져 내리는 벼랑의 폭포' 그리고 '쏟아져 내리는 소나기 비'가 되었다고 노래한다. 그리고 사랑에 빠진 순간, '수천만 마리 노고지리 우는 날의 아지랑이' 같았고, 물고기들이 '초록의 강 물결에 어우러져 날으는 애기구름' 같았다고 고백한다. 이처럼 전율과 환희로 다가오는 것이 사랑이지만 영원할 수 없는 사랑의 종말은 쓰디쓴 고통으로 기억되는 것이 인지상정이다. 그래서 시인 황동규(1938~)는 '즐거운 편지'에서 사랑에 빠진 자신이 겪게 될 이별을 예감하듯 "내 사랑도 언제쯤에선 반드시 그칠 것을 믿는다"고 조심스럽게 속내를 털어 놓기도 한다. 그런 까닭에 환희와 고통의 드라마는 문학과 예술작품의 영원한 소재가 되고 있다.

'봄날은 간다' 포스터

영원할 수 없는 사랑의 넛없음을 그린 〈봄날은 간다〉

세차게 벚꽃비가 내리는 날, '영원할 수 없는 사랑'을 확인하며 이별을 고하는 장면으로 유명한, 그 덕분에 가장 아름다운 이별 장면으로 남은 영화가 한 편 있다. 2001년에 개봉한 허진호 감독의 〈봄날은 간다〉라는 작품이다. 20대 청춘들이 한 번쯤은 겪어 봤을 사랑의 통과의례를 아름답게 담아낸 작품이다. 사운드 엔지니어 상우(유지태 분)와 강릉방송국의 DJ를 겸한 PD 은주(이영애 분), 두 사람은 '우리의 소리를 찾아서'라는 프로그램을 위해 소리를 찾아 길을 나선다. 소리를 전문으로 채집하는 상우와 소리를 전문적으로 소비하는 은주의 조합은 사랑을 바라보는 관점부터 실행하는 방법까지 완벽하게 다르다. 이혼의 아픔을 경험했던 은주에게 사랑은 인스턴트 라면처럼 가벼워야 부담이 없었고, 그래야만

소주 도수 변천사

연도	소주명	알코올 도수	비고
1920년대	제비원 안동소주	45도	증류식 소주
1924년	진천양조상회	35도	증류식 소주
1965년	진로	30도	1972년 8.3조치 결과
1973년	진로	25도	IMF
1998년	진로 참이슬	23도	
2001년	진로 참이슬	22도	
2004년	진로 참이슬	21도	
2006년	처음처럼	20도	
	참이슬 후레쉬	19.8도	
2014년	참이슬 후레쉬	17.8도	
	처음처럼	17.5도	
2018년	참이슬 후레쉬	17.2도	
	처음처럼	17도	
2019년	참이슬 후레쉬	17도	
	진로이즈백, 처음처럼	16.9도	
2020년	참이슬 후레쉬	16.9도	
2021년	처음처럼, 진로이즈백	16.5도	

사람을 만날 수 있었다. 하지만 한 사람을 지고지순하게 사랑해야 한다고 생각하는 상우는 시간 속에서 숙성되는 김치 같은 사랑을 원한다. 음식으로서 라면과 김치는 잘 어울리는 궁합이지만, 만드는 과정은 완전히 다른 조합이다 보니 두 사람의 사랑은 시간의 흐름 속에서 간극만을 확인하게 된다. 이 과정에서 유명해진 대사 몇 마디가 있다. 소리 채집을 마치고 서울로 향하는 상우에게 은수가 건넨 "라면 먹을래요"와 "자고 갈래요", 이 두 대사가 모여 "라면 먹고 갈래요"라는 신조어가 태어났다. 이와 함께 헤어지자는 은수에게 상우가 건넨 "어떻게 사랑이 변하니"라는 대사는 두 번째 밀레니엄을 막 통과한 그 시절의 젊은이들에게 강한 메타포를 남겼다.

사랑이 어디 달콤하기만 할 수 있겠는가. 두 사람에게도 시련은 다가온다. 시인 최승자의 '여자들과 사내들'이라는 시에 등장하는 시구처럼 '벼락처럼 다가와서 정전처럼 끊어지'듯 사라진 사랑의 감정은 상우에게 성장통을 가져다준다. 멀어져 가는 은주를 잡을 수 없어서 안타까워하며 실연의 아픔을 겪는 상우에게 아버지는 소주를 건넨다. 소주는 그 순간 치유제의 상징이다. 아픔을 그대로 두지 말고 소주로라도 덜어내주길 바라는 아버지의 마음일 것이다. 그 아버지도 그랬고, 그 아버지의 아버지도 그랬을 테니 말이다. 상처 입은 상우는 먹던 컵라면에 소주를 마시며 자신의 고통을 한 두어줌은 덜어내려고 노력했을 것이다. 소주 한 병으로 가실 아픔이라면, 우리는 굳이 사랑을 젊음이 꼭 거쳐야 하는 통과의례라고 말하지 않았을 것이다. 또 그렇게 쉽게 치유될 상처였다면 상우는 다시 강릉을 찾아가지 않았을 것이고, "어떻게 사랑이 변하니"라는 대사도 태어나지 않았을 것이다. 어쩌면 그 순간 상우에게 소주는 고통의 치유제가 아니라 강화제 역할을 하지 않았을까 싶다. 대개의 정 깊은 사람들이 그렇듯 말이다. 실연의 아픔을 이야기하는 상우에게 택시를 운전하는 친구가 소주를 마시자고 한다. 하지만 상우는 단번에 거부한다. 소주를 마시면 은수가 "자신을 보고 싶어 할 것"이라는 착각에 빠지게 될 것 같았기 때문이다. 더는 아프고 싶지 않다는 상우의 소극적 저항, 그쯤이지 않을까 싶다.

소주와 라면의 조합은 상우가 은수와 처음 라면을 먹는 날, 어색한 분위기를 누그러뜨리려 건넨 농담 속에 이미 등장했었다. "라면에 소주 같이 마시면 맛있는데." 질풍노도하는 감정에 충실해지려 했던 그 시절의 청춘들에게 이 조합은 주머니 가벼운 자신을 온전히 받아주었던 술과 안주였으리라. 때로는 감정의 완화제가 되어주었고, 혹은 강화제가 되어주었더라도 그 선택은 그의 성장에 그만큼 영향을 주었을 것이다. 물론 시절에 따라 달랐던 소주의 알코올 도수처럼 느끼는 강도는 차이가 났겠지만, 소주는 가장 가까이에서 청춘을 위로해주었던 술임에는 분명하다.

소주의 알코올 도수가 내려가는 까닭은~

상우가 마신 소주의 알코올 도수가 정확히 몇 도인지는 알 수 없다. 다만 예상을 한다면 23도가 아닐까 싶다. 그렇다면 23도의 소주는 언제 시장에 나온 것일까. 1973년 소주업체들이 선택한 알코올 도수는 25도였다. 마시면 '크' 소리가 저절로 나오는 남자의 술로서 적당한 존재감을 드러내면서 말이다. 그래서일까. 이 도수는 약 25년 동안 유지되었다. 그런데 이 알코올 도수에게도 변곡점이 다가온다. 허진호 감독이 황동규 시인의 시 '즐거운 편지'를 영상으로 제대로 구현하고 싶어서 만든 영화 〈8월의 크리스마스〉가 개봉한 1998년의 일이다. 그해 연말, IMF 외환위기가 찾아와 우리 사회 전체가 극심한 몸살을 앓아야 했던 그 시기, 진로(현 하이트진로)에서 '참이슬'을 발표하면서 23도로 알코올 도수를 낮추었다. 시인 안도현은 '퇴근길'이라는 시에서 그 시절, 소시민들의 마음을 이렇게 적고 있다.

"삼겹살에 소주 한 잔 없다면
아, 이것마저 없다면"

삼겹살과 소주

시인은 단 두 줄짜리 시에 모든 것을 다 담았다. 삶의 팍팍함은 물론 위로받고 싶은 심정. 그리고 사회적 관계까지 두 줄에 고갱이를 넣었다. 외환위기는 산업화한 대한민국이 구조적으로 전체의 틀을 바꾸어야 했던 대형 사건이다. 변화는 강요되었고, 수많은 정규직 일자리가 비정규직으로 전환되었다. 구조조정도 일상이 되었다. 이렇게 힘들게 버텨내듯 살아야 하는 직장생활에서 삼겹살과 소주는 최상의 궁합을 유지해주었다. 아무리 힘들어도, 주머니 사정이 답답해도 이런 낙이라도 없다면 무슨 재미로 살수 있겠는가 말이다. 이 시절 팍팍한 삶은 23도의 소주로 위로를 받았다. 그런데 '참이슬'의 23도 선택은 시작에 불과했다. '처음처럼'으로 대박을 냈던 두산주류(현 롯데주류)도 도수 낮추기 경쟁에 동참한다. 21세기의 첫 번째 10년 동안 소주 업계는 주거니 받거니 하며 알코올 도수를 내렸다. 그리고 현재는 16.9도까지 내려와 있는 상황이다.

그렇다면 이렇게 소주의 알코올 도수가 내려가는 까닭은 무엇일까. 가장 큰 이유는 여성의 사회진출이 활발해진 까닭이다. 더 이상 강한 도수와 남성적 이미지로서는 생존할 수 없을 만큼 시장의 기호가 급격하게 변화해갔다. 선호하는 술들이 각각 다를지라도 회식 등의 술자리는 공통으로 마실 수 있는 술이 있어야 했다. 그 자리에 가장 잘 어울리는 주종이 소주였다. 그래서 주류업체들은 소주의 정체성을 유지할 수 있는 범위까지 알코올 도수를 내리고 또 내렸다. 하지만 이제는 더는 그 소주를 마시고 '크' 소리를 낼 수는 없다. 소주가 더는 남성의 술이 아니니 소리를 낼 수 없다고 안타까워해야 할 이유도 없을 듯하다. 그 소리를 원한다면 우리 농산물로 만든 더 좋은 증류소주를 찾으면 될테니 말이다.

1. 장혜영, 《술, 예술의 혼》 어문학사, 2012, 70쪽

2. 식량과 양조, 둘을 두고 그동안 많은 학자들이 정착 기원 논쟁을 벌여왔다. 마크 포사이스, 《술에 취한 세계사》 미래의 창, 2019, 31~34쪽, 조너선 실버타운, 《먹고 마시는 것들의 자연사》 서해문집, [전자책] 2019, 229/346쪽

3. 증류주는 우리나라에서만 약으로 취급받았던 것은 아니다. 13세기 이탈리아에서는 상당수 학자들이 증류로 얻은 알코올을 내복약으로 먹거나 상처에 바르는 등 의학적으로 추천했다고 한다. 로드 필립스, 《알코올의 역사》, 연암서가 2015, 182쪽

4. 이수광(남만선 역), 《지봉유설》 2권, 올재, 2016, 598쪽

5. 주영하, 《조선의 미식가들》 휴머니스트, 2019, 25쪽

6. 《세종실록》 59권 세종 15년 3월23일

7. 전우용 공저, 《서울은 깊다》 돌베개, 2008, 120쪽

8. 한국학중앙연구원, 《조선왕조실록사전》 '향온'편 참조

9. 조선시대 궁궐에서 쓰는 술은 사온서(호조 소속)와 내의원(예조 소속) 두 곳에서 만들어졌다. 사온서는 임금이 마시는 술을 공납 및 진상하였고 내의원은 임금과 왕족의 약으로 쓸 술을 관리하였다. 이대형, 《오마이뉴스》 2021. 12. 13 '궁중내의원에서 왜 술을 관리 했을까'

10. 로드 필립스. 위의 책, 184쪽

11. 연속식 증류기는 아일랜드인 로버트 스타인이 1826년경에 발명한 것으로 보인다. 그러나 수정 과정이 있어서인지 책마다 완성한 해에 대한 기록이 다르다. 그레이엄 논, 《스코틀랜드를 만나는 발렌타인 이야기》 2018과 미카엘 귀도 외, 《위스키는 어렵지 않아》, 2018에는 1826년으로 되어 있고, 이종기 외, 《증류주개론》에는 1828~29년으로 기록돼 있다.

12. 허원, 《지적이고 과학적인 음주 탐구 생활》[전자책] 더숲, 2019, 107/124쪽

13. 《헤럴드경제》 2021년 6월16일, 영국의 주류전문매체 '드링크 인터내셔널'에 따르면 하이트진로는 2020년 23억 8,250만병을 팔아 전 세계에서 가장 많이 팔았다고 밝혔다. 이에 따라 하이트진로의 소주는 지난 20년간 세계증류주 판매 1위를 기록한 술이 되었다.

14. 기욤 아폴리네르, 《알코올》[전자책] 열린책들, 2010, 28/222쪽

15. 기욤 아폴리네르, 위의 책, 역자해설 6/222쪽

16. 해럴드 맥기, 《음식과 요리》 이데아, 2017, 687~688쪽

17. 조호철, 《우리술 빚기》 넥서스, 2005, 120쪽

18. 다이엔 에커먼, 《감각의 박물학》 작가정신, 2004, 69쪽

19. 최낙언, 《향의 언어》 예문당, 2021, 14쪽

20. 필자는 2017년 김택상 명인이 진행하는 삼해주양조아카데미를 직접 체험하였다. 당시 공방의 위치는 서울 북촌이었으나, 2021년 여름 김택상 명인이 타개한 후 삼해소주는 마포로 이전했다.

21. 홍석모, 《동국세시기》 《조선대세시기 III》 218쪽

22. 《한국전통지식포탈》, 〈증보산림경제〉, 삼해소주편

23. 유만공, 《세시풍요》 《조선대세시기 II》 106쪽

24. 오도일, 《서파집》 권8, '이날 밤 입직하는 중에 특별히 하사하신 내온과 어선을 삼가 받고 느낌을 적다' 변구일, 《한국고전번역원》 '취하나 깨나 다 임금님 은혜' 재인용

25. 《효종실록》 8권, 효종 3년(1652) 1월18일

26. 《인조실록》 제34권 '인조 15년 윤 4월10일, 제36권 인조 16년 5월2일, 5월5일 기사 참조

27. 풍석문화재단음식연구소, 《조선 셰프 서유구의 술이야기》, 풍석문화재단, 2019, 265쪽

28. 허준, 《동의보감》 잡병편 권09, '한의학고전DB' 참조

29. 이덕일, 《조선일보》 2008. 9.7. '[이덕일 사랑] 명주'

30. 함경남도와 평안북도 지방에서 귀리, 조, 보리 등이 많이 생산되어 밀누룩 대신 흑국을 만들기 시작했다고 한다. 이서래, 《한국의 발효식품》 이화여대출판부, 1986, 214쪽

31. 김승, 〈식민지 시기 부산지역 주조업의 현황과 의미〉 《역사의 경계》 vol.95, 2015. 6, 96쪽, 이밖에 《조선일보》 2011. 1.11. '[대한민국 제1호] 소주회사' 기사에는 조일양조보다 4개월 앞서 평양의 조선소주가 희석식 소주를 생산하였다고 기록하고 있다.

32. 김승, 위의 논문, 96쪽

33. 김승, 위의 논문, 93쪽, 부산의 마스나가양조소는 대만산 당밀과 함께 남양산

타피오카 등을 직수입해서 신식소주를 대량 생산하였다.

34. 쌀 한 석은 160㎏

35. 이관호, 〈증류주의 제조와 판매현황〉, 《한국식생활문화학술지》, 1989, Vol. 4, No.3 304쪽

36. 《동아일보》1931. 7.9., '소주전매에 대하야 전조선공산액의 2할8푼' 김승, 위의 논문, 91쪽 재인용

37. 《스포츠한국》2020. 6.17, '부동의 1위, 국민소주 진로'

38. 《영남일보》2003. 1.2, '소주이야기' 상

39. 김승, 위의 논문, 92쪽

40. 이종기, 문세희 외, 《증류주 개론》광문각 2015, 239~240쪽

41. 김승, 위의 논문, 92~93쪽

42. 《동아일보》1939년 7월22일

43. 《조선일보》1938년 2월3일

44. 《동아일보》1940년 5월7일)

45. 전우용, 《중앙일보》2016. 12.20., '소독약·주사약 섞은 가짜 양주…한국전쟁 때 인기 치솟아'

46. 《동아일보》2014. 12.13., '저런 저질 영화 누가 찍었나 했는데…알고보니 내 작품'

47. 권순동 《매일신문》2010. 9.11., '주당들 됫병짜리 밀주 한 병 얻어 가려 며칠씩 어슬렁'

48. 서광덕 외, 《동북아의 바다, 인문학으로 항해하다》[전자책] 산지니, 2021, 163/186쪽

49. 정수일, 《한국 속의 세계:우리는 어떻게 세계와 소통해왔는가》, 창비, 2005, 140쪽

50. 한성우, 《우리 음식의 언어》어크로스, 2016, 306쪽

51. 《조선일보》1927년 1월5일 '장래유망한 개성양조 연산액삼천석'

52. 《동아일보》1927년 10월31일 '인삼으로 유명한 고려의 구도' 4

53. 《연합뉴스》2019년 9월16일 '북, 가짜술 판매 엄중단속포고령…사형선고'

54. 조동진, 《월간조선》 2006년 10월호 "3000원이면 알딸딸한 술기운을 오르게 하는 서민의 친구 불황일수록 사랑받는 술"

55. 박지웅, 《세금, 알아야 바꾼다》 메디치미디어, 2018, 193쪽, 1963년 대한민국은 세계 최빈국 중 한 곳이었다. 박정희 정부의 경제개발 5개년계획이 시작될 그 무렵, 우리의 GDP는 40억 달러 수준이었으며 그 당시 인도의 GDP는 478억 달러 수준이었다.

56. 한승희, 《조세징수를 통한 정부의 책무성 증진사례:한국의 경험을 중심으로 (1962~2006년)》 KDI, 34쪽

57. 박지웅, 위의 책, 193쪽

58. 김정남, 《진실, 광장에 서다》 창비, 2005, 177~180쪽

59. 김정남, 위의 책, 182쪽

60. 1963년 9월 주요 언론사들은 술 만드는 원료 수입에 100만 달러를 배정한 정부를 비판했다. 주영하, 《백년식사》[전자책] 휴머니스트, 2020, 140/258쪽 참조

61. 차홍기, 〈주정원료 수급 및 전망〉 《주류공업》 1996. Vol. 17, no.2. 48~49쪽

62. 차홍기, 위의 논문, 49쪽

63. 《소믈리에타임즈》, 2020.11.10., '[김준철의 와인이야기] 주정 그리고 희석식 소주?'

64. 강경식, 《국가가 해야 할 일, 하지 말아야 할 일》, 김영사, 2010, 284쪽

참고문헌

[총론]

- 강경식, 《국가가 해야 할 일, 하지 말아야 할 일》, 김영사, 2010
- 강명관, 《사라진 서울》 푸른역사, 2010
- 강명관, 《조선의 뒷골목 풍경》 푸른역사, 2003
- 강인욱, 《테라 인코그니타:고고학자 강인욱이 들여주는 미지의 역사》 창비, 2021
- 국립민속박물관, 《우리 술문화의 발효공간, 양조장》 2020
- 국립민속박물관, 《조선대세시기》 2003
- 국립해양문화재연구소, 《태안마도2호선 수중발굴조사 보고서》 2011
- 국세청기술연구소, 《국세청기술연구소일백년사》 2009
- 권덕주 역, 《서경》 올재, 2013
- 그레이엄 논(이세섭 옮김), 《스코틀랜드를 만나는 발렌타인 이야기》 e퍼플, 2018
- 김계원 외, 《탁약주개론》 농림수산식품부, 2012
- 김명환 외, 《서울의 밤문화》 생각의 나무, 2006
- 김봉규, 《요리책 쓰는 선비 술 빚는 사대부》 담앤북스, 2016
- 김용빈, 《나는 미생물과 산다》 을유문화사, 2018
- 김정남, 《진실, 광장에 서다》 창비, 2005
- 다이엔 에커먼(백영미 옮김), 《감각의 박물학》 작가정신, 2004
- 레이먼드 보이스버트 외(마도경 옮김), 《식탁 위의 철학자들》 21세기북스, 2017
- 로드 필립스(윤철희 옮김), 《알코올의 역사》 연암서가, 2015
- 로버트 더들리(김홍표 옮김), 《술 취한 원숭이》 궁리, 2019
- 르네 레드제피 외(정연주 옮김), 《노마 발효 가이드》 한스미디어, 2019,
- 마귈론 투생-사마(이덕환 옮김), 《먹거리의 역사》 상·하, 까치, 2002
- 마리클레르 프레데리크, 《날 것도 아니고 익힌 것도 아닌》, 생각정거장, 2018
- 마크 포사이스(서정아 옮김), 《술에 취한 세계사》 미래의 창, 2019
- 미카엘 귀도 외(임명주 옮김), 《위스키는 어렵지 않아》 그린쿡, 2018
- 박록담, 최숙경, 《면천두견주》 민속원, 2009
- 박숙희, 《뜻을 모르고 자주 쓰는 우리말 500가지》 서운관, 1994

- 박지웅, 《세금, 알아야 바꾼다》 메디치미디어, 2018
- 배상면 편역, 《조선주조사》 우곡출판사, 1997
- 사마천, 《사기》 현대지성, 2016
- 서광덕 외, 《동북아의 바다, 인문학으로 항해하다》 산지니, 2021,
- 서동욱, 《생활의 사상》, 민음사, 2016
- 심란 세티(윤길순 옮김), 《빵 와인 초콜릿:사라진 맛과 잃어버린 풍미에 관한 기록》 동녘출판사, 2017
- 아담 로저스(강석기 옮김), 《프루프:술의 과학》 MiD, 2015
- 안대회 외, 《매일 읽는 우리 옛글》 민음사, 2014
- 야콥 블루메(김희상 옮김), 《맥주, 세상을 들이켜다》 따비, 2010
- 에이미 스튜어트(구계원 옮김), 《술에 취한 식물학자》 문학동네, 2016
- 와카모리 타로(이세연 외 옮김), 《술로 풀어보는 일본사》 이상미디어, 2017
- 왕런샹(주영하 옮김), 《중국음식문화사》 민음사, 2010
- 윤덕노, 《음식으로 읽는 로마사》 더난출판, 2020
- 이덕일, 《정약용과 그의 형제들》 다산초당, 2012
- 이서래, 《한국의 발효식품》 이화여대출판부, 1986
- 이수광(남만선 역), 《지봉유설》 올재, 2016
- 이언 게이틀리(박중서 옮김), 《출퇴근의 역사》 책세상, 2016
- 이종기 외, 《증류주개론》 농림수산식품부, 2016
- 이형태 외 편저, 《고시조대전》 고려대학교민족문화연구원
- 장지현, 《한국음식대관》, 한림출판사, 2001
- 장혜영, 《술, 예술의 혼》 어문학사, 2012
- 전우용 공저, 《서울은 깊다》 돌베개, 2008
- 정민, 《미쳐야 미친다》 푸른역사, 2004
- 정수일, 《한국 속의 세계:우리는 어떻게 세계와 소통해왔는가》 창비, 2005
- 정인영, 《전통주조백년사》 배다리박물관, 2004
- 제프리 필처(김병순 옮김), 《옥스퍼드 음식의 역사》 따비, 2020
- 조너선 실버타운(노승영 옮김), 《먹고 마시는 것들의 자연사》 서해문집, 2019
- 조호철, 《우리술 빚기》 넥서스, 2005
- 존 매퀘이드(이충호 옮김), 《미각의 비밀》 문학동네, 2017
- 존 잉그럼(김지원 옮김), 《미생물에 관한 거의 모든 것》 이케이북, 2018
- 주류업조합중앙회, 《양원》, 1958년 11월 창간호

- 주영하, 《백년식사》 휴머니스트, 2020
- 주영하, 《식탁 위의 한국사》 휴머니스트, 2013
- 주영하, 《음식을 공부합시다》 휴머니스트, 2021
- 주영하, 《조선의 미식가들》 휴머니스트, 2019
- 주영하 공저, 《한국인의 문화유전자, 한국문화유전자총서》 1권, 아모르문디, 2012
- 줄리언 바지니(홍지흔 옮김), 《철학이 있는 식탁》 이마, 2015
- 진 쿠퍼(이윤기 옮김), 《그림으로 보는 세계 문화 상징 사전》 도서출판 까치, 1994
- 최낙언, 《맛의 원리》 예문당, 2015
- 최낙언, 《맛이야기》 행성B, 2016
- 최낙언, 《향의 언어》 예문당, 2021
- 페트릭 E. 맥거번(김형근 옮김), 《술의 세계사》 글항아리, 2016
- 펠리페 페르난데스-아르메스토(유나영 옮김), 《음식의 세계사 여덟 번의 혁명》 소와당, 2018
- 풍석문화재단음식연구소, 《조선 셰프 서유구의 술이야기》 풍석문화재단, 2019
- 피터 왓슨(조재희 옮김), 《거대한 단절》 글항아리, 2016
- 피터 퍼스트(김병대 옮김), 《환각제와 문화》 대원사, 1992
- 한성우, 《우리 음식의 언어》 어크로스, 2016
- 한식재단, 《조선 백성의 밥상》 2014
- 한식재단, 《화폭에 담긴 한식》 2014
- 한정주, 《조선 최고의 문장 이덕무를 읽다》 다산초당, 2015,
- 허만즈(김하림 외 옮김), 《중국의 술문화》 에디터, 2004
- 허시명, 《막걸리, 넌 누구냐?》 예담, 2010
- 허시명, 류인수, 《향기로운 한식, 우리술 산책》 한식재단, 2016
- 허원, 《지적이고 과학적인 음주탐구생활》 더숲, 2019
- 헤럴드 맥기(이희건 옮김), 《음식과 요리》 이데아, 2017

[문학작품]
- 공광규, 《소주병》 실천문학사, 2004
- 기욤 아폴리네르(황현산 옮김), 《알코올》 열린책들, 2010
- 김승옥, 《서울, 1964 겨울》 문학과지성사, 2019
- 문병란, 《새벽의 서, 문병란 시선집》 일월서각, 1983
- 박노해, 《노동의 새벽》 풀빛, 1984

- 백석, 《나와 나타샤와 흰 당나귀》 다산책방, 2014
- 신경림, 《농무》 창비, 1975
- 안도현, 《그리운 여우》 창비, 1997
- 이문구, 《공산토월》 문학동네, 2014
- 이충렬, 《혜곡 최순우:한국미의 순례자》 김영사, 2012
- 이태준, 《무서록》 범우, 2010
- 이호철, 《서울은 만원이다》 이소북, 2003
- 천상병, 《천상병 전집:시》 평민사, 2018
- 프리모 레비(이현경 옮김), 《주기율표》 돌베개, 2007
- 황석영, 《객지》 창비, 2000
- 황석영, 《한씨연대기》 문학동네, 2020

[논문]
- 김승, 《역사의 경계》 〈식민지 시기 부산지역 주조업의 현황과 의미〉 2015.6
- 김태완, 《식품과학과 산업》 〈증류기술과 대한민국 소주의 역사〉 2019년 12월호
- 심준보, 《인도철학》 〈도취제로서의 소마 연구의 의의〉 제24집, 2008
- 이관호, 《한국식생활문화학술지》 〈증류주의 제조와 판매현황〉 1989
- 이관호, 《한국식생활문화학회지》 〈증류주의 제조와 판매현황〉 1989년 9월
- 이재은, 《일제강점기 조선지방재정사 연구》 한국지방세연구원, 2015
- 조재철, 《주류공업》 〈주정의 발효생산〉 1985
- 차홍기, 《주류공업》 〈주정원료 수급 및 전망〉 1996
- 한승희, 《조세징수를 통한 정부의 책무성 증진사례:한국의 경험을 중심으로 (1962~2006년)》 KDI

[주요 고문헌 검색 및 뉴스 검색]
- 네이버 뉴스 라이브러리 https://newslibrary.naver.com/
- 한국고전종합DB, 한국고전번역원, https://db.itkc.or.kr/
- 한국사데이터베이스, 국사편찬위원회, https://db.history.go.kr/
- 한국술고문헌DB, 김재형, http://koreansool.kr/
- 한국역사정보통합시스템, 국사편찬위원회, https://koreanhistory.or.kr/
- 한국전통지식포탈, 특허청, https://www.koreantk.com/
- 한국학디지털아카이브, 한국학중앙연구원, http://yoksa.aks.ac.kr/